与共和国
　　一起成长

上海高等教育文库·领导篇

与共和国一起成长

叶 骏 著

上海交通大学出版社
SHANGHAI JIAO TONG UNIVERSITY PRESS

内容提要

　　本书生动记述了作者从中学到大学的真实生活、学习和工作经历,体现出作者感恩、报国的一腔热情,同时,在辑录的 20 余篇作者历年的文稿中,详实再现了作为大学校长为把学校建成高水平特色大学而与全校师生共同不懈努力的奋斗历程。在编辑本书的过程中,还收录部分文稿作为附录,以更全面反映作者在此期间的工作状况。

　　本书可作为高校领导、教育研究人员及高校师生研究和了解高校发展历程的参考读本。

图书在版编目(CIP)数据

与共和国一起成长/叶骏著.—上海:上海交通大学出版社,2017
ISBN 978 - 7 - 313 - 15506 - 1

Ⅰ.①与⋯　Ⅱ.①叶⋯　Ⅲ.①高等教育-上海市-文集　Ⅳ.①G649.2 - 53

中国版本图书馆 CIP 数据核字(2016)第 175828 号

与共和国一起成长

著　　者:叶　骏
出版发行:上海交通大学出版社　　　　　地　　址:上海市番禺路 951 号
邮政编码:200030　　　　　　　　　　　电　　话:021 - 64071208
出 版 人:郑益慧
印　　制:苏州市越洋印刷有限公司　　　经　　销:全国新华书店
开　　本:710mm×1000mm　1/16　　　印　　张:23
字　　数:343 千字　　　　　　　　　　插　　页:8
版　　次:2017 年 2 月第 1 版　　　　　印　　次:2017 年 2 月第 1 次印刷
书　　号:ISBN 978 - 7 - 313 - 15506 - 1/G
定　　价:88.00 元

2008年陪同韩正市长（左二）视察新校区（左一为作者）

2007年陪同杨雄常务副市长（左二）视察临港新校区建设现场（左一为作者）

2004年陪同殷一璀副书记（左二）、严隽琪副市长（左三）视察军工路校区（左一为作者）

2007年陪同市政协蒋以任主席（左二）、市人大胡炜副主任（左一）来校参加活动（右一为作者）

2002年向中国工程院徐匡迪院长汇报学校情况（左为作者）

拜访谈家桢院士（左一），促进生命学科建设（左二为作者）

拜访杨槱院士，促进海洋学科建设（左为作者）

2005年聘任第一位重点学科特聘教授（左二为作者）

2006年与班子成员一起拜访校友陈明义（左二）（右二为作者）

2002年陪同龚学平副书记（前中）、殷一璀副市长（前左）视察南汇科教园区（前右为作者）

2004年7月与东京海洋大学校长签约，开启师生走出国门第一步（右为作者）

2005年成立国际交流学院、开始招收留学生（左三为作者）

2002年接待周慕尧副市长（右二）和斐济总理（右一为作者）

2009年农业部和世界粮农组织在校举行世界粮食日活动（右一为作者）

2002年聘请秦怡（左二）等艺术家推进校园文化建设（左一为作者）

2002年学校博物馆建成

2007年开设海洋文化科普讲座

2002年与班子成员一起商量学海路校区建设（左二为作者）

2006校第七次党代会，明确建校100周年奋斗目标

2008年8月正式开始搬迁新校区（右四为作者）

2008年学校正式更名
为上海海洋大学

2008年10月新校区启用暨新学年开学典礼

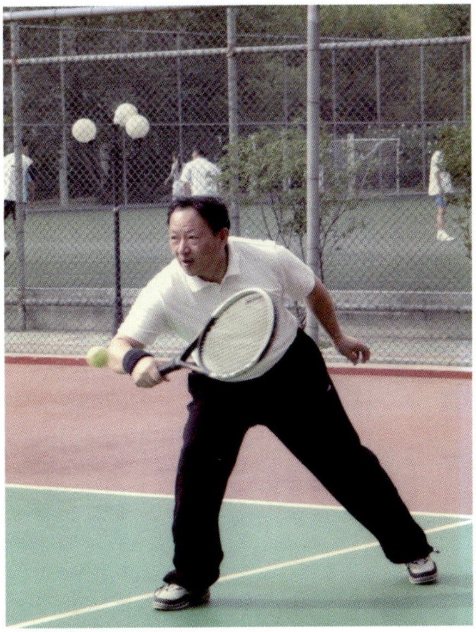

积极参与学校体育活动

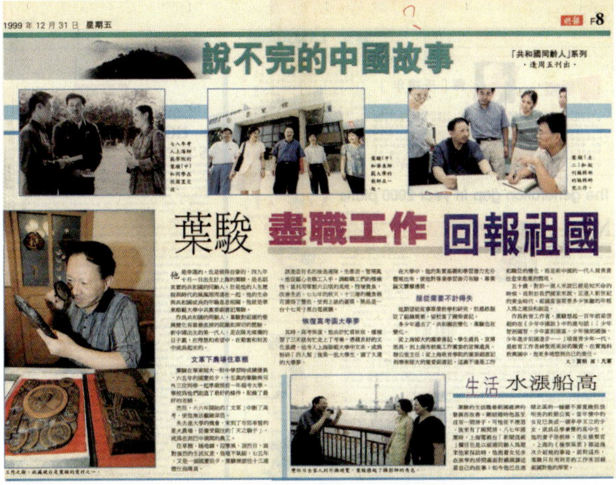

1999 年 12 月 31 日 星期五 F8

說不完的中國故事

「共和國同齡人」系列
・逢周五刊出・

葉駿 盡職工作 回報祖國

恢復高考圓大學夢

服從需要不計得失

生活 水漲船高

50岁时香港明报“新中国同龄人”的图文报道

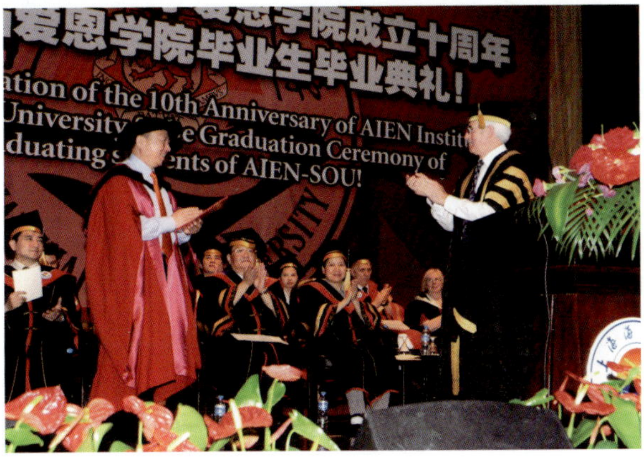

2012年获颁荣誉博士学位（左二为作者）

下乡去上海市星火农场

6岁，上海中山公园

16岁，华东师大一附中四年级，此照由学校拍摄作为全面
发展优秀学生送区少年宫展出

永远的功绩

——《上海高等教育文库》总序

教育犹如奔腾的长河，前浪不止见后浪，奔腾向前；教育犹如无际的大海，宽阔无垠而深邃，厚积薄发；教育又如连绵的山脉，高峰之外是峻岭，层层攀升……上海的高等教育承先人之传，又在近百年间发展、提升。如今，一个崭新的、前所未有的新局面已呈现在我们的眼前。

老一辈人都知道，以前上海能进入高等学府深造的人，堪称凤毛麟角。而到了 2005 年上海已拥有 63 所普通高等院校，52 万青年才俊借此深造成才；以前我国自行培养的研究生寥若晨星，如今上海在校研究生已超过 8 万人；以前上海企事业单位中高中毕业生是少之又少，如今在各行各业，学士、硕士、博士毕业生挑起了上海飞速发展的重担……

30 年不过弹指一挥间，其间有难以计数的家庭因为教育而改变了命运；有难以计数的学生得以在知识的宫殿里增知成才；又有难以计数的青年学人引领着时代的创新潮流……上海的高等教育撑起了一方发展的万年基石，莘莘学子以骄人的业绩开辟了一个又一个崭新天地。因为高等教育，上海变得更强了。在这辉煌的 30 年中，各界志士仁人、万千辛勤园丁思考、探索、创新、追求、奉献，付出了许多许多。

为了总结 30 年来上海高等教育改革发展所取得的丰功伟业,为了讴歌广大教育工作者辛勤耕耘、开拓进取和无私奉献的精神,上海高等教育学会在各级领导的关心、支持下,集结业内有识之士编辑了《上海高等教育文库》。本文库分成两大部分:一是《上海高等教育文库·改革发展篇》,二是《上海高等教育文库·领导篇》。

在《上海高等教育文库·改革发展篇》中,我们记录了上海高等教育在办学体制改革、管理体制改革、经费投入体制改革、招生和就业制度改革、内部管理体制改革,以及高校后勤社会化改革等方面勇于探索,善于创新,坚持发展的历程。这里虽然谈不上枪林弹雨、隆隆炮声,却也有惊心动魄、战旗猎猎。正是不断的改革与创新,把"不可能"变成了现实,上海高等教育才攀上了新的高峰;正是不断的改革和创新,上海的济济人才才得以显山露水开始新的人生。

《上海高等教育文库·领导篇》,则展示了一大批高校原书记、校长的风采。这批改革开放的时代弄潮儿,曾站在高校改革、开放的风口浪尖上,不畏困难,勇于改革,坚持创新,在艰难中改天换地;他们从小学到大学不断成长,并从一名普通青年教师到大学领路人的历程也耐人寻味;他们都曾备尝常人难以理解的磨难,他们也尽情享受过成功的喜悦。他们以自己深邃的思想、渊博的学识、高尚的情操和作为一个团队领军人物的气度、风范,写就了一段美丽的人生!

虽然一部《上海高等教育文库》难以书尽改革开放 30 年来上海高等教育改革的全部,纵然穷尽浓墨重彩也难以涵盖 30 年来上海高等教育改革之精华,我们依然愿意作出这挂一漏万的努力,用图书的形式保留住上海高等教育的传家之宝,为的是让当事人记下这段历史,让后来者铭记这段历史。

愿《上海高等教育文库》年年添新作,愿上海高等教育之树常青! 怀着敬慕和激动之心,写此以为总序。

上海市高等教育学会会长

张伟江

2008 年 8 月 8 日

写在前面的话：人生感悟

　　我出生于 1949 年 10 月 1 日，这是一个众所周知的值得纪念的日子。这当然不是我自己的选择，完全是一种命运的巧合。自懂事那年起，看到这天都张灯结彩、喜庆欢乐，自豪之情油然而生；随着读书的增多，一种责任也在增加。记得中学时看苏联电影《攻克柏林》，主人公伊凡洛夫的母亲向前来访问的女教师介绍时说，他是 1917 年 11 月 7 日出生的，是和苏维埃一起长大的。看到这里，不知怎的，内心涌起一种冲动。伊凡洛夫在钢铁厂是青年劳动模范，参军后在反法西斯战争中成为英雄，成功打到柏林。自己暗下决心，也要为祖国作贡献。改革开放以后，随着社会的发展和人民生活水平的提高，节庆活动也多起来了，我的生日也在媒体上出现了。1987 年 9 月，当时我在上海师范大学工作，上海电视台新闻频道到我家里拍了 10 来分钟的视频，作为迎国庆的节目"新中国的同龄人"在电视台播放，节目选了那天出生的 3 位

上海人。一位是工人,一位是企业家,一位是知识分子。我在大学工作,算作知识分子的代表。1999年9月,当时我在华东师范大学任党委副书记,我的大学同学写了一篇短文登在《新民晚报》上,介绍了我的情况。新华社一位摄影记者也来了,为我拍了一组照片,刊登在香港出版的《明报》上。一时间我也收到不少来信来电。面对这些情况,我都感觉到是一种压力,自己只有在教育岗位上把工作做得更好才能无愧于社会的关爱。

我父亲是浙江台州路桥下宅於村人,因我的祖父母去世早,他十几岁就离家到宁波去做小工,以后又跟随朋友到上海打工,在上海成家立业。我们几个孩子都是出生在上海的。我是在父亲去世多年后才在2004年第一次回家乡。岁月荏苒,沧海桑田,听村里乡亲介绍,叶家唯有一棵香樟树还生长茂盛,其他都没有了。这以后我又回去过几次。我母亲是浙江宁波镇海人,她出生在上海,老家也没去过。

我们那时候很多孩子都是在家里出生的,孕妇临产时把接生婆请到家里来接生。我也是这样。我家当时在东鸭绿路(East Yalu)的仁和里,这条路后来更名为鸭绿江路。20世纪末,随着市政建设的推进,周家嘴路贯通并拓宽,鸭绿江路就并入了周家嘴路,这样,周家嘴路就从军工路一直延伸到了九龙路,与海宁路接起来了。我家的地址也改为周家嘴路了。2000年,我被国家农业部党组任命为上海水产大学党委书记。上海水产大学当时坐落在沪东杨浦区的军工路上,334号的校门正对着周家嘴路,也就是说,周家嘴路的东头就通达上海水产大学。那又是一次命运的巧合:我出生在周家嘴路的头(门牌号码是由西向东排列),工作在周家嘴路的尾。"俗话说,有缘千里来相会,能在一起工作,真是个缘分"[①],一条马路把我和学校牵起来了。我想,这就是缘分吧。2000年,国家跨入了奔小康的

新世纪，我也在知天命之年到上海水产大学担当新的任务。我珍惜这个缘分，重视和班子成员一起合作共事，共同推进学校在新世纪的新发展。

我的少年时代就是在石库门的弄堂里度过的。那时国家开始推进经济建设，百废待兴。人们生活安定了，每家都有好几个小孩，原有的学校都不够安排了。我们小时候根本不知道幼稚园（后来改称幼儿园）在哪里，也不见弄堂里有哪家孩子去上幼稚园。小学一二年级就在隔壁弄堂的一户方姓人家的客厅里上的，他家房子大，把几个房间拿出来办了民办小学。半天上课，半天回家玩耍，现在回想起来，也很开心。直到三年级才进入公办小学——商邱路第二小学。20世纪50年代新中国开展了大规模的扫盲运动，我们小学生也参加了，这么小的个儿，拿着扫盲课本，到居民家里帮助家庭妇女识字，现在想想真是有趣，我在教老妈妈识字的同时，也加深了对字词的理解。此外，那时我每月会拿着8分钱到附近车站旁的书报亭去买《小朋友》杂志，每个星期天的早晨会和弄堂里高年级的孩子去四川北路上的永安电影院看早场的电影，这些对于养成看书读报的学习习惯、提高审美情趣都有好处。

我父亲识字不多，母亲也只有小学毕业。自我懂事起，就看到父亲上班比较忙，早出晚归，很辛劳；母亲带着5个孩子忙家务。当时家庭经济条件一般，母亲总是悄悄地对我说，只要你好好读书，家里再困难也要支持你读大学。她50岁走出家门，参加里弄生产组工作，赚点钱贴补家用。"文革"期间，父亲因为一些历史问题而去干重体力活，踏"黄鱼车"②为企业送货，他任劳任怨一直干到70岁，直到我去江西插队务农的弟弟回来"顶替"③才退休。父母亲的言行是无形的榜样，现在自己也已经退休多年，回想起来，这些耳濡目染促进了自己养成吃苦耐劳的品

3

质。1962年,上海外国语学院在电台开设广播英语课程。那时,我刚考上中学,学校的外语课是学习俄语,母亲便让我去排队买了广播英语课本,和我一起晚上在收音机边学英语。尽管她由于年龄大了,记性不好,英语学习没有太大的进步,但是却帮助我初步学会了一些自学的方法。我自知天赋不高,从小体质也较弱,母亲常用"笨鸟先飞"、"铁棒磨成针"④等故事激励我,使自己逐渐养成做事认真、多下苦功的品质。记得与小朋友在弄堂里玩"捉迷藏"游戏,我会事先在几条弄堂里走一遍,并画出简易地图,找到合适的隐蔽点。这些小举动,竟然大大增加了自己的方位感,工作以后很有帮助。中学二年级起,在班主任老师的带领下,每天7点之前到校参加打篮球等早锻炼,坚持数年,体质大大增强。此举也使自己爱上了体育活动,养成了自觉锻炼的习惯,下乡期间也能坚持。只要不出"卯时工"⑤,我都坚持跑跑步、打打拳,休息日则找人打打篮球。因此,我做到了当时中学生提出的口号:"健康地为祖国工作50年",一直干到64岁才光荣退休。

我们常说,老师是人生旅程的引路人。我这里要首先感谢的是我小学的班主任孙燕虹老师,她的启蒙与教育使我得以健康地快步地走上发展正轨。孙老师是广西桂林人,丈夫因为"历史问题"受处理,她一人带着未成年的两个女儿在小学当语文老师兼我们班主任,其劳累可想而知。但她全身心地扑在教育上,热爱学生,关心学生。她常常鼓励学生加快发展。记得三年级时刚参加少先队,她就让我做吹号手;四年级又推荐我当了大队长,与高年级的同学一起活动,增长才干;五年级时送我去区少年宫学习军事体育项目——无线电收发报,六年级我就成了该项目三级运动员,并获得证书与徽章,此项运动大大增强了对数字的敏感度,极大地增强了自己的记忆力。孙老师已经去世了,

她对我的恩典终生难忘。

我们那时候，整个社会的政治气氛是很浓的，我们被自觉或不自觉地与国家的命运联系在一起。"大跃进"时期，我们小学生也去参加捡"二煤"⑥，支援"大炼钢铁"；三年自然灾害时也吃杂粮和菜泡饭；"十年动乱"时更是一起卷入"崇拜迷信"的狂潮。但是，有一件事情给了我很大帮助。1963年，全国掀起学哲学、用哲学的高潮，我也在这时认真学习了报上刊登的徐寅生《怎样打乒乓球》的文章，被文中善于运用辩证法的智慧所打动，从而也促使自己去学习毛泽东的有关著作。1964年元旦，我去四川北路逛新华书店，看到新一版的《毛选》第四卷刚出版，就去买了一本，囫囵吞枣地读起来，从此爱上了看政治理论书籍。

我之所以花了这么多的篇幅回忆青少年时期的学习生活，因为中国科学院有一位研究生命科学的专家曾对我说过，根据他们的研究，人到老了才发觉人的潜能只用了70%，就好比手机，当你用坏了扔掉的时候，它的30%多的功能你根本就没有用过。因此，在16岁以前的青少年时期，一定要让他有机会去学习尝试各种新鲜的东西。我在步入老年的时候回忆青少年时期的所作所为，感到对于自己的人生轨迹影响极大。写出来与大家分享，并以一首小诗简括人生的轨迹。

感　悟

粗知马克思，精读毛泽东，
从小学四卷⑦，语录记心中。
斗私又批修，实乃太盲从，
惟明要自省，受用至终身。
二十即下乡，真心去务农，
汗水浇青春，额头布刻痕。
三十上大学，感谢吾邓公，

人生大转折，铭记百姓恩。

四十入机关，调研转作风，

令行速贯通，服务为基层。

五十去农大⑧，更知民意诚。

"三农"⑨题待解，任重多用功。

六十当"钦差"⑩，巡视遍申城，

何忌仕途险，过河卒前冲。

回首奋斗史，自诩可高分，

小我献大我，律己再及人。

君应有信仰，克难走征程，

意志当坚定，人为天视行。

注释：

① 李瑞环：《学哲学、用哲学》，中国人民大学出版社，2005 年 9 月第一版，第 613 页。

② 黄鱼车：上海方言，指人力三轮运货车。

③ 顶替：顶名代替，我国计划经济时期工作分配的一种模式，即父亲或母亲退休后可由其一名成年子女进入该单位工作。

④ 铁棒磨成针：成语故事。

⑤ 卯时工：古时国人把一天分为 12 个时辰，分别以地支为名，卯时相当于早晨 5 点到 7 点。上海郊区农村保留了传统的说法，把早出工加班干活都称为出"卯时工"。

⑥ 二煤：未燃尽的煤块。

⑦ 四卷：《毛泽东选集》(1—4 卷)；语录："文革"时期人手一册的《毛主席语录》。

⑧ 农大：上海水产大学是上海唯一一所农业类的高校。

⑨ 三农：指农业、农村、农民，过去我国农业落后、农村苦、农民穷，现在这些问题还没有根本解决。

⑩ 钦差：比喻总是有缺陷的。过去皇帝为了督察地方官员，派出钦差大臣到各地巡按。现在中央和地方党委派出的巡视组，形式上有点相像。

目录

我的教育理念 / 133

教育研究与思考 / 229

我的教育生涯

成为中学教育革命的实践者

　　我是在 1962 年 9 月进入华东师范大学第一附属中学读书的。那个时候小学毕业生报考初中是没有人具体指导的,家长也不会去关心,因为大多数家庭孩子都比较多。当时虹口区的中学有两所比较好的,一所是复兴中学,一所是华东师大一附中。这两所都是上海市的重点中学。我选择了后者,原因很简单,因为华东师大一附中有游泳池,我喜欢游泳。结果如愿以偿,家里都很高兴。

　　经历过三年"自然灾害",国家经济建设逐渐恢复正常。进入中学,一切都很新鲜,我对学校安排的课程充满兴趣,总想认真学好。一附中尽管是重点中学,有些设施还是较陈旧的。我记得当时教室里的课桌椅都是铁皮制作的,在前面同学的座椅后面有一块活动的铁皮板,用两根铁棒斜着撑到椅背下方就成为后面学生的课桌。一般情况下,使用没有问题。但是时间长了支撑的铁棒会滑脱,如果这时学生正趴着写字,不小心头就会撞到前面同学的椅背上,有时鼻子都会撞出血。当然那时候是没有同学会责怪学校的,只怪自己

不小心。好在二年级开始这些桌椅都陆续更换了。

20世纪50年代末，在当时"鼓足干劲、力争上游、多快好省地建设社会主义"的总路线指导下，各行各业都在大干快上。上海的中学里有10来所在进行初高中五年一贯制的试点，华东师范大学还编辑出版了配套的语文、数学、外语等教材。虹口区的复兴中学、华东师大一附中都是试点学校。等我们进入学校，试点已经成熟。因此，我们一届的6个班全部使用五年制的教材。我就读的班级是甲班(当时班级编排用天干排序)，班主任是陆继椿。他后来是语文特级教师，一附中的副校长。他上课有声有色，讲到得意处，自己也会陶醉，给我们印象很深。那时的作文课，老师把喜欢的文章会在班上朗读和点评，我的作文是很少有这样机会的。在老师的指导下，我在二年级开始写日记，并注意运用新学到的词语。这个习惯竟然坚持了数十年，写作水平有很大提高，遣词造句能力大大增强，再也不会出现"茶壶里煮饺子"的情况了。

兴趣是学习的原动力。一附中的老师上课都注意激发学生的学习兴趣，启发学生的自觉，这么多的课程学得一点都不累，晚上有很多自由支配的时间，可以看很多课外书籍。那个时代是党和政府威信极高的时代。整个社会充满了理想的氛围。苏联的电影和小说对我们青少年影响很大，《钢铁是怎样炼成的》一书中主人公的名言我们不光用中文记熟，还能用俄文背出;根据《军队的女儿》改编的电影《生命的火花》看了以后，真使人热血沸腾，产生到祖国最需要的地方去奉献的冲动。我想，正是在这样的熏陶下，自己初步确立了愿意在艰苦环境中改造自己、改造社会的志向。

身体是革命的本钱，这是当时的口号。在班主任的鼓励下，我们一早就到学校等开门"抢篮架"(因为早锻炼的班级多，篮架数量不够)。我打后卫，负责争篮板球，因为自己弹跳还可以。争到球后，马上长传到前场。练了半年多，臂力也大有提高。如此打了几年，四年级时竟然还被选拔进校篮球队。打篮球成为自己年轻时的爱好，下乡也没有间断。到政府机关工作时还有机会率上海男子篮球队去菲律宾参加友谊赛。经常参加体育活动，身体素质不断提高，学习精力更加充沛。因此，在当时学生近视眼越来越多的情况下，我由于一直保持良好的视力，学校为我拍了3张照

片,放大到10英寸去少年宫展览。自己第一次感到有压力。好在那时学生之间的关系是非常纯真的,没有现在那种激烈竞争的焦虑,当然也不会有互拆台脚的现象。

华东师大一附中在老校长陆善涛、徐正贞的主持下,积极推进教育改革,课内课外贯通,教学生动活泼,学校曾被评为"全国科技活动先进单位",这让我们学生得益匪浅。我参加了无线电兴趣小组,学会了自己动手安装五灯管收音机。当收音机传出上海人民广播电台的声音时,那个高兴的心情再怎么夸大都不会过分。这些活动又反过来极大地促进了物理课的学习。此外,文娱活动也很丰富。二年级时,上海儿童艺术剧院的演员到班级体验生活,还指导我班排了话剧《刘文学》;三年级时,班级排练舞蹈《洗衣歌》,从来没有跳过舞的本人竟然被作为主角去参加。我认真练了几个星期,特别是一上场的移步,反复练了几十遍才学会。后来这个节目不光到学校演出,还参加了区的文艺汇演。少先队活动也非常精彩,我记得那时候队员们很喜欢玩"秘密行军",辅导员事先策划好4个小队的不同路线,然后设计4封不同的密信。他在密信里,用需要队员们发挥集体智慧动脑筋才能明白的暗示性语言,含蓄地指出行军的路线,把可以利用的路名、店名、招牌都编成谜语或启发性的问题写到密信里。最后,哪个小队发挥集体的智慧最先到达目的地就取胜。虽然时隔几十年,现在回想起在一附中读书的日日夜夜,还是会有"心旷神怡"的感觉。

印象更深的还是"跳级"的经历。那时学校根据"减轻负担"的精神,采取了控制课时、上课"少而精"及允许少数成绩优秀、学有余力的学生跳级等措施,取得了显著成绩。我当时作为"跳级生"培养,直接参与了中学教育革命的实践。

三年级结束后,我们一起参加了中考。四年级时,我们只有四个班了,比三年级减少了两个班,部分同学没有考上本校就进入了其他中学的高中或技校;外校初中毕业生也有个别优秀生考入了我校四年级读书。我四年级就读的是乙班。同学们选我做班长,我还光荣地加入了共青团。正当自己适应新的环境准备好好做的时候,校教导处副主任、数学教师王剑青(优秀教师,曾经参加志愿军上过前线并写过小说《侦察兵》,后离休)告诉我,学校决定在四年级学生中,每班遴选一位参加跳级培养,准备一

年学完两年的课程并参加高考。乙班就选我参加。那时年轻气盛,不知天高地厚,就高兴地答应了。我的社会工作就让给副班长去做了。

学校为我们4位学生创造了很好的条件,给了我们专门的借书证,一次允许借阅15本图书,而一般同学一次只能借1至2本;挑选了学校最好的教师:数学王剑青、化学丁明远、物理屈肇堃为我们辅导五年级的课程;允许我们自由出入教室,只要与老师事先说明,我们可以自己决定免听四年级的有些课,选听五年级的有些课程。因此,白天我们只要在班里上课,放学后由老师分别辅导有关课程,晚上在家做作业或看书。一学期很快过去了,我们都没有感觉累或者"负担重",而是都感到很愉快。期末,我们不光参加了四年级的考试,还参加了五年级数理化的考试并获通过。第二学期,继续试验。正当我们踌躇满志、跃跃欲试,准备一年学完本校两年、他校三年的高中课程直接参加高考时,人生的命运发生了突变。1966年,"史无前例"的"文化大革命"发生了。当然,现在我们知道,"冰冻三尺,非一日之寒"。自1962年国家确定"以阶级斗争为纲"的方针后,左倾之风越刮越烈,批判斗争甚嚣尘上。中学生年龄尚小,很多事情不甚了了。记得我们下乡参加农业劳动时也看到清查"四清四不清"①的标语,中学政治课也介绍农村的社会主义教育运动,我们中学生根本不能理解。现在,这场"革命"终于直接影响到学校了。6月13日,国家决定取消高等学校招生考试,不久,学校就全面实行停课"闹革命"。课都不上了,高考也取消了,"跳级"的教育改革实践也就终止了。

时隔几十年,现在回顾当时在一附中的这么一段学习经历,还是记忆犹新。一附中的老教师仍津津乐道于当年那些因材施教的改革,学校领导也充分肯定那一段时间的实践。我们自身感到确实收益颇丰。首先是促使我们较快掌握了自学的本领。我们知道,随着文明的发展,知识的总量在成几何级数般增长,通过学校的教学是永远无法穷尽的。但是,一个人掌握了自学的窍门,那就可以不断学习,不断创新。我们那个时期的学习,知识量很大,我们就学会了找重点,找知识点之间的关联,然后围绕这些内容加强操练。在老师的指导下,我们找来了福建编的高中物理练习题,做了几遍感到效果很好,因为对于掌握并解决学习难点太有帮助了。现在回想起来,当时福建的"应试教育"已经初现端倪了。同时注意提高

学习的效率。早上精神好,记外语单词;下午放学后抓紧学习数理化;晚上做习题或看书。所以,尽管一年要学这么多内容,我们没有感到负担重,还有时间参加文体活动。其次是促使我们较早地去思考人生的未来。在当时的氛围下,中学生毕业后到祖国最需要的地方去是年轻人的人生价值。我们当然准备去考大学,也很想进入名校。但是,我们也有充分的思想准备,国家需要我们学什么专业我们就努力去学这个专业,将来去报效祖国。我现在感到,一附中的这些年,我有两个"学会":学会了学习,初步掌握了自学的方法,终身受益;学会了做人,年轻人只有在为社会的奉献中才能实现人生的价值,明确方向。

注释:

　　"四清四不清":1963 年至 1966 年,中共中央在全国城乡开展的社会主义教育运动。运动的内容,一开始在农村中是"清工分,清账目,清仓库和清财物",后期在城乡中表现为"清思想,清政治,清组织和清经济"。因此就有四不清的问题。

在农村奉献青春，交出满意的答卷

　　"文化大革命"采用自下而上的群众运动的方式，企图解决"反对修正主义、防止国家变色"的问题。但是，结果是适得其反，给国家造成了巨大的灾难。

　　这场运动对于文化传统的破坏登峰造极，对许多家庭的破坏也是"史无前例"，继而影响社会风气，中华民族几千年形成的讲礼仪、重道德的习俗荡然无存。我们家也和其他千千万万户的家庭一样，遭到掠夺式的破坏。由于父亲的原因，1966年8月，他单位的"造反派"就来"抄家"，把家里值钱的东西悉数掠去，还把父母亲关到居委会的办公室，24小时逼供，两个妹妹吓得直哭。我作为孩子中的老大，只能自己做饭给弟弟妹妹吃。我从来没有烧过饭，在邻居帮助下，勉强烧出了夹生饭，再搞点剩菜，勉强应付过去。晚上只能睡在客堂间的地上，因为房间都封了。躺在客厅的地板上，望着已进入梦乡的弟妹，自己第一次感受到什么是相依为命。好在第二天母亲先回家了，我也可以回到三层阁上的小房间，这才发现，这些"造

反派"连我这个中学生的房间都要抄,东西翻得一塌糊涂,我自己把零用钱积攒起来去福州路旧书店买的略微有些价值的书,如1905年出版的《汉英词典》、民国版的《古文观止》等都被抄走了。

作为一个共青团员,一个要求进步的青年,自己当时对造反派的这些暴行,只以为这就是所谓的"革命"。等母亲回家后,我又到学校去参加"运动"了,学校已经贴满大字报,在揭发学校所谓的"修正主义教育路线"时,我也被不点名地受到批判。学校的优秀学生大多成为"保守派",有些散漫调皮的学生却成了"造反派"。一些学生成立了红卫兵组织,然后开始去北京等地"串连"①,我们这些家里多多少少有些"问题"的学生只能去参加支农的下乡劳动。在运动中,学校的校长遭到部分学生的殴打,一个耳朵都被打聋了,一些优秀的老师被挂上牌子挨打批斗,有的女教师被剪成"阴阳头"②受尽凌辱。在这种氛围中,人性之恶的部分被煽动出来,这些中学生对培养教育他们的老师做出这种兽行是应该好好忏悔的。

第二年,学校红卫兵组织想成立毛泽东思想文艺宣传小分队,就把我吸收进去了,此后一年多时间里,我离开了班级,全身心地投入文艺小分队的工作,自编自演了不少节目,后来还担任了小分队的队长,走遍了虹口区的所有舞台,还到横沙岛、昆山花桥等农村演出。

在那个年月里,对领袖人物的盲目崇拜登峰造极,我们中学生都卷入其中。人手一本《毛主席语录》,早请示、晚汇报,搞得像宗教仪式。好在一段时间以后这股热潮就结束了。在这个潮流中,自己认认真真地学了毛泽东的著作,通读了《毛泽东选集》一至四卷,"老三篇"③和许多语录都能够背出来。那时,我也读过《共产党宣言》《国家与革命》等著作,限于当时的年龄和知识水平,读不太懂,也理解不深。唯有毛泽东的著作读来亲切,用词精辟,明白易懂,极大地影响了我们的世界观。自己初步认识到,一个人要成为对国家、对社会有用的人,应该像张思德那样全心全意为人民服务;一个人要想在工作上有所成就,应该像白求恩那样对技术精益求精;一个人遇到困难不要怕,只要有愚公移山的精神,再大的困难都是可以克服的,办法总是比困难多。

1968年下半年,中学生的毕业分配陆续开始了。那时学校都已经入

驻了工人宣传队,每个班有一位工人师傅负责。我们那一届的分配还是"四个面向"④,我作为家里的长子,可以分配到上海的工厂里当工人。但是,"好儿女志在四方","农村是一个广阔的天地,在那里是可以大有作为的(毛泽东语)",报上的宣传在影响着我,一批批优秀的中学毕业生带头上山下乡的事迹在激励着我,自己是个有理想有抱负的青年,应该到艰苦的地方去工作,用我们稚嫩的双手去谱写青春的篇章;自己的家庭出身不好,更需要到艰苦的地方去磨炼、去改造自己。我没有回家与母亲商量,就向工人师傅表了态,还贴出了决心书。工人师傅看我态度这么坚决,他还是有人情味的,马上与我弟弟的学校联系(他是与我同届的初中生),把他安排到去工厂的名单上。这时,先期已经去郊区星火农场工作的66届校友熊海钧来找我,给我看了10月15日《解放日报》头版"草房赞"的社论和报道,说他们正在艰苦创业,白手起家创建连队,现在正缺人,希望我能加入。我听了,二话没说,就答应了。他马上从包里掏出录用通知,填上我的名字。我匆匆赶回家,告诉父母亲我的决定。他们见我决心已定,也未加阻拦,默默地帮我准备行装。凭这通知,我办理了户口迁移,领到了补助的棉布等票证,买了被子、蚊帐等必需品,只有几天的时间。父亲的问题当时还没有解决,每天去单位干体力活;母亲仍然在里弄生产组上班。11月3日我们在人民广场集中坐车前往上海市南郊海边的星火农场。弟弟代表父母前来送行,小分队的朋友也来了。我高高兴兴地踏上了下乡务农的路程。

沐浴着金秋的阳光,大客车从人民广场出发,到闵行镇上车船渡轮渡过黄浦江,在奉贤的西渡镇上岸,然后直接驶向星火农场,一路驶了近4个小时。好在大家情绪很高,唱唱歌,说说话,不知不觉很快就到了。星火农场是1959年6月围海造田建成的,原名为海滨农场,1966年7月,改名为星火农场。农场北接钱桥公社,南到当年围垦的海堤。农场中央有一条人工开挖的东西向的河道,叫中心河。农场的基层生产单位沿河道两岸分布。

附中一共有十几位同学去星火农场,我们被安排在两个连队:"五七"连队和"五七"3连⑤。熊海钧就是"五七"3连的连长。当时全国学习解放军,农场把生产大队的名称都改成连队了,依此类推,生产小队改成

排,生产小组改成班,我被分在"五七"3连3排3班,并担任班长。整个连队只有两排匆匆盖起的草房和一个食堂,床都没有,在草房的泥地上铺了一层稻草,我们的被褥就铺在稻草上,一个排的男生都住在一起。条件真的是简陋,好在电已经通了。晚上洗漱完就睡了。十几个男生挤在地铺上,倒也蛮暖和的。

第二天就开始劳动了。秋收已经结束,我们被安排去割芦苇,准备继续盖草房迎接即将到来的新职工。我们集体步行到海滩边,翻过海堤,只见是一大片的芦苇荡,海风吹来,芦花起伏飘逸,伴随着轻微的芦苇相擦的窸窣声,偶尔会有一两只野鸭飞出来,好一派自然美景。可我们无暇欣赏,在老农民的指导下,我们用镰刀开始了劳动生活。不一会,汗水就湿透了衣衫,半天下来,手上都被刀把磨出了水泡。午饭是炊事班送到现场的,咸菜汤里漂着几片肉片,外加几个白馒头,虽然简单,肚子饿了,吃得分外香。休息时,各排之间还互相"拉歌",充满乐观气氛和青春活力。下午主要是把割下的芦苇搬到海堤上,让拖拉机运回去。搬完以后,留部分帮助装卸车的男生,其余的就收工了。晚上食堂里供应的是用新大米煮出来的饭,虽然没有什么好吃的菜,我竟然吃了一斤的米饭。再看其他男生,好多人也吃了一斤。现在回忆还真是难以想象。

起水泡的右手掌疼痛难忍,在老农民指导下,我们用针线小心地穿过水泡,针眼里的线把水一起带出来,这样,皮下的嫩肉就不会暴露,第二天就可以继续劳动。尽管如此,右手再握镰刀时还是非常疼痛。大家都咬牙坚持着。当时的口号是:"要问苦不苦,想想长征两万五;要问累不累,想想革命老前辈"。什么叫经受艰苦磨炼,这就是开始。

割芦苇的劳动持续了好几天。右手的水泡经过几天的磨炼逐渐变成了"老茧"⑥。有的职工不小心割破了手,用布条包扎一下继续干;有的职工胶鞋被芦根划破了,索性赤着脚坚持干。当时,乐观主义、英雄主义弥漫,"与天奋斗,其乐无穷;与地奋斗,其乐无穷;与人奋斗,其乐无穷"成为大家的座右铭,年轻人都自觉地要在艰苦的环境中磨炼自己,培养吃苦耐劳的精神。由于大家的努力,任务提前完成。后面盖草房的搭竹架、编芦苇墙、铺稻草顶等都是技术活,由老农民带少数职工接着干就可以了。连队决定放3天假,让我们回家一次。

13日一早，虽离家才十天，已是归心似箭。那时，要向北步行整整两个小时，穿过钱桥乡，才能走到长途汽车光明镇的停靠站。乘车、摆渡、再乘车，路上花了四五个小时才到家。父母亲和弟妹看到我回家非常惊喜，因为当时通信十分落后，根本没有可能提前告知。仅仅10天，我的脸不光晒黑了，在海风的劲吹下，鼻子上都蜕皮了。母亲看了很心疼，但她不表露出来，怕影响我的情绪。晚饭后，我又去澡堂洗了澡，美美地睡了一觉。第二天，母亲没去上班，帮我准备棉袄；又炒了两斤面粉，拌上芝麻和糖，装在广口瓶里让我带回去，以便肚饿时"垫垫饥"①。带着家人的嘱托，我按期返回了连队。

在车站走回连队的路上，我看到当时上海郊区的农民都已经住上了砖瓦房，农场场部和其他连队也都是砖瓦房，很少有人家还在住草房。事后我们才知道，当时大批的上海知识青年要去农场工作，根本来不及准备房子和床。自己动手盖草房、睡地铺，既体现继承艰苦奋斗的传统，又解了安置困难的燃眉之急。匆忙盖起的草房，不牢固，也不安全，不能长期居住。我记得很清楚，1969年3月13日，农场下了一场罕见的春雪，积雪厚达两厘米。我们都高兴地堆雪人、拍照。可积雪压塌了食堂的屋顶和烟囱，没饭吃了。还好没有伤到炊事班的职工，场部紧急调运了其他连队食堂的饭菜过来，连续几天帮助我们渡过难关。我们在草房里住了两年多就陆续搬进了砖瓦房，睡上了铁床。

人是要有一点精神的。"接受贫下中农再教育"，"在绣地球的劳动中改造自己"，这些理念支撑着我们去克服各种各样的困难。脸朝泥土背朝天，弯腰曲背一整天。每年两次，春种和夏种，赤脚在水田里插秧；一根扁担两堆稻，只见稻垛不见脸，夏秋两季的收获，要靠我们的肩膀把田里割下的稻子挑到打谷场。我们比赛谁挑得多，田埂上远远望去只听见号子声，稻垛在整齐地移动，人都被遮住了，非常壮观。冬天，我们兴修水利，男使铁锹女挑泥，是一年中最累的时候。挖渠开河、疏浚河道，为来年春种做准备。严冬腊月，寒风冷冽，可我们干得热火朝天。有的男职工在河床里挖泥，热得满头是汗，索性脱了上衣，赤膊干起来了。一会儿，场部的文艺小分队赶来慰问了，在河岸边自编自演快板书和表演唱；一会儿休息了，我们嚼着馒头喝着水，远远飘来广播喇叭里沪语演唱的《我伲社员挑

河泥》的歌曲,真是别有滋味。劳动是辛苦的,但苦中有乐。没有平时耕耘的辛苦,无法享受收获的喜悦。我们在艰苦的磨炼中逐渐成长起来。我在"五七"3连工作了4年,当过班长、排长和连委委员,没有一天脱离劳动;记得往田里施有机肥的时候,挑着猪塺®到田里,直接用手把塺肥撕开均匀地撒在田里,不怕脏、不怕臭,与当地的农民没有区别。我还学会了套牛犁田使耙。那4年,是我使劲最大的4年,吃苦最多的4年,也是变化最明显的4年。现在回想起来,真有一种脱胎换骨的感觉。从一个文弱的中学生成为一个合格的农场工人,基本学会干各种农活;皮肤晒黑了,身体壮实了,双手布满了老茧,背颈处也被扁担磨出了肉疙瘩,更重要的是自己的意志变得坚强了,遇到困难时的态度变得成熟了,碰到问题时的思考变得全面了。自己正在成为自立于社会的劳动者。

国家也在发生变化。党的九大在北京召开以后,各行业陆续恢复了发展新党员的工作。我从小在学校受到的教育是,人生有3件大事:入队、入团、入党。看到身边陆续有同事被吸收入党,也勾起了心底的夙愿。我认真学习了党的章程,在1970年的春天正式向党支部递交了入党申请书。我没有想到,像我这样家庭出身的青年入党会这么难。1971年冬,经过两年的艰苦磨炼与考验,党支部讨论了我的申请,并向场部党委组织组递交了报告。最终被否决,理由是家庭情况复杂,还要再考验。而连队中已经传开,有的职工已写信(这是当时最常用的联系方式)向我祝贺。其窘状可想而知。当然,这也是对自己的一个考验,争取成为一名中国共产党的党员是自己的追求,不是一时冲动或心血来潮。我应该经受住考验,变压力为动力。我还是一如既往地把自己所承担的各项工作努力去做好。

不久,我就离开连队到场部机关工作。在场部机关的几年里,先是到工业组(当时机关的科室都改称组)当组员。当时农场除了农林牧副渔等产业,还办了制药、化工、农药等工厂,工业组就负责联系这些工厂。另外,"文化大革命"的热潮已过,生产逐步在恢复。上海的一些企业想把有些劳动密集型的产品下放给农场去生产。我们知道消息后,马上去联系,很快让一批制线、织带、制绳的纺织小工厂在六七个连队办了起来,推动了这些连队的经济发展。为了熟悉各种机械,我还去福州路的旧书店买

了业余工大的机械制造教材,花了一年时间,囫囵吞枣地读了一遍。后来,我担任了农场的工会副主任,负责班组学习与宣传教育工作;我还参加过场党委组织的工作组到问题多的连队帮助整顿秩序、促进生产,到一个工厂协助做破案工作。每换一个岗位、每接手一件新的工作,我都把它视作是学习锻炼的机会,都能够认真负责地把工作做好。那时,农场每年都有名额抽调部分职工去上海的工矿企业工作,高中生还有机会去师大培训、然后去中学做老师。看到他们陆续离去,自己也曾心动,也希望命运之神能光顾自己。但是,最终还是"大我"战胜"小我",愉快地留下来。我记得上海人民出版社的编辑曾到农场来组稿,我把自己的学习体会和思想认识整理出来,写了一篇文章——《贵在自觉》,登在上海人民出版社1973年出版的《青年思想漫谈》一书中。这是自己第一次将写的文字变成铅字,印象深刻,也算是当时思想的总结吧。1974年,市农场管理局为了稳定队伍,在知青中推出了"定干"(即扎根农场,不求上调)的政策,我毫不犹豫地报了名。这样,经过几年的努力,功夫不负有心人,1975年10月,农场党委终于批准了我的入党申请。那时没有预备期,一批准就是正式党员。10天以后,我就被任命为13连的党支部副书记(主持工作)并兼任连队指导员。

13连在农场的东北角,与燎原农场接壤;北面隔河就是奉贤县的塘外人民公社。这是一个老连队,有100多个老职工,大多已经在连队安家;还有二三百个近几年分配来的青年学生。不像我原来工作过的"五七"3连,以新职工为主体,思想比较单纯,有理想、有激情,艰苦工作大家争着去做。13连比较乱,许多工作推不下去,原来的指导员有点"软",年纪也大了,农场党委就让我去接替他的工作。1975年正是邓小平同志主持国务院工作、各行各业进行整顿的时候,我也借这个势头,和连队班子一起商量,先把排长调整好。原先老职工中有些人自己怕苦不愿干活,还在青年职工中拉帮结派,影响不好。我采取分而治之的办法,将老职工中几个较有能力的挑出来担任排长,扬长避短;对个别"混病假"不出工而散布落后言论的进行批判帮助。"两头"一抓,中间就带起来了。连长是位有经验的老农民。我看到连队右侧有几十亩荒地无法耕种,我和连长商量是否可以养鱼。他说可以。我们一拍即合,当年冬天就组织职工围鱼

塘,第二年开春,买了数千尾鱼苗放下去。当年大丰收,年终岁尾排水捕鱼,半斤多的野生鲫鱼、一斤多的喂养鲢鱼活蹦乱跳,还抓到了十几个野生大甲鱼。我们在打谷场上设了摊,按照农场渔业队的批发价,非常便宜地卖给职工,每个职工都能够带几条鱼回上海过年,这在当时物资匮乏的年代是多么不容易呵。那些甲鱼我们连队干部都不买,全部卖给有家属的老职工,7毛钱一斤,他们都很高兴。经过这么一年的工作,13连职工的积极性被调动起来了。1977年,春种春播的工作推进顺利,各项田间管理跟上,再加上风调雨顺、老天爷帮忙,到秋收结束,13连的粮食和棉花的亩产均超过了《纲要》⑥规定的800斤和100斤的指标,在年终上海市农垦系统总结大会上,奖我们一台17尺寸的黑白电视机。这是对我们几年心血的褒奖,是对我们努力的充分肯定。我作为连队的主要负责人,这个荣誉也是对班子成员、连队职工和对我最好的支持。在此我的农场生活也画上了圆满的句号。

我在13连的3年时间,共和国发生了巨大的变化。经历10年的政治动乱正式宣告结束。1977年邓小平同志又一次复出,高考制度重新恢复,这个政策的出台,拉开了国家改革开放的序幕。我们这些人也搭上了命运转折的列车,开始了新的旅途。

离开农场几十年了。现在回忆往事,仍然历历在目。我们不能让"文革"的灾难再次发生,我们不需要城市青年大规模地"逆潮流"去上山下乡,那些政策都是错误的,不符合时代发展规律的。但是,作为一腔热血要去报效祖国的青年,10年下乡的奉献、流血流汗的锻炼,这些举动还是应该肯定的。我和大多数知识青年的态度是一致的,青春无悔,时代留痕。

在下乡35周年的纪念活动中,我们编了一本图文并茂的纪念册,我写了这么一首诗来表达我的心情:

致敬,亲爱的战友

尘封的照片拉开了回忆的窗帘,

开心的聚会又使我们回到了三十年之前。

岁月流逝,笑声依旧,

您的风采还是那样让人流连。

徐闻线的购票窗口，
曾有您那稚嫩声音留下的回念；
西渡口的匆匆人流，
曾有您那倩身丽影划出的曲线。

在田头秧间，
在中心河畔，
在热火朝天的开河工地，
在机器唱歌的小厂车间，
无不有您欢乐的笑脸；
在养鸡场里，
在拖拉机边，
在饭菜飘香的食堂餐厅，
在瓜果遍地的果林之连，
到处有您俊美的身板。

我们曾经同室，
睡草房打地铺的时间；
我们曾经同事，
挑河泥挥铁锹的冬天；
我们曾经相恋，
徜徉在灌渠边的夜晚；
我们曾经相伴，
奔向那新创业的彼岸。

三十年过去，弹指之间，
今日相见却要驻足顾盼，
英俊年少都将步入老年，
唯有明眸透出英气浩然。

您是总经理，
依然在运筹帷幄、指点江山；

您是大专家，

奔驰在课堂讲台、建设一线；

您是家庭主妇，

让亲朋好友共享小康乐园；

您是退休职工，

在温馨之家居住颐养天年。

您是……

您是……

五颜六色的职位和建树，

妙笔生花也无法详尽描述和比肩。

生活是那样丰富多彩，

战友是那样情谊如山。

回首往事，我们是那样坦然，

勤奋朴实、自强不息，

五七三连（果林一连）的精神激励我们向前；

展望未来，我们是那样欣然，

回顾历史、联谊互助，

六百多战友的关怀将克服各种各样的困难。

向您致敬，亲爱的战友，

您在星火农场的日日夜夜，

绝非这本纪念册所能包含，

历史将永远记住您的贡献；

向您问好，亲爱的战友，

生命之花永远向每个奋进者开绽，

让我们携起手来，

继续创造幸福美满的明天。

注释：

① 串连："文革"中各地红卫兵免费坐火车进京，北京的红卫兵到各地去"煽风点

火"，当时把这种形式叫"串连"。

②"阴阳头"："文革"中红卫兵羞辱老师的手段之一，把老师的头发剪掉半边，留半边。

③"老三篇"：毛泽东的三篇文章—《纪念白求恩》、《为人民服务》、《愚公移山》，"文革"时期被指定大家阅读，简称"老三篇"。

④"四个面向"：66届、67届毕业的初中和高中学生的分配方针，即面向农村、面向边疆、面向基层、面向工厂。

⑤1966年5月7日，毛泽东在林彪的一个报告上批语，提出"军队应该是一个大学校"，"学政治、学军事、学文化……"这个批语被称为"五七指示"，《人民日报》为此发表社论《全国都应该成为毛泽东思想的大学校》。"五七"连队、"五七"3连就是按照这个批语的时间来取的名称，寓意是也要把连队办成毛泽东思想的大学校。

⑥"老茧"：手上又厚又硬的皮，是皮肤长期受压迫和摩擦而引起的手、足皮肤局部扁平角质增生。

⑦"垫垫饥"：上海方言，略微吃点东西充饥。《上海话大辞典》，第217页。

⑧塯：方言，指用猪羊等家畜的粪便沤成的肥料。

⑨《纲要》：1956年到1967年全国农业发展纲要，1960年4月11日由中华人民共和国主席令颁布。

成为高考恢复后的第一届大学生

　　1977 年的秋天,高考即将恢复的消息陆续传来。1977 年 9 月,在邓小平同志的推动下,教育部在北京召开全国高等学校招生工作会议,决定恢复已经停止了 10 年的全国高等院校招生考试,以统一考试、择优录取的方式选拔人才上大学。我作为农场的基层领导,要不要去报名,思想斗争很激烈。埋在心底 10 年的夙愿终于有机会实现,晚上真是兴奋得合不拢眼;但是,农场党委会不会同意呢? 10 月 21 日,报纸公布了恢复高考的消息,并透露本年度的高考将于一个月后在全国范围内进行。这时,我的母校华东师大一附中邀请我去给新入学的学弟学妹们谈理想、谈人生。报告结束以后,老校长徐正贞问我是不是准备去报名参加高考,我说还没有决定。他告诉我一个消息,上海市的教育主管部门要求各重点中学的校长推荐一批"老三届"①中的优秀学生,母校已经把我的名字报上去了。我听了非常激动,马上对徐校长说,等正式决定以后立即报告。第二天我赶回连队,与连长一起投入了秋收秋种。这时,场

部来了通知,要求准备报名参加高考的职工先参加场部组织的语文和数学的模拟考试。原来恢复高考的消息一来,想去参加的职工很多,连队一级的干部就有几十个,场党委想通过这个方式拦住一批干部。11月初的一个休息天,我们集中到场办中学的数个教室里,从早上8时到12时,整整做了近4个小时。语文不太难,数学我有一道题没有解出,毕竟10来年没有参加这样的测试了。第二天试卷发下来,我一看,考得还不错,语文90分,数学82分。听说我的总分是全场第二名。而听学校反馈过来的信息,两门课都超过60分也只有13人,真太惊人了。除了显示出我母校这样的重点中学扎实的教育质量,还反映"十年动乱"对学校教育的破坏。大量"文革"中进中学学生的语文、数学都没有好好学过。

场党委书记找我谈了话,两层意思,一是表示支持我报考大学,二是希望把连队今年的收尾工作做好。我表了态,肯定会把工作善始善终,不辜负职工的期望——因为那年粮食、棉花的长势很好,完全能够双超"纲要";二是"一颗红心,两种准备",考不上我不会闹情绪,安心在连队抓好各项工作。

然后,我马上写了封信给母校徐正贞校长,并告诉他,由于复习时间很少,我决定报考文科高校。他立即给我寄来了他们编的复习资料和练习题。凭着这些材料,我是反复看,反复练,搞得滚瓜烂熟。因为适逢秋收秋种的关键时刻,我没有请假,白天忙生产,晚上忙做题,等秋种高潮过去,才休了3天假,把这段时间的学习材料系统地理一下,就上考场去应试了。考试的时间是12月11日和12日,我们集中在奉贤的县城南桥镇参加上海市组织的统一考试。以下是我当年12月12日的日记里记录的那两天考试的情况:

12月12日　星期一　晴

紧张的高考终于结束了。我们在奉贤县中参加考试。11日上午,我骑车子到农具厂,乘车前往南桥。8：30在全市统一的时间里,先开始数学考试。一接到试卷,我那紧张的心理马上坦然了,文科考数学的题目是极简单的。我只花了四十五分钟便做完了全部题目。中午吃过面包,我又温了半小时政治。下午考政治,大部分题目是我复习过的,又很容易地答完了。

今天上午考史地,题目也是很便当的。我只空了一小格填充题(黄河上游的水电站)未做,余皆顺利。下午考语文,主要是一篇作文,我选择了

"在抓纲治国的日子里——记老支书的二三事",以老陆(当时农场表彰的优秀支书——现注)为模特儿。我自己感到写得还是顺手的。

高考结束了,比预计的要容易得多。

回到农场,我给母校徐校长写了信,报告了考试情况和感受,并写了自己的担忧。题目这么容易,大多数考生应该都会考得不错,这样,我们这批"老三届"高中生的年龄劣势就会显露出来。结果是正好相反,当年上海共有12万考生参加高考,总分400分,超过340分的考生只有2 000多人,而且大多是"老三届"的学生。我们那时候录取是不告诉分数的,因为我有同学在大学工作,他看到我的成绩,事后他告诉我,我的考分是341分。高分的情况充分显示了新中国成立后前17年间扎实的教育质量。

我是在1978年的2月在农场拿到录取通知的。那年全市共录取一万名大学新生,录取率只有8%。当年上海文科只有两个大学招生:复旦大学和上海师范大学。我为了保险,第一志愿就填了上海师范大学中文系。在录取的信封里有两张通知:第一张是上海师范大学的,第二张是补充通知,上面写道:"我校受上海市招生委员会的委托,代为即将成立的上海师范学院招收新生,你已被录取在上海师范学院中文系"。原来,"十年动乱"期间,"四人帮"为了加强对高等学校的控制,把华东师范大学、上海师范学院、上海半工半读师范学院、上海体育学院和上海教育学院等5所高校合并成一所上海师范大学,"文革"结束后,除了半工半读师院,其他四校陆续复校并恢复原来名称。据说上海师院在挑选77级新生时拿到了30%统一录取在上海师大(即后来的华东师大)的高分考生。

真的要离开工作10年的星火农场,心里颇有点依依不舍。人生能有几个十年,而且是20岁到30岁,我把最美好的青春年华奉献给了农场这个广阔天地。

收拾起行装,告别了休戚与共的同事,提着小板箱,住进了上海师院东部第一宿舍,从此开始了4年的大学生活。

1978年的春天,万木苏醒,万象更新。我是提前一天到学校报到的,辅导员指定我担任中文系77级1班的班长。我们年级一共有4个班,每个班被指定3个学生干部:班长、党小组长、团支部书记。不久,专科班进校,半年后,78级正式入学。学生多了,中文系成立了学生会,我被选

为系学生会主席,并一直干到毕业。

10年没有上课了,高年资、高职称的教师大多受冲击、挨批判了10年。我们入学时中文系还有两位教授没有被"解放",半年后才恢复教师资格。因此,老教师给我们上课都十分激动。我清楚地记得,陈翰教授给我们上文艺理论第一课的时候,讲了第一句话就说不下去了,言语哽咽、眼噙泪水,激动之情,溢于言表。我们学生也都十分激动,好不容易盼来的学习机会,大家都非常珍惜,不需要动员,学习的积极性异常高涨。那几年的高等学校,教风学风真是出奇地好。教师兢兢业业,恨不得把肚子里的知识全部倒给我们;学生自觉勤奋,恨不得一分钟掰成两分钟,把课内课外的知识统统装进肚子里。班里的同学年龄参差不一,近40位同学,"老三届"的四分之一,应届生五分之一,其余的皆为"文革"期间中学毕业的。有5年以上工龄的可以带工资上学,其余的都享受每月10余元的助学金。年龄、资历的差异还带来知识水平的差异。学校很注意因材施教,经过测试,学生可以免修若干课程,这样可以让有些学有余力的学生集中精力去学习或钻研一些专业书籍,早出成果,早出人才。记得在校的4年,我们年级有好几位同学提前考上了研究生,还有同学发表了颇有影响的文学作品,成为作家协会的成员,甚至有同学写出了很有见地的学术论文、在学报或专业杂志上发表。在中文系党总支的支持下,我们成立了文学社,并利用学校橱窗展示、交流文学创作的作品;系学生会则组织了大学生的学术报告会,聘请专业老师指导,每年举办一次,有若干专业分场报告,在学校里影响很好,成为中文系学生会的品牌,在《文汇报》和校刊上都多次作了报道。

我入学前主要精力在务农,尽管自己喜爱读书,但没有想过上中文系,与有些"老三届"同学比,专业知识方面差距较大。自己还担负学生会工作,要牵扯不少精力。因此,自己暗下决心,注意学习方法,提高学习效率,争取在专业上拿出成绩。我4年学习的小结《不断给自己提出新的目标》,刊登在上海市高等教育局研究室编的《大学生谈学习方法》一书上。

注释:

"老三届":1966年至1968年毕业的初高中学生,都是"文革"以前进入中学的。

致力于高校学生思想政治工作与研究

  1982 年 1 月,经过 4 年的努力,大学毕业了。那时候,改革开放刚开始不久,计划经济的痕迹仍然存在。大学生毕业后的工作是学校根据政府的要求来统一分配的。由于是"文革"后的首届毕业生,方方面面需要的人才很多,按培养目标来说,上海师院主要应该为上海的中学培养教师。但是,那一年的分配,扣除留校和到机关、事业单位的,真正到中学、中专等教育单位去当老师的不到50%。因为是首届,母校也十分需要各方面补充人才。因此,77 级和半年后毕业的 78 级留校的比例高达 10%。我被安排到院团委工作。

  开始自己还有点想不通。在大学的最后两年里,我在张斌教授的指导下,系统研读了从清末的《马氏文通》到《现代汉语语法研究》等十多部专著,寻觅到一种豁然开朗的感觉,写出了两篇论文,先后在校和市的文科大学生论文报告会上作了发言,一篇还在校的学报上刊登出来。自己曾经想报考现代汉语专业的硕士研究生,可那年华东师大和上海师院这个专业都不招。正当自己在

徘徊迷茫的时候,院党委副书记徐宜尔通过班主任找到我,约我谈了话。那次谈话我今天仍然记忆犹新。首先,我汇报了自己的想法,自己已经30多岁了,被"文革"耽误了整整10年,现在非常想做一位专业教师。她没有批评我,而是先介绍团委这个工作岗位的要求,对于促进大学生全面发展的重要,目前团委的领导岗位青黄不接,很需要有年轻优秀的大学毕业生来接替。然后,她又直截了当地对我在校的表现作了评价。她告诉我,院党委已经做过讨论,大家对我这两年在报纸上发表的青年思想修养的文章评价不错,相信我能尽快胜任团委负责人的要求。我这个人还是容易被鼓动的。中国的读书人就是这么一个传统,"士为知己者死"。院党委领导这么一番推心置腹的谈话,我一个年轻的党员怎能不激动?我向她表示,回家我和爱人再商量一下,一定不辜负党委的期望。

是啊,我们读大学的4年,是国家拨乱反正的4年,也是社会上各种思潮争相表现的4年。1978年11月"天安门事件"①平反以后,上海的人民广场一度出现极端民主化的大字报,自由化思潮在部分大学生中引起波动;1979年10月,上海戏剧学院编导了话剧《假如这是真的》,从一位领导干部"受骗上当"来反映干部特殊化问题,演了不久就停演,在社会上尤其在大学生中掀起轩然大波;1980年开始,《中国青年》杂志就潘晓来信《人生的路啊,怎么越走越窄》展开历时几个月的全国大讨论,上海的《文汇报》也就《一个中学生的苦闷》开展讨论。总之,那段时间思想理论战线是比较活跃的。我在《文汇报》编辑熊海钧的指导下,针对某些观点发表过文章。当时有些年轻人对社会变革感到厌倦,喜欢吃吃喝喝、打打扑克,自诩是"看破红尘",我就写了一篇文章《莫学陶令避红尘,要学梅花早报春》。文章在《文汇报》发表后,引起一定的社会反响,我收到过好几封通过报社转来的信件。这篇文章后来还被收入北京市的高考语文复习资料,作为议论文的阅读范文。此后,针对1980年代雷锋精神是不是过时,我在院刊和《文汇报》上又发表了《学习雷锋精神,做到又红又专》《学英雄贵在学精神》②《语言的"污染"》《勿以善小而不为》等文章。这些文章在校园内外都产生了一定的影响。这也是自己对社会尽的一点责任吧。真可谓"有意栽花花不发,无心插柳柳成荫",自己在学习中文专业时的副产品——对意识形态的关注并参与撰写的政论文章却成了自己以后

几十年在高教战线工作的始点。

我愉快地走上了校团委的工作岗位。我庆幸自己遇到了一位好领导。徐宜尔,上海师大党委副书记,她对我既严格要求,又关爱有加。为了让我了解更多高校的情况、以利于更好地开展团的工作,1982年上半年她带领几位系的党总支副书记去北京、武汉和南京的大学交流取经,让我一起参加,整个团组里只有我一位刚留校的青年。记得到北京大学去学习时,该校党委副书记郑重向我们介绍,"这是我校新任团委书记李克强,法律系77级毕业的"。我听了很激动。各校党委对77级都非常重视,我们一定要好好工作才行。当时,师院团委的正副书记先后接任新的工作,我到团委不久就挑起了负责人的担子。记得1984年2月,我爱人在医院剖腹产生下女儿。一周后拆线,大出血,非常危险。那天我在团市委开会,那时通信条件很落后,一下子无法找到我,徐宜尔马上赶到医院,并代为签字,要求医院立即抢救,立即止血输血。等我闻讯赶到医院,我爱人已经转危为安。她已经离开,我爱人以及其他产妇一致称赞学校领导的关爱精神。徐宜尔后来调任南市区委副书记,后又任区政协主席。她家里也受过考验,老爱人是新中国成立前就参加革命的老同志,但是在1957年被错划为"右派",20多年后才纠正。这期间她要承受多大的精神负担呀。但她丝毫没有动摇对党的忠诚和对事业的信念。1997年双耳失聪,老爱人身患重病,她天天得去医院照看。但她仍心系弱势群体,关爱困难家庭,经常捐资助学。徐宜尔已经仙逝,她是我终生学习的榜样。

我到团委后,工作还是非常投入的。高校团的工作就是要围绕党委的中心工作,开展丰富多彩的适合青年学生的活动,促进大学生全面发展,真正发挥好助手作用。记得那时候我们在校开展的文明宿舍的创建活动以及组织大学生走上社会开展的"五讲四美三热爱"③活动搞得有声有色,多次获得团市委的表扬。自己也在这些工作和活动中边学边干,增长了才干。1984年,为增进中日友好,胡耀邦总书记邀请了3 000名日本青年到中国访问,这件大事就交给团组织去承担,团中央和团市委都成立了专门的工作班子,我也有幸被抽调去参加接待工作,第一次参加这样大规模的外事接待活动。我们学习了有关的规定与要求,并到几个接待点参观学习了一下。北京来的翻译是全陪,我们是地陪,负责引导与介绍。

我们分了几个组，在宾馆的大房间里住了3个星期。每个房间住6位接待人员。我有幸和韩正同志在一个房间相处了20多天。他是化工局的团委书记，思维敏捷，办事老练，给我们高校的团委书记留下了深刻的印象。他为人谦虚、待人友善。20年后，他已经是上海市的市长，到我任职的学校视察工厂化养鱼项目，对我校的副校长说，"我和你校叶骏书记曾经是同事哎"。他们来问我，我非常感动，就是那3个星期一起接待日本青年的日日夜夜，竟然升格为"同事"，领导的关心与支持溢于言表。

学校党委对我也是非常重视。1984年就任命我为党委宣传部副部长，还兼任团委书记。为了做好大学生的教育培养工作，我提出建议，成立学生工作处，把招生、教育培养和毕业分配工作统一抓起来。学校党委支持我的想法，于1986年年底在上海高校中率先成立了学生工作处，并任命我为处长。学校党委的关心，老师和朋友的支持，逐步坚定了自己要为高等学校思想政治教育多做奉献的决心。我一直记得学文艺理论时读到的王国维《人间词话》中提出的"三境界说"——古今之成大事业、大学问者，必经过三种之境界："昨夜西风凋碧树。独上高楼，望尽天涯路。"此第一境也。"衣带渐宽终不悔，为伊消得人憔悴。"此第二境也。"众里寻他千百度，蓦然回首，那人却在灯火阑珊处。"此第三境也。王国维先生是从古代几位大词人的词作中摘引出这几段名句来讲做学问的三境界。一语中的，讲得非常透彻。他讲的是做学问，我认为对待工作也是这样。对应三个境界，工作的三阶段是职业、专业、事业。当你把工作仅作为谋生的手段时，那仅仅是第一阶段，还需要静下心来，明确自己的努力方向；确定把这个工作作为自己的目标，那就可以精益求精，钻研内在的规律，当作专业来研究，呕心沥血、任劳任怨，争做这行的"状元"，这就进入了第二境界；经过几年甚至几十年的不懈努力，你已经把这工作作为事业了，愿意为之奉献一切，那时才真正进入了自由王国。到达第三境界，你可以在回首往事的时候毫不惭愧地说："我已把自己的整个生命和全部精力，都献给了世界上最壮丽的事业"④。

既已选择服务于高等学校的学生教育和管理工作，那就要不断提升理论水平，增强工作能力，争取创出佳绩。我认真重学了《毛泽东选集》，自学了构成中国特色社会主义理论体系的主要领导人的文集和党的文

件。由于工作繁忙,我在从事党务工作的几十年里,没有机会到党校系统地学习深造,但是通过自学,我的马克思主义理论水平不断提高,能够胜任我以后担负的各个岗位的要求,并能够在社会政治生活发生剧烈变化的时候自觉地和党中央保持政治上的一致。

为了做好大学生的教育和管理工作,我开展了比较深入的调查研究。尽管自己大学毕业的时间不长,但是,1980 年代进校的学生,年龄与经历和我们那一代相差甚远。我非常佩服毛泽东同志 20 世纪 30 年代开展的农村调查,是十分经典的社会学文献;他采用的方法非常经典,完全可以学习借鉴;他形成的结论非常科学,为我党确定革命方针打下了基础。"没有调查就没有发言权",他的名言成为我们工作的指南。因此在团委工作的 3 年时间里,我先后对大学生的读书情况、口头用语情况、思想道德情况进行了比较深入细致的调查研究,撰写了《关于大学生读书情况的调查》《口头语言中的污染与净化》《上海师范大学学生思想观念变化的情况调查》等报告,发表在《上海青少年研究》等杂志上,产生了一定的社会影响。不久我就被市教卫党委选中,直接参与了《上海市青少年学生思想教育战略发展规划》的研究与制定。

随着社会生活的变化,我发现大学生的学习和活动与行政班级、行政小组的关系越来越弱。怎样继续发挥团组织的作用,必须要有所创新。我提出了"班级团小组的多样化设置"⑤的构想,即低年级时,团小组可与行政小组一起设置,二三年级时学生第二课堂活动增多,团小组可设在学生宿舍,以一个或几个寝室的团员成立团小组,课余时间进行活动;到了高年级,大学生形成一定的学习和研究兴趣,团小组可以设在学科小组里,与学生成才直接联系在一起。这个构想引起了团市委的关注,荣获当年的"上海市青年工作优秀成果奖"。但是,由于当时的客观原因,这个想法并没有很好实施。在我到上海水产大学任党委书记以后,我又提出了这个想法,而且是推进到党小组的设置上,把学生的党小组设到学生宿舍里,学生党员过"双重"组织生活——既在年级(或班级)的党小组过组织生活,又在宿舍的相应小组里过组织生活,从而更好地发挥党员的先锋模范作用。我们的做法不仅受到市教卫党委的肯定,还在 2001 年 5 月 8 日的《中国教育报》上头版头条、以《学生党建工作向纵深发展——上海水产

大学学生党支部走进宿舍》为题作了报道,向全国的高校系统进行推介。后来,我们又在学生宿舍区成立了"大学生社区党员示范团",学生党员履行承诺制、覆盖责任区,开展接待日活动,真正发挥了先锋模范作用,把自我教育与自我管理结合起来了。2003 年 5 月 27 日,《中国教育报》又作了报道——《让党旗飘扬在学生社区》。我们撰写的体会文章《新认识、新思路、新要求、新成效》⑥还荣获市"科教党委系统思想政治教育研究优秀论文二等奖"。

那段时间里,思想理论战线的起伏是比较大的,青年学生的思想观念的变化也是比较大的。结合工作和自己的理论学习,我先后写了《试论青年知识分子的道路》等十几篇体会文章发表在报纸杂志上,还和兄弟高校的老师一起,编著了《高等学校学生工作的规范与指导》⑦一书。

为了更好地适应青年学生的特点、更有效地开展教育与管理,1986年我和上海师大外语系的年轻教师一起,从美国引入了心理咨询。当时,心理学刚摆脱了"伪科学"的帽子,心理咨询的概念还是刚引入,我们聘请了美国伊利诺伊州立大学的克劳莱博士在上海师大为学生辅导员上心理辅导方面的课程,并扩大到其他高校,为后来心理咨询作为学生工作的一个重要手段起了某种先行者的作用。

我们知道,1980 年代是不平凡的年代,国家从拨乱反正到开始改革开放,各种政治势力都在表演,不同的政治思潮互相博弈,这种状况不可避免地都在高校反映出来。1986 年下半年,大学生中出现的"民主热",在某些别有用心的人鼓动下,演变学潮。作为在第一线负责学生工作的一位党员干部,自己自始至终注意按照上级党委的要求做好说服疏导工作,在政治上与党中央保持一致。这场风波以后,我就被调任校党委宣传部部长。第二年,市教育卫生工作党委调我去担任宣传处处长,从此我开始了 5 年多的市教育领导机关的生涯。

回首在上海师大工作的 8 年,我经历了职业定向、职业研究、职业奉献的过程。中文系愉快而紧张的学习收获,成为自己终身受用的修养;为做好学生教育与管理工作所进行的调查与研究,耗掉了我中年时期大部分的业余时间,工作所取得的成绩以及领导、同事们的鼓励促进自己愿为之奉献。我已经把这个工作当作高尚的事业。我真正体会到"衣带渐宽

终不悔,为伊消得人憔悴"的内涵。

注释:

①"天安门事件":是指"文化大革命"后期的 1976 年 4 月 5 日在天安门广场发生的反对"四人帮"、否定"文革"的群众抗议运动。中央政治局错误地认定天安门事件是反革命暴乱。1978 年 11 月 14 日,经中央政治局常委会批准,中共北京市委宣布天安门事件完全是革命行动,并为因该事件遭到迫害的所有人平反。

②《文汇报》,1980 年 4 月 3 日。

③"五讲四美三热爱":五讲:"讲文明、讲礼貌、讲卫生、讲秩序、讲道德";四美:"心灵美、语言美、行为美、环境美";三热爱:"热爱祖国、热爱社会主义、热爱中国共产党";"五讲四美三热爱"活动是中国共青团在中国共产党的指引下,在新的历史时期首创的群众性活动。"五讲四美"具有丰富的内容,有很强的思想性,是建设社会主义精神文明的一项重要工作。"五讲四美三热爱"为 20 世纪 80 年代最数字化的经典口号。

④ 苏联英雄奥斯特洛夫斯基的名言,在 20 世纪五六十年代对中国青年影响很大。

⑤《上海青少年研究》,1984 年第 9 期,第 14 - 16 页。

⑥ 叶骏、何爱华:《新认识、新思路、新要求、新成效》,载《在探索中创新、在改进中加强》,上海教育出版社,2004 年 12 月,第 335 - 340 页。

⑦《高等学校学生工作的规范与指导》,同济大学出版社,1991 年 5 月。

拓展思维空间，增长工作才干

　　我是在 1990 年 10 月到市教育卫生工作党委上班的。那时我在上海师大任党委宣传部部长，协管社会科学部。那年暑假，为了了解改革开放带来的深刻变化，我们租了一辆大客车，我带了30 多位社科部的教师前往温州学习考察。期间，党委书记皮耐安也赶来参加了几天活动。晚上休息时，他告诉我，市教卫党委想调我去负责宣传工作，征求我的意见。那晚我想得很多。在上海师大从读书到工作，整整 12 年。读书时，学校的老师培养我，班级的同学支持我，我不仅克服各种困难、顺利完成学业，还连续 3 年被推为市"三好学生"；工作以后，学校党委关心我，同事热情帮助我，很快成为学校的中层干部，并好几次被评为优秀，受到表彰。自己理应更好地工作来回馈母校。但是，到上级党委去工作，对自己的能力与水平是个新的考验，自己刚过不惑之年，应该去承担更富挑战性的工作；另外，自己也可以在不同的层面、以多样的方式去回报母校。因此，第二天我愉快地答复了皮书记："只要党委同意，我愿意去教卫

党委宣传处工作"。新学期开始不久，我交接完工作，就到福州路30号（当时的市政府办公大楼、现在的上海浦东发展银行大楼）去报到了。

经历过政治风波的教卫党委宣传处，显得有些士气低迷。包括处长在内的几位党员干部先后被调离，最少的时候连我在内只剩3个人。在党委的领导下，从机关其他部门和系统内的学校里陆续调入了几位优秀的干部，很快就把工作的局面打开了。

那时的意识形态领域，各种思潮的碰撞、甚至可以说是斗争，显得异常激烈。国内的政治风波平息以后，敌对势力对我国"西化"、"分化"的图谋并没有止息；东欧剧变以及随后的苏联这个庞然大物的解体，导致相当一段时间里反"和平演变"的声音非常高昂。在市委的领导下，根据教卫党委领导的意见，我们在系统里的高校和医院认真组织学习了邓小平建设有中国特色社会主义的理论，认真开展了党的基本路线教育活动，始终注意宣传思想工作的正确方向。由于有在大学担任过宣传部长的经历，我了解本系统各单位宣传部长都有一定理论水平和工作能力，为他们做好服务，我注意两条：一是及时把上级党委的重要信息在第一时间让大家知晓；二是适当组织交流与活动，拓宽工作渠道、创新工作思路。这样坚持了两三年，既推动了系统的宣传工作，又增进了互相了解。正如毛泽东同志早就指出的"支援和友谊，比什么都重要"①。那时的与有关高校宣传部长的友谊一直持续到现在，尽管不少人已经退休，每年我们在节假日总要相聚一两次，叙叙友情，通通信息，其乐融融。

那段时间，社会上对大学生颇有看法。在政治风波中，很多大学生被卷入，少数大学生犯了错误，极个别甚至受到严肃处理。什么原因造成的？在高校加强了思想政治教育以后情况如何？我根据教卫党委领导的要求，组织上海交大、华东师大等20所高校参与了中宣部教育局和教育部思政司"百名大学生两年来思想变化及其规律"的调研课题。我们采用了典型调查的方法，即在所参与学校的高年级本科生和研究生中共选择了120名学生，涉及三大类学生：风波前思想政治方面表现较好，在风波中有过模糊认识或错误行为，风波后反思比较深刻、进步较大的学生；卷进风波较深，经教育有明显进步的学生；思想政治倾向一贯比较消极，经教育转变不大的学生。调研主要采用个别访谈方式，与被调查学生本人

以及他(她)的同学、班主任、辅导员等进行多次深入地个别交谈,重点了解学生思想政治状况的变化及变化的原因,力求找出带规律性的轨迹。此项调研在有关高校党委和宣传部的支持下,历时半年,形成了近200万字的很有价值的原始材料和分析报告。我们负责编印成册,提供给有关部门和高校,并挑选了30份材料报送中宣部教育局和教育部思政司。我负责撰写了上海的综合调研报告《当代大学生的思想变化和发展趋势》。

现在,过了20多年再看这份调研报告,感到有许多当时时代的痕迹。但是,在社会对大学生心存疑虑、教育管理和就业分配还有偏颇的时候,这些看法的提出对于准确看待当代大学生还是起了正面的影响力;这些教育措施的提出也为加强高校思想政治工作的针对性、有效性起到了促进作用。

在典型调查的基础上,根据教育部思政司和市教卫党委的要求,从1992年年底开始,我们在复旦大学、上海交大、上海工大等学校分别召开了若干个专题研讨会,就"市场经济条件下思想政治工作的改革与深化","新时期高校爱国主义和基本路线教育","市场经济对大学生的素质要求"进行研讨,并在10所大学对当前师生的思想现状进行了问卷调查,汇总了数十万个数据,还在全市范围内对近几年毕业的上万名大学生、研究生进行了跟踪调查。我把这些数据整理出来,在市教卫党委王荣华书记、秦绍德副书记的直接指导下,写成了《在率先建立社会主义市场经济的过程中努力培养社会主义事业的建设者和接班人》研究报告,成为全国哲学社会科学"八五"规划重点课题"改革开放条件下培养社会主义建设者和接班人"研究成果[2]的一部分。

为了更有针对性地上好政治理论课,我协助教卫党委领导举办了6期高校政治理论课教师的培训。那几年,中央发了好几个文件,对加强高校的思想政治教育提出了很具体的要求。"两课"(高校马克思主义理论课和思想品德教育课的简称)是对大学生进行思想政治教育的主渠道。要上好"两课",教材是保证,教师是关键。我们请复旦大学、华东师大等教授领衔,按照部颁大纲,结合上海实际,全面修订了《中国社会主义建设》等5本教材,并先后在全市20多所高校正式使用;同时,我们在市教卫党校举办"两课"骨干教师的读书研讨班,以邓小平《建设有中国特色社

会主义理论学习纲要》为读本,认真研读新出版的《邓小平文选》第三卷,请市有关领导和专家作报告,互相切磋学习体会,撰写交流学习笔记,几周下来,效果很好。全市高校的"两课"教师中有10%的教师参加了培训,这批教师都成为各高校的教学中坚,有的成为学科带头人、担任了思政专业的硕导或博导,个别教师走上了领导岗位、成为高校党委或行政的负责人。在办班的过程中,自己也得以反复阅读了《邓小平文选》第三卷,受益匪浅。

在担任市教卫党委宣传处处长的3年里,我还兼任上海市高校思想理论教育研究会的秘书长和《思想理论教育》杂志的常务副主编。秘书处和杂志编辑部都设在市高等教育局下属的高等教育研究所。如果说宣传处的工作是一线的话,这些工作就是二线的。在日常安排中我比较注意将一线的工作和二线的研究有机结合。我们常说,宣传有纪律,研究无禁区。我们在推进系统的宣传思想工作时,绝对要按照上级党委的文件或指示精神去抓落实;但是在组织研讨活动时就可以结合高校师生关心的一些"热点"问题展开,例如"人权"问题,"灌输"教育还要不要等。然后,研讨活动产生的比较科学的或成熟的成果,在一线工作中则注意去推广运用。例如邓小平建设有中国特色社会主义理论(党的十五大以后正式将邓小平理论写进了党章)进课堂问题,我们就力推在上海交大、华东师大等进行试点,形成教材以后就在上海高校中全面推进了。为办好杂志,提高杂志对工作的引领作用,我尝试用梁凌屹的笔名(因为教卫党委宣传处在市政府大楼的201室)在一年多的时间里为杂志写了多篇短论,诸如《要教育青年正确看待人权》《学好理论,统一思想》《从"小循环"走向"大循环"》等,及时将上级党委的有关精神传达到基层单位。我还积极撰写理论学习和调查研究的体会文章在杂志发表,其中《不断探索爱国主义教育的有效途径》[③]一文还被收录在《中国教育文库》第二辑。

在开展爱国主义教育的过程中,北京一些教育专家发起编写《爱我中华》青少年读本,此事得到国家教育部的支持,给各地教育主管部门发了文件,每个省(直辖市、自治区)编一本,统一由北京师范学院出版社出版。每本书请省(市、区)委书记题写书名。《爱我中华 爱我上海》这本书就由我负责具体的编写工作。我们给市委办公厅写了报告,很快拿到了市

委书记吴邦国的书名题词,我们当时那个激动劲儿真是无法言表。只有把书高质量编写好,回报领导的支持。我们请市政协主席谢希德担任顾问,请市教卫办主任王生洪担任主编,他们都欣然答应,谢主席、王主任还认真填写了表格寄给我,那个谦虚认真的态度真令人感动。我协调市政府有关委办局,请他们编写相应的章节;我自己则亲自动手编写上海的教育发展与改革。在搜集资料和撰写的过程中,我对近代100多年上海的基础教育和高等教育的发展脉络基本搞清了,这对以后的工作和教学非常有帮助。书稿按期出版,在中小学的思想道德教育中发挥了应有的作用。

由于工作需要,1994年元月起,我又被调任教卫党委办公室主任一职,一直干到1996年年中去上海教育学院,共两年半时间,其中一年多的时间里还兼任市政府教育卫生办公室秘书处处长。那是工作非常繁忙与辛苦的阶段。办公室的工作就是做好服务:安排领导交办的各项任务,协调与各委办局之间的联系,汇总系统各单位的主要情况及时上报,准备重要文稿、起草相关文件等等。因此,加班加点是家常便饭。好在党办和秘书处的各位同事都非常勤勉,团结互助,任劳任怨,干事出活,既做好工作,也锻炼队伍。与我搭档的几位副手,以后都走上了高校、国企、考试院等单位的领导岗位。我自己也在这个岗位上学到了很多。这个岗位需要列席党委会或主任办公会,便于会后及时去落实有关事项,同时让我在宏观层面上了解整个系统的情况,提升了自己思考问题、解决难题的能力;整个系统当时的高校有20多所,直接了解领导怎么讨论解决某个高校的问题,给自己以后在大学担任领导也是非常好的示范;更重要的是自己经常参与领导处理系统内有关稳定的突发事情,极大地增强了自己的政治意识,提高了守土有责的政治责任。

那两年多的时间,我协助教卫党委和教卫办的领导,主要做了以下几件比较大的事情:

(1)开始启动上海高校布局结构调整。1994年年末,按照国家教育工作会议有关文件精神,协助教育部在上海千鹤宾馆召开了高校布局结构调整的工作会议。整个会议的会务都是我们承担的,在市委办公厅和市政府接待办的支持下,圆满完成任务。为迎接会议召开,上海也召开了

教育工作会议,我们一起参与了文件的起草和准备;同时,上海开始启动高校布局结构调整,6 所高校调整为 2 所,组建了新的上海大学和上海师范大学。市教卫办直接负责上海大学,高教局则负责上海师大。经过几年的努力,公办高校由原来的 50 多所调整为 30 余所。

(2) 直接负责办公场所的搬迁。那时市政府的办公地点就在外滩旁边,是原汇丰银行的大楼。我们办公室的房间就曾经是原来的金库,其中存放文具用品和资料的内间,铁门厚达十几厘米,若不小心门被拉上,里面的人根本就走不出来。按照上海建设国际金融中心的规划,市政府带头将办公地点让出,吸引金融机构来入驻。市政府搬入扩建后的人民广场边的大楼。我直接负责教卫机关的搬迁。我们白天办公,利用周末或晚上将重要文件资料整理打包,最后在武警指战员的帮助下,1994 年底进入新大楼办公。那时虽说是新大楼,条件还是比较简陋的。处室实行大办公室一门式,中间采用低隔断,人均办公面积只有 6 平方米;委(办)领导也是两至三人一间办公室,只有正职才能享受单间,但面积也只有 20 来平方米。

(3) 参与筹组市教育委员会。很长一段时间,上海市管理教育的机关有三家:教育局管理全市的基础教育,高教局管理全市的高等教育,教卫办和教卫党委合署办公,代市政府管理教育局、高教局以及卫生局、体育局等机关。这与国家教育部总管全国教育事业的体制不一,给工作带来许多不便。因此,在高校结构布局调整开始之际,市委决定,撤销市教卫办、教育局、高教局,组建市教育委员会。在教卫党委的统一领导下,自己直接参与了筹组工作,包括设计处室、办公地点选择、人员分流,等等。1995 年 2 月,新组建的教育委员会正式开始办公,处室精简了 50%,人员减少了三分之一,相当部分的责权放给了区县和高校。市委书记黄菊直接到教委的办公楼看望大家,并会见了全体领导成员。本人有幸列席,直接聆听领导讲话。黄菊同志从建设国际化现代大都市的高度对上海的教育改革和发展提了希望,并对班子建设提出了很具体的要求。我印象非常深的是他对副职领导提的 9 个字,即做工作"要到位、不越位、多补位",在我以后的工作实践中多次引用过他的这句话。

(4) 帮助落实教育部所属高校的共建。20 世纪 90 年代前期,经济建

设和社会发展起落较大。为了稳定队伍、逐步改善市属机关和事业单位的待遇，当时的市委书记黄菊同志提出了3个"一点"，即市场物价比周边地区略高一点，市民的收入增长比物价增长略高一点，机关和事业单位的收入增长再略高一点。这样，有利于促进上海的市场繁荣，有利于人民生活的改善，有利于吸引更多优秀的年轻干部到机关来工作。因此，经中央同意，上海推出了地方岗位津贴，民间称之为"黄菊工资"。但是，上海的部属单位不在其列，中央财政又不同意拨付。当时上海的教育部属大学有6所，即复旦大学、上海交大、同济大学、华东师大、华东理工和上外。在上海的地方津贴出台以后，市政府与教育部商定，以"共建"的名义，先解决复旦、交大、上外3所的补贴；余下3所的矛盾就突出了，尤其是师大和理工，本身学校的经费自筹能力就较弱，这样一来，教职工的反响非常强烈。我当时根据教卫办领导的要求，直接去找了分管经济的常务副市长华建敏。华副市长思路清晰，办事干练，他要我测算一下需要多少经费。我通知三校测算并汇总以后第二次再去请示，他仔细看了数据，认为从上海每年财政收入的增量中拨付一部分就可以解决。他当场拍板，然后要我找计委（后改为发改委）办相关手续。我很高兴，为高校办了一件实事；我也庆幸遇见一位好领导。华市长第二年就进京工作了。

在政府机关工作的5年多时间里，我先后在市教卫党委的3位书记领导下开展工作，我得到很多帮助与指导。刘克书记是一位新中国成立前就参加革命的老干部，宏观把握能力强，特别注重对党的文件的学习与钻研，并结合实际提出卓有成效的工作意见，给人印象深刻；他知人善任，不拘一格，在上海师大大胆启用优秀中青年教师担任校长助理，很快打开工作局面，这几位助理后来都走上了重要的领导岗位。他的创新精神、工作胆魄，是我日后工作的楷模。他的后任郑令德书记，待人真诚，作风民主，关心下属，平易近人。有一段时间，她兼任三职：教卫党委书记、教卫办主任和高教局长，任劳任怨，推进工作。记得1994年大年初一，她到我家来访问，发现我住的房子比较小，立马就落实帮助我改善。在她的关心下，第二年我分到了新客站附近的三房一厅的新房。对党委的关心我是非常感激的，只有用加倍努力的工作来回报。以后到大学做"一把手"后，我也仿效她的做法，每年初一去学校教职工家中访问，坚持了10年，把关

心和温暖及时带给需要的同志。后来的王荣华书记是我非常敬慕的老领导。他在复旦大学任团委书记的时候我就认识他。我在担任教卫党委宣传处处长的第二年,他从复旦大学党委副书记调任教卫党委副书记,我有幸在他领导下工作了一年;后来他出任市委副秘书长,1995 年再回教卫党委担任书记,我又在他领导下做了一年的办公室主任。他政治意识强,善于把握大局和处理疑难问题,自觉按照中央和市委的精神来推进工作,特别注意大学的办学方向;他工作细致,为人谦和,虽然我们办公室写的稿件会被退回重写好几遍,但大家都感到在他的指点下不断有收获与提高。在他领导下工作的时段是我收获最大、也是进步最大的。不久,我就到上海教育学院去工作了,担任院党委副书记兼纪委书记,从此开始了十几年的高校领导生涯。市教卫党委这 3 位书记的形象一直印在我的脑海里,激励我在工作中不断创新、勇于克难,成为我不断学习效仿的工作楷模。

　　我在机关一共工作了 5 年多,对于自己应用文写作能力的磨炼、上下左右协调能力的提高、对上负责与服务基层的一致性认识、注重工作效率与传递民意信息的权重性把握都是锻炼与考验,是非常值得回味的。

注释:

　　① 《毛泽东选集》第四卷,第 1 441 页。

　　② 陆钦仪、朱新均主编:《跨向 21 世纪学校德育的思考与展望》,北京师范大学出版社 1998 年 6 月,第 53 - 67 页。

　　③ 《思想理论教育》,1993 年第一期,第 8 - 10 页。

开始走上大学的领导岗位

1996 年 5 月，市委决定我去上海教育学院工作，担任党委副书记兼纪委书记。由于机关工作要有人接替，我在 10 月才正式去上任。该院党委书记孙运时为人随和，虚怀若谷，在学院威信很高。他与我是同龄人，但是在上海教育学院已经工作了 10 年，前 6 年任党委副书记。因此他工作经验非常丰富。能与这样一位书记搭档工作确实是很荣幸的。

正当自己铆足劲想做出点成绩以回报领导和众人的厚爱时，命运又开了个小小的玩笑。那年 11 月即从市教委传出消息，上海教育学院要和华东师大合并。教职工一片哗然，我也有点"丈二和尚摸不着头脑"——半年前在机关时教委领导勉励我到上海教育学院要努力抓好中学师资培训，并告诉我不会考虑合并事宜。怎么适应新情况？而学校里纷纷传说，我调入学校就是来操作合并的。一时间学校人心浮动，牢骚怪话也不少。有些老教师沉不住气便联名向市政府、国家教育部写信。我们知道，一些重大改革举措的出台，其方

案酝酿和审查报批往往需要较长时间，上海教育学院和华东师范大学的合并直到 1998 年的 9 月才正式完成，期间一共花了近两年的准备。但是，没有不透风的墙，在上级部门准备过程中难免会有消息不慎"漏"出来，这就给基层单位增加了许多额外的工作。事后我了解到，上海当时教育类的高校一共有 6 所：华东师范大学、上海师范大学、上海教育学院、上海第二教育学院、上海师范高等专科学校、上海幼儿师范高等专科学校。从培养高素质的中小学师资的需要和职后继续培训的贯通出发，将学前阶段师资的培养与中学师资的继续教育都归并到华东师范大学，将小学师资的职前培养和职后培训都归并到上海师范大学，这样，幼儿师专和两个教育学院先后并入华东师大，上海师专则并入上海师大。上述改革举措经国家教育部批准以后在 1998 年 9 月全部完成。

面对如此波动的局面，孙运时书记善于审时度势、把握大局。领导班子多次开会研究对策，适当调整分工，确保思想不乱、队伍不散、工作不断、资产不失。学校党委多次召开不同类型教职工座谈会，仔细听取大家意见，认真向上反映；市教委有什么精神也及时向中层干部与广大教职工传达。这样过了半年多时间，大家看到政府的决策日益明朗，情绪就逐渐平稳了。孙书记知道我来学校与合并是没有关系的（我的前任正好调中国福利会任秘书长，然后市委研究由我来接替她的工作），但是，为了减少矛盾，直接与并校有关的工作不让我去管，让我去管了不少以后还要继续推进的工作，诸如校办产业、后勤管理等。因此，在上海教育学院的两年，我除了认真管好本行——宣传思想工作，学习做好新的工作——纪委书记、查信办案、督导督查，还着手管了一些行政工作。那时院领导班子共 5 个成员，院长张民生是市教委副主任，他和书记两人是不会进入华东师大领导班子的（孙书记后来到市人大任常委会秘书长）；两位副院长，一位年龄已到退休阶段，还有一位因为多种原因而不适宜进入领导班子（后来保留副校级待遇）；因此，只有我将随着并校一起进入华东师大党委班子。孙书记早就看到了这个情况，有许多需要延续的工作尽量让我参与。1997 年 4 月，市政府正式下文，免去了院长和一位副院长的职务。5 月下旬，市教卫党委领导来校宣布，孙运时负责学校党政全面工作。因此，我后来那段时间分管、协管的工作是比较多的，除了管党委宣传部、纪委监

察审计办公室,还有后勤处、开发处、财务处、基建处、设备处、学生处等部门,并管理印刷厂、教苑宾馆、图书资料中心、中小学教育信息中心、几个报纸编辑部。那段时间虽然忙,但很充实。尤其是那个合作项目。上海教育学院有4个校区,总校在淮海中路汾阳路,现在说属于地处黄金地段,因此经上级主管部门批准,将主校区的一栋四层主教学楼拿出来与香港一企业合作开发建一栋高层商住楼和一栋高层教学楼,利用级差地租,既增加学校收入,又增加教学用房。此项目已洽谈了好几年,孙书记让我在1997年也一起参与,直至并校后该项目划归市教委管理为止,确保国有资产不流失。我在日记中是这样记录当时的想法的:

(1997年)June,29,Sun.

事情一下子增加很多,还是得注意调动部门首长的积极性,大事抓住,管好干部,主意多出,力争在原有基础上有所进步。

那时,正好有最后一批福利房可以分配。党委让我来负责这个工作。虽然我的住房面积离我职级可以享受的面积尚有几十平方米的差距,我向党委表示,这次我不申请;院班子其他成员都表示不申请,尽管他们的住房也不宽裕。这些都是对我工作的极大支持。面临并校,面临最后的福利分房,矛盾是很多的。由于班子成员带头,矛盾再尖锐都是可以解决的。"办法总是比困难多"。我们制定了比较详细的办法,既考虑延续性,又注意向教学与管理的骨干适当倾斜。分房结束,近四分之一的教职工住房得到改善,基本没有比较激烈的来信来访。我的日记中记了这样一件事:

(1998年)Feb.22,Sun.

21日晚,XX陪老婆来我家,要求减免交新增房屋面积款,不答应。临走,他们一定要送我气功掌发生器,力拒不成,怕伤XX自尊心,遂花300元买下。

事情虽小,反映了自己拒腐防变的态度。自己一直警惕不能将权力转化为个人私利。"蝼蚁之穴可毁千里之堤",这是自己要深刻牢记的。

同时,在分管的宣传思想工作领域,也取得了较大的成绩。考虑到并校以后,有40多年办学历史的上海教育学院将不复存在,我收集了比较详细的资料,利用教卫党委系统编辑纪念周恩来100周年诞辰文集的机会,撰写了文章《坚持服务普教方向 扎实推进师训工作》[1],比较详实地

总结了上海教育学院办学的经验与成绩。

在学生思想政治教育方面,自己对加强青年学生爱国主义教育方面曾有所研究。这段时间与中学政治教师的接触以及与学院思政课教师的讨论,促使自己又作了进一步的思考与研究。我翻了不少资料,撰写了《努力探索对青年学生加强爱国主义教育的有效途径》②,提出了"借鉴课程发展的原则,确定我们教育过程中须遵循的原则",包括系统化原则、效率化原则、个性化原则、社会化原则和一体化原则,并就加强爱国主义教育的有效途径提出了精心组织邓小平理论进课堂、加强优秀传统文化学习、利用现代教育技术拓展教育领域、启发青年学生开展丰富多彩的自我教育活动等7条措施。此文获首届"上海高校邓小平理论研究论文二等奖"。另外,自己先后还就思想道德教育的方法论、通过对教育源的深入研究来提高思想教育的效果等进行了比较深入的思考和探索。

1998年9月,我进入华东师大党委工作,担任党委副书记,分管宣传思想工作、教师思想工作,协管文科教学,还兼任过一年时间的继续教育学院院长。当时,幼儿师范高专已于1997年根据国家教委教计(1997)79号文,偕同南林师范学校一起并入华东师范大学,成立了隶属华东师范大学的学前与特殊教育学院。1998年9月,沪府(1998)36号文规定,上海教育学院、上海第二教育学院并入华东师范大学。按照市教委和华东师大商议的结果,上海教育学院淮海路校区的合作项目归市教委管理及推进,南塘浜路校区划归市教委,筹建市老年大学;淮海路校区的图书馆、教苑宾馆等建筑以及江苏路、茅台路两个校区划归华东师大;上海第二教育学院的校区划归华东师大。在人员的组合上,两个教院的专业系部和教师并入华东师大的相应学院,机关处室除了师资培训的业务部门,都和华东师大的对应处室合并;师资培训的业务部门及相关人员则和华东师大的成人教育学院合并组建继续教育学院,由我兼任首任院长。由于继续教育学院是三校的人员组成,有个磨合的过程,再说工作的地点散在3个校区,要整合起来抓好工作也有一定的难度。那一段时间真有点忙得不亦乐乎:出差多,几乎两周一次,经常进京,还要跑华东几个省会城市;会议多,要参与市教委的继续教育研讨会,又要筹备全国的素质教育研讨会,还有校和院的日常会议;难度大,继教院人员整合中,首批20%的人

未上岗,流言蜚语不断。我内心定了一个准则:要有"任凭风浪起、稳坐钓鱼台"的气度,工作不是为了一己私利。

我兼了半年的院长,做了这么几件事情:一是推进领导班子建设,把3个单位相关的中层干部捏在一起,明确分工,建立工作制度,扬长避短,尽量把大家的积极性调动起来;二是继续抓好师资培训,积极与市教委师资处联系,延续原来两个教院的培训项目,努力做好;三是见缝插针,争取机会在华东师大党委常委会上讨论中学师资培训的重大问题,使上海的在全国颇有影响的师资培训工作能够在新形势下更好地开展。因为时间短、经验少,自己兼任继续教育学院院长时在师资培训方面没有大的创新,但是做到了工作不断,并把三方的人员较好地整合起来了。

为了集中精力做好党委副书记,我多次主动向党委提出辞去兼任的继教院院长职务。后来,华东师大教务处一位副处长被任命为院长,再后来,两个教院的校区陆续被置换,继教院集中到校本部办公,三校的融合问题彻底解决了。

华东师范大学是国家教育部属的重点大学,学科优势明显,地理学和教育学科在全国高校中都处于领先地位;哲学社会科学领域师资力量很强,在上海名列前茅。能够在这样的高校担任领导,既是一种荣耀,更是一种责任。自己感觉,工作"如撑上水船,一篙不可放缓(朱熹语)"。校党委书记陆炳炎同志政治素质好,管理能力极强。他"受命于危难之间",在华东师大发展遭遇波折的时候从云南省教育厅副厅长的岗位上被教育部党组任命为校党委副书记,一年以后就接任党委书记的重任。他在华东师大任党委书记整整10年,抓机遇,谋大局,殚精竭虑,攻坚克难,作出了突出贡献。当然,"金无足赤、人无完人"。但是以我在教卫党委近6年对他的了解以及两年多的共事,上述对陆炳炎书记的魄力、能力和实绩的评价是绝不为过的。

我在华东师大党委副书记的岗位上实际工作的时间只有一年半。我主要抓了3件工作:

(1)调研并推进教师队伍的思想政治建设。我们知道,教师是人类灵魂的工程师。要把学生按照党和国家的要求,培养成社会主义事业的建设者和接班人,关键是教师的言传身教。自己在高教战线做了很长时

间的大学生教育与管理工作,对这点深有体会。很长一段时间里,人民教师与共和国同心同德,同甘共苦,给学生留下很好的榜样。但是,社会生活环境的变化给教师的人生观、价值观带来不同的影响,各种社会思潮的涌入也给教师队伍思想政治状况送去双向的冲击。我们非常重视大学生的思想变化,反复研究加强思想政治教育的措施。这些都是需要的。如果我们能够在教师队伍的思想政治建设上有所突破,肯定可以收到事半功倍的成效。华东师大体量大,我是专门负责宣传思想工作的党委副书记,分管教师的思想政治工作;还有一位副书记是负责学生工作的,分管学生的思想政治教育。因此,我花了近一年的时间,到人文学院、继教院、哲学系、生物系、地理系等院系深入调研,与党务干部交谈,召开不同年龄、不同层次的教师座谈会,并收集了上海高校的有关资料,提出了"把政治学习作为教师思想工作的主要阵地来抓好"、"以优秀教师的光辉业绩为榜样,学先进,铸师魂"、"充分发挥党支部在教师队伍思想政治建设中的战斗堡垒作用"③等意见。虽然我不久就调离师大了,但这些意见成为我到新单位积极推进教师队伍思想政治建设的有效举措。

(2) 推进"两课"建设,提高政治理论教育的有效性。华东师大"两课"的师资力量强,有一批在上海高校中颇有影响的教授,再加上文史哲、经管法等学科都有一些名师,把这些力量整合起来,可以有效地推进"两课"的教学。我依托党委宣传部和社科教学部的骨干,积极推荐优秀教师参与市教卫党委组织的"两课"教材的修订,为社科部自编的《思想道德修养》教材撰写序言进行推介,并组织教师编写邓小平理论的教学讲义,促进邓小平理论"三进"(进课堂、进教材、进学生头脑)。学校将"两课"作为精品课程来建设,并积极推进思想政治教育硕士点的申报与建设。我们这些做法,得到了国家教育部思想政治工作司的肯定,并在有关会议上介绍了我们的经验④。

(3) 具体负责校党代会的筹备和召开。1999 年暑假,学校党委研究决定并报上级党委批准,将在年底召开第十次党代会。学校成立了筹备工作领导小组,我担任副组长。按照程序,从选党代表、讨论并修改工作报告、审定提交大会参阅的学校发展规划等文件,都在有条不紊地推进。期间,传出了校财务处融资被骗千余万元的消息。那段时间,好几所高校

都发生类似的问题，上海师大就被骗损失了1 600万元。华东师大党委把握大局的能力确是较强的。一方面，主动向上级党委报告，并配合监察部门积极破案；一方面，马上在校内认真排查，在确信财务处在融资过程中没有拿过好处费后，决定还是按期召开党代会。当然年底是来不及了。2000年3月3日，华东师范大学第十次党代会在校科学会堂隆重开幕。陆炳炎同志代表九届党委作题为《振奋精神，开拓创新，为华东师范大学在新世纪的腾飞而努力奋斗》的报告。会议向代表们提交了《华东师范大学2000—2005年发展规划纲要（草案）》。全体代表回顾和总结了第九次党代会以来学校整体工作，分析了新形势下学校面临的挑战与机遇，明确了新世纪学校发展的目标和任务。由于我已经明确将调离，候选人里已经没有我的名字，3月4日的选举我担任了总监票人。应该承认，党代表们对九次党代会以来校党委的工作是高度认可的，并没有因为融资的重大失误而影响选举，个别委员票数低一些但还是当选了。党代会顺利选出了校第十届党委会和领导成员。

1999年9月，举国上下都在迎接建国50周年的大庆。经历过亚洲金融风暴的洗礼，经受了特大洪灾的考验，中国人民在中国共产党的领导下，显得格外自信和自豪。作为共和国的同龄人，我的心情和大家是一样的。我为伟大祖国日新月异的发展而骄傲，我也为工作环境日益改善、家庭生活蒸蒸日上而欣喜。"五十而知天命"，经过50年的建设与发展，中国特色社会主义日渐成熟，自己也期待能在未来几年为国家多做些工作，多些奉献。

9月5日，我的一位大学同学在《新民晚报》上发表短文，介绍了我这个同龄人的情况；9月28日，华东师大的校报上发表了我的体会文章《愿祖国繁荣富强》，后来这篇文章还获征文的特等奖；新华社上海分社的摄影记者凡军也来了，他接受总社的任务，要向海外介绍新中国的同龄人，他到学校来了好几次，拍了一组照片，又到我家里、到外滩拍了我和家人在一起的照片，文字稿采用我同学短文的内容，刊登在12月31日出版的香港《明报》上。我是先接到我在美国纽约工作的中学同学的电话才知道照片已经发表了，后来凡军才把那份报纸给我。那段时间真是热闹，我的生活不断掀起波澜，自己也愈加感受到人民的关爱和身上的鞭策。10月

过后不久,我的工作岗位开始发生变化。11 月初,市委组织部和市教育工作党委启动上海水产大学党委书记的遴选程序,华东师大、上海师大和上海理工分别推荐了人选。29 日,市教育工作党委组织处处长和市委组织部宣教干部处的同志来校考察,并找我谈了半个多小时;30 日,我接到通知去市教育会堂,国家农业部人事司的领导约我谈话;12 月 6 日,陆炳炎书记告诉我,3 位候选人中我被列首位,等农业部党组讨论决定;13 日,我的日记中是这样写的:"上午,陆炳炎主动到我办公室来,笑容满面地告诉我,去水产大学任职的事农业部已同意了,十次党代会的选举我将不参加了。下午在校长办公会议结束时他又说了这事"。我的态度还是较谨慎的。"在批文到达的日子到来之前,一切都是可以变化的。我的宗旨还是一如既往地把分管工作做好",这是我日记中的话语。由于华东师大是教育部管的大学,又地处上海,水产大学是国家农业部管的大学。因此,我这次提任,教育部党组和中共上海市委常委会都需要"画圈",最后由农业部党组任命。后来我遇到国家教育部副部长周远清和上海市委常委金炳华,他们都先后告诉我画圈的事并给我不少勉励。因此,此任命的下达经历了 3 个多月的过程。2000 年 3 月 7 日,国家农业部党组成员、常务副部长万宝瑞专程到上海水产大学宣布对我的任命,此后我就走上了教育生涯新的征程。

注释:

①《心中的丰碑——周恩来诞辰一百周年纪念文集》,上海教育出版社,1998 年 3 月,第 59 - 66 页。

②《高举伟大旗帜 学习伟大理论——首届上海高校教师学习邓小平理论交流会获奖论文集》,上海财经大学出版社,1997 年 10 月,第 73 - 82 页。

③《关于加强教师队伍思想政治建设的思考》,《华东师范大学学报(哲学社会科学版)》1999 年"高校管理与精神文明研究专辑",第 59 - 64 页。

④《拓展邓小平理论教学,推进素质教育的思路和实践》,《百年大计纵横谈》,华东师大出版社,2000 年 6 月。

从解决困难问题入手,正风理气,顺势而为

　　那天,农业部常务副部长万宝瑞宣布完班子后,即下榻在水产大学简陋的招待所。老书记胡友庭热情地上来与我握手,对我表示支持,并告诉我,当年他也是从华东师大调任水产学院书记的。到校第一天就遇到老学长、老校友,格外亲切,一股暖流涌上心头。我的前任书记林樟杰专程从上海师大(他在1999年11月已就任该校党委书记)赶来,向我详细介绍了班子成员的情况和学校发展的概况。第二天,我陪同万宝瑞副部长去市政府拜访了常务副市长冯国勤,两位领导作了交接。万副部长说:"这是我们部党组讨论的最后一个大学的领导班子了,以后就交给上海了"。冯副市长则高兴地表示:"上海市一定积极支持并主动关心水产大学的发展,希望农业部也能够继续予以关心"。根据两位领导的旨意,我校积极主动汇报协调,后来终于促成国家农业部和上海市政府签订了共建上海水产大学的协议。

　　农业部当时有直属大学13所,根据国家高校布局结构调整的总体布局,除了中国农大、南京农

大、华中农大这 3 所综合性的农大划归教育部管理以外,其他 10 所大学都下放到相应的省市,由地方管理为主。上海只有我校这一所以水产为特色的农业大学,顺理成章进入了上海的高校管理系统。那一年和我校一样从国家部委下放给上海的大学共 11 所。

2000 年是整个国家迎新辞旧、阔步迈入 21 世纪的一年。考虑到国家实施现代化已经进入新的阶段,为较快提高新增劳动力受教育年限,同时也是为了适当减缓就业压力,国家教育部出台了大学扩大招生的政策;学校"落地"①以后,上海将根据经济发展水平逐步加大对高等教育的支持力度。这些都是学校发展的良好机遇。

正当自己准备甩开膀子、按照上海的要求和学校的情况抓发展的时候,一堆来信打断了我的思路。我到学校上班的第二天,办公桌上就已经摆上了匿名来信,反映学校财务与后勤管理上的问题。以后几乎每周都有这样的来信,还有从市教委、市纪委、农业部乃至中纪委转来的信件。后来我才知道,那一年我校的举报信件超过了 100 件,是整个系统中最多的。那段时间自己感到压力很大,夜不能寐,甚至半夜说梦话也在嘟哝学校的事情。我知道,学校的教职工、包括中层以上的干部都在观察我如何处理这件事情。

上海水产学院自 20 世纪 70 年代末在军工路复校以后,尤其是 1985 年更名为上海水产大学以后,在国家农业部的领导下,在历任党政班子的努力下,在为渔民服务、开拓远洋渔业、推进教学改革、理顺管理体制上做了许多工作,也取得了可喜的成绩;但是,由于对有些问题的处理不够果断有力,有些制度不够完善,在 10 几年的时间里出了好几件违纪违法的案件。特别是 90 年代中后期,学校先后发生两位中层干部收受贿赂被判缓刑的案件,在上海的高校中都有一定的影响。而由于情面关系,在总结教训、彻堵"漏洞"上做得不够到位。摸清了这些情况,我即着手找组织部长、纪委书记先行谈话。他们反映,来信来访的情况基本属实。俗话说,情况明方能决心大。经过几个星期的调查了解,我在党委常委会上提出,由纪委书记牵头,尽快查清问题,然后再决定如何处理。杨浦区检察院也及时参与了信访件的查处。

期间,有不少人来"打招呼"。我下乡时的老同事、上海某大学的后勤

管理处处长,我校民盟主委等好几位朋友和同事先后前来"说情"。是啊,来信所反映的一位处长年届退休,一心扑在工作上,成绩明显,曾被评为系统的先进工作者,更何况他的妻妹就是我下乡时任支书的星火农场13连的职工;另一位处长年轻有为,工作能力很强,深得农业部相关司局的赏识。但是,他们在学校公款的使用中确实不规范、甚至挪用,严重违反了财经纪律和有关规定。毛泽东同志早就指出:"因为是熟人、同乡、同学、知心朋友、亲爱者、老同事、老部下,明知不对,也不同他们作原则上的争论,任其下去,求得和平和亲热。或者轻描淡写地说一顿,不作彻底解决,保持一团和气。结果是有害于团体,也有害于个人。"②这是自由主义表现的第一种。抓党风廉政建设切忌"一俊遮百丑",只有严格执纪才能令行禁止。再说,"孔明挥泪斩马谡"③。在当时信访件"满天飞"的情况下,不对这两位同志的违纪情况进行处理是不足以平息"民怨"并警示大多数干部的。好在检察院在几个月的调查后得出了所查问题不属违法,建议学校党委对违纪问题进行处理。在教卫纪工委的指导下,又经过半年多的案件审理,最终对两位同志分别给予了党纪和政纪的处分。同时,党委研究,抽调两位年轻优秀的干部接替他们的工作。

我知道,在当时"多栽花少栽刺"的社会风气下,我们这样做有点"逆潮流"。但是,作为党的基层组织,抓好党风廉政建设是从严治党的基础环节。我们这样做是会"得罪人",我们不怕"丢选票",只要有利于干部队伍建设,有利于党的作风建设,有什么个人私利不能抛弃呢?大家都为党的建设这棵大树添一抔土,中国共产党一定枝繁叶茂。

经过一年多的工作,学校教职工看到了我们抓队伍、抓作风的态度,积极支持我们的工作,校第六次党代会也在2001年按期召开。在以后的10年间没有再发生过大量"来信来访"的情况。

经过这段时间的工作,我体会到,对学校党委来说,"攻坚克难"的事情有许多,只要不回避矛盾,依托班子集体的努力,办法总是比困难多。

每个办学历史较长的高校大多有些遗留的"老大难"问题。有句话说得好:"老大难、老大难,老大一抓就不难"。只要出以公心,坚持原则,以诚相待,友情操作,难题难事都是可以解决的。到水大不久,办公室就告诉我,有一位退休职工,因为不能按离休待遇,已经上访10年了,光进京

就有多次,在国家民政部和上海市有关部门都"挂了号",是难弄的"信访老户"。果然,没有多少时间相隔,这位退休职工就找来了,并递上了所谓的"申诉信"。由于已经70多岁,身体也不是很好,他家属一起陪着。我热情接待了他夫妻两人。看了材料,我告诉他,我会进一步了解有关情况和政策,然后给以答复。同时我也对他说:"申诉问题的解决还是在学校,你到上海乃至北京反映问题的材料最终都是回到学校。如果你信得过学校党委,我建议你不要再向上去信访,我们一定在政策许可的范围内来解决你的问题"。他看我说得很诚恳,点头同意了。作为一级党委,"守土有责""领导包案",都是应尽的职责。这位职工累积的心结,真的要解开,不是这么容易的。我详细看了他的材料,并调阅了有关档案。他出身贫苦,15岁就上渔船做学徒。新中国成立以后到我校渔船上工作,后来担任船队(从20世纪50年代到80年代我校有两条渔船供教学实习使用)指导员,90年代初以正科级退休。他工作负责,能吃苦耐劳,长期在船上工作,栉风沐雨,非常辛苦。现在身体也不好,罹患多种老年病。而他的心结在于,他新中国成立前在渔船当学徒时,渔船曾经被解放军征用作为水上练兵使用,因此他就应该享受离休待遇。这里的关键是,船被征用,他还是学徒,并没有成为部队员工;他还是拿"折实工资"④,并没有享受供给制⑤。症结找到了,但真要说服他可真不简单。前后花了几年时间,我多次陪同他去市教卫党委、市社保局,找有关部门一起了解政策,一起向他耐心解释;每年冬天,必定去他家拜访,并送去慰问金和物品;我还找他妻子退休前的单位与他唯一的儿子的工作单位,请有关领导一起做解释和劝说工作。同时,在我学校的职权范围内,并征得上级领导机关同意,按副处级的退休待遇每月把差额发给他作为生活补助费。"精诚所至、金石为开",最终他老两口接受了学校提出的解决方案,并于2004年11月以他老爱人的名义高兴地送了一面锦旗给我,上书:"党的好干部,群众好书记"。遗憾的是,该生活补助他只拿了一年多就去世了。我想,他应该是平静地离开人世的。

"秀才遇到兵,有理说不清"。遇到胡搅蛮缠的人,知识分子出身的干部往往感到束手无策。经历过10年的农村锻炼,我们这样的知识分子可以说已经完全工农化了,过去那种"不为五斗米折腰"的清高已经较少了,

更多的是务实和硬气。道理要讲,还要有可以操作的措施,并要有法规的支撑。水大有一位职工,60年代因为小错遭受过重的处罚而发配去了安徽农村。80年代他向学校申诉,作为纠偏,在征得农业部同意后,允许他回上海,但需办理退休手续、住房自理。他也在申诉处理材料上签字,同意不要安排住房。我到学校工作后,开始考虑解决教职工的住房困难问题。他不知怎么知道消息了,有一天他突然带着家属和小孩坐到校办公室里,并扬言不给解决住房就准备睡在这里了。办公室的同志都很紧张,分大家感到十分为难。我了解情况后,告诉办公室说,他这是无理取闹,我坚决不见;如果他晚上7点还不离开,让保卫处采取强制劝说形式,同时以妨碍执行公务报告警署;如果他自觉离开,我们会研究解决措施。这三点意见转告以后,他见我们态度坚决,6点一过就自行回去了。事后,我们考虑他是租房子居住,小孩大了,租的面积需要适当增加。经过研究,每月增加200元的租房补助,既解决了他的问题,也不会形成连锁反应。办公室的同志则从中学会了如何解决这类问题。

秉承这样的原则,我们逐一梳理历史遗留的一些问题,尽我们能力给予解决。经过几年的仔细工作,目标基本实现,即不让这些历史遗留问题再带到下一届班子。我想,作为党委要提高处理复杂问题的能力,这也是一个方面吧。

注释:

①"落地":指原属于国家部委管理的高校下放给省(直辖市、自治区)管理。

②《反对自由主义》,《毛泽东选集》。

③"孔明挥泪斩马谡":三国故事,马谡为诸葛亮十分器重赏识的将领,因骄傲自负,失去要镇街亭。为严肃军法,实现统一天下的宏愿,他强忍悲痛,不得不将马谡伏法。

④折实工资:以一定种类、一定数量实物的价格总和作为折实单位。每月发若干折实单位作为工资,这是新中国成立前后有些公司实行的工资制度。

⑤供给制:中共领导的根据地、解放区和中华人民共和国建立初期对部分工作人员实行的免费供给生活必需品的一种分配制度。

安居才能乐业，挖潜搅动全局

　　作为一个曾经在农业战线工作过 10 年的职工，我一直非常关心"三农问题"的解决状况。改革开放 30 多年了，"农民真穷、农村真苦、农业真难"的状况还没有根本改变。上海水产大学是上海高校中唯一的一所涉农院校，当时的状况真如"三农"的状况：办学经费少，教工收入低，住房困难多。2000 年上海水大有教工 700 多人，在校大学生、研究生 3 000 多人，每年财政拨款 3 000 多万元，处于上海高校拨款水平的低限。难怪我去水大工作的第二年，在上海"两会"的会场遇到原教委主任郑令德，她见到我说的第一句话就是"现在学校经济上还困难么?"当时学校教职工的年收入人均只有 2 万元，大大低于上海高校的人均收入水平，与上海公布的当年职工年收入差不多。住房上的困难更多一些，由于在福利分房阶段学校可支配的房源较少，当时学校教职工的住房都很拥挤。我曾经走访过一些教职工的家庭，一位副校长的住房面积只有 56 平方米，好几位较年轻的中层正职，三口之家还挤在 49 平方米的一室一

厅里面。对于上述问题，都需要我们班子发挥集体的智慧，尽快予以解决。

我们说，饭只能一口一口地吃。面对问题，不能眉毛胡子一把抓，不分主次，结果什么事情都干不好。经过讨论，我们决定先从住房问题入手。国家《教育法》早就指出："国家保护教师的合法权益，改善教师的工作条件和生活条件，提高教师的社会地位"（第三十三条）。《高等教育法》也规定："高等学校的教师及其他教育工作者享有法律规定的权利"（第四十五条）。因此，在教育部组织编写的《建设有中国特色社会主义高等教育理论要点》的书中专门写上："教师待遇和教师住房问题是当前教师面临的最大实际问题，也是影响教师队伍稳定和建设的最尖锐的实际问题"。"要采取国家增加基本建设经费和多渠道集资的办法，集中一切可能的资金解决好教师的住房问题"。①当时，上海的福利分房已经停止了，已经开始实施购买住房进行货币化补贴的新的住房分配改革，并允许各单位用自筹资金来推进这项改革。我把想法先和校长周应祺商量，得到他的积极支持。周校长是水大本校培养的优秀学生，改革开放以后又是第一批被送出国深造的优秀教师，他思维敏捷，思路开阔，平易近人，很容易一起合作共事。取得校长支持以后，班子开会，明确由一位副书记牵头，有关部门负责人组成工作小组，先起草校住房分配制度改革的方案，提交给校教代会讨论，通过以后再行实施。这是一项政策性非常强的工作，学校经济实力很弱，每年可以动用的自筹经费只有几百万元，只有用在"刀刃"上，才能发挥"四两拨千斤"的功效；好事只有办好了，才称得上是真正的好事，因此，该坚持的原则一定要坚持，来不得普发善心、造成事与愿违。正是基于这些思考，我们先划了一条线，1999年12月31日及以前退休的教职工，其住房补贴的可享受面积按照学校原来的分配方案（该方案比上海普遍实施的方案标准低了10～40平方米）。为了这一条杠杠，我们接待的来信来访有几十批。我和有关人员耐心做解释工作。毛泽东同志说过："政策和策略是党的生命"②，牵涉到教职工切身利益的政策，一定要注意针对性，切忌"翻烧饼"③，否则，会带来连锁反应，甚至后患无穷。经过耐心的工作，广大退休教职工还是通情达理的。然后，我们马上明确第二条线：每年自筹的住房补贴款20%用于退休教职工，

80％补贴在职的员工,毕竟后者人数多,学校的各项工作要靠他们去推进的。

然后,在讨论在职教职工的补贴面积标准时,又显露出明显的感情色彩。由于在原来农业部管理的体制下,晋升职级和职称的机会比较少,当时学校的正教授只有 20 多人;教代会代表中科级干部和讲师占多数,因此,在科级干部(讲师)的补贴面积中,加了一条:25 年以上工龄的可以增加 5 平方米(这在上海各高校的方案中是独一无二的);同时,教授和局级干部的补贴面积分别比上海通行的方案低了 5 至 10 平方米。但是,因为教代会通过了这个方案,我们尊重大家的选择,就按这个标准来实施。从 2001 年开始,一共花了 7 年,自筹经费 3 000 多万,先后有 900 多位教职工(含退休)享受了补贴,基本解决了历史遗留的住房困难。

因为当时学校可以支配的自筹经费很少,我们定了一个标准,每个教工所缺面积按每个平方米补贴 1 000 元(各人根据工龄、校龄再略增加一些),这个标准在当时来说是比较低的。而且,我们还附加了规定,必须去购买住房才能拿到补贴款。令人想不到的是,当时正是房价的"低谷",虽然每个教职工拿到的补贴款只有几千到几万元,但凑合一下可以解决首付,然后促使他们通过向银行贷款的方式去购买了住房,二三十万元就可以买到杨浦区 100 平方米的住房,居住条件彻底改善了。抚今思昔,我想,大多数教职工应该是心满意足了,而我们的方案是"歪打正着",收到了妙笔生花的成效。

后来,在市政府要我校搬迁的时候,我们又积极争取到了配套商品房的政策,按照每平方米 3 000 元的均价向学校提供 1 000 套住房(当然,一定的年限内是不能交易的)。我们让后勤管理处先拟订一个选房的方案,因为面积的大小、楼层的高低以及个人的喜好都会有差异的。最后,在学校教代会上,顺利通过了《上海水产大学临港新城配套商品房选购方案》,在 2008 年搬迁到临港新校区之前,学校教职工都按方案选购了绿地集团建造的住宅,基本没有太大的问题发生,皆大欢喜。那时,我校教职工基本上都已经拥有两套商品房,已经提前达到了小康的住房标准。

邓小平同志早就指出:"什么叫领导?领导就是服务。几年前,我曾说过,愿意给教育、科技部门的同志当后勤部长。今天,我还是这个态

度"④。大学的首要任务是培养人才,还包括科技创新、服务社会,这些都需要教职工去付出辛勤劳动的。我们在后勤保障上多下些功夫,就可以让教师更好地上课,让员工更好地工作。我们常说,安居乐业,安居才能乐业,在和平建设时期往往是这样。当然,安居的方式有很多种,我们推出的购房给补贴的方式只是其中的一种方式,也是比较受教职工欢迎的方式。让广大教职工能有一个比较宽敞舒适的居住之家,对于休息、娱乐、教育子女、学习备课都是有益的。上海水产大学"落地"以后,进入新世纪,有许多改革与发展的事情要做,一定要把教职工的积极性调动起来。我们从住房货币化分配的改革入手,摸准了教职工的"兴奋点",这个困难解决了,使大家基本甩掉了"后顾之忧",就能甩开膀子,一起去推进学校的建设。

记得 1995 年我到香港去出差,遇到我大学时的同班同学,他已经在那里工作了 10 来年。吃饭时他告诉我说:"你不要小看马路上的香港人其貌不扬,10 人中有 9 人是百万富翁"。原来香港房价极贵,很小的两居室就要 150 万港币。我当时感到有点敬畏。现在,我也可以自豪地告诉老同学了,我校教职工人人都是"百万富翁"。这是学校的发展带给大家的"红利"。

注释:

① 《建设有中国特色社会主义高等教育理论要点》,高等教育出版社,1997 年 10 月,第 289、290 页。

② 《毛泽东选集》第四卷,第 1 298 页。

③ "翻烧饼":翻烧饼,烙饼要翻,不翻不行,翻勤也不行,翻得恰到好处要经验要技术,政治经济政策也不能老是"翻"的,折腾得太多了一定会被折腾垮,一定会令百姓们闻"翻"而色变。

④ 《邓小平文选》第三卷,第 121 页。

弘扬优良传统,恢复学校校训

　　我到上海水产大学(水大)后不久,办公室就给了我一本《纪念文集》。我一看,是纪念建校85周年时老同志写的回忆文章。我很惊讶,小小的水大竟然已经有80多年的办学历史了。我原来在教委工作过,水大是归在规模较小的高校里的。而我曾经工作过的规模较大的两个师大,只不过四五十年的办学历史。好奇心和责任心,驱使我花时间去了解学习水大近90年的变迁与发展。

　　经过查阅有关史料,我非常强烈地感受到,上海水产大学的建校与发展的历史,就是一部非常生动的爱国主义教育的教科书。清朝末年,为争海权,一批爱国实业家在"渔权即海权"思想的指导下,创办渔业公司,发展海洋捕捞;渔业发展需要技术人才,以张謇、黄炎培为代表的职业教育家又提议创办水产学校,终于在1912年江苏省立水产学校正式落成开学。由于日本明治维新以后经济迅速发展,水产业和水产教育都发展起来了,因此,我校办学之初从日本引进了不少教材和设备,第一任校长就是日本东京水产讲习堂留学回来

的。但是,在淞沪战争中,日本军人占领学校,掳走了大量教学设备;抗战爆发以后,日本人的炸弹又把学校的校舍彻底毁掉了。那时,辗转颠簸到后方的一些教师又在四川合庆坚持办班,直到抗战胜利再回到上海复校,并在国民党军队撤退时,历尽艰辛、保住学校,完整地交给人民政府。这是多么不容易的艰苦奋斗的办学历史呵。其次,我强烈地感受到,五六十年代我校的师资队伍是非常优秀的。1952年,上海水产学院就在军工路校区开始办学,是当时上海的16所本科院校之一。1956年在高校评定教师职级,水产学院教师人数不多,却评定了一个一级教授、一个二级教授;而我曾经工作过的上海师大,只有一个二级教授;华东师大师资队伍力量很强,也只有两个一级教授。上海水产学院有这么一支优秀的教师队伍,他们认真从业的精神应该大力弘扬。

在近90年的办学历史中,先后有8位教授担任过校长。给我印象最深的是两位:一级教授朱元鼎和老校长侯朝海。两位是同龄人。朱元鼎是著名的鱼类学家,20世纪30年代他编著的《中国鱼类索引》奠定了整个鱼类分类学研究的基础,直到今天仍是国内外学者研究鱼类分类的必读书籍。他是留美的博士,曾长期在上海圣约翰大学担任教授。上海解放前夕,尽管他已有孩子在美国、香港等地工作,他毅然选择了留下来。在翻阅他的资料时,我发现他在读中学时写的几篇文章:《东洋绸缎》、《国货调查录》[①],文章以诙谐、尖锐的笔法,讽刺了日货质量和一些人崇洋心理;他和同学一起实地调查,推介国货,望国人使用国货,以阻止"利源外溢"。那是1915年,正值日本向袁世凯提出"二十一条"秘密条款之际,一个19岁的中学生能写出这样的文章,爱国之情溢于言表。正是这种思想基础,奠定了这位科学家决心用科学技术报效祖国的志向。朱元鼎担任上海水产学院院长以后,继续推进基础理论研究,悉心培养年轻教师,支持教师深入生产第一线,在理论与实践的结合上作出成绩。我看了他的材料,很受感动。在学校同事、老教师的支持下,于校庆90周年之前出版了《朱元鼎传》,时任中国工程院院长徐匡迪热情地题写了书名。同时,军工路校区科技大楼新落成,我们又新塑了朱元鼎半身铜像,置放在科技大楼的大厅里,缅怀这位著名的院长、学者,在师生中弘扬爱国、敬业、奉公,为人师表的精神。

　　侯朝海是江苏省立水产学校第一批学生,由于学习成绩优秀,毕业以后即被送去日本留学,4年以后学成归国,先在水产学校任教,以后又担任校长。抗战期间在国民政府农矿部、经济部等部门工作,担任过技正等技术高管。抗战胜利以后,在复兴岛上恢复、新办了上海市立吴淞水产专科学校,他出任校长。在国民党军队撤逃台湾、妄图裹挟师生上军舰之际,他挺身而出,表示这些学生学习时间太短,都不会开船。之后,他悄悄地去大夏大学借了教室,把师生转移到那里上课了,既保护了师生,又保住了学校。在复兴岛和借大夏大学办学的时候,条件是非常艰苦的。他经常会掏出自己的钱去帮助最困难的学生,而他自己的孩子在交通大学读书却往往拿不出一块零用钱。这样一位敬业爱生的好校长,深受师生的爱戴。但是,1949年以后,在当时比较"左"的政策下,他不光不能再做校长,连担任学校教务长也只能任个副职;在1956年教师职级评定时,大多数教师都增加了工资;他被评了四级教授,每月要减少30多元。后经过争取,总算能保留原来的工资。尽管这样,他仍然兢兢业业,做好分配的工作,包括接待留学生和日本友人,从不流露任何怨言。由于一生颠簸,身体不好,再加心情不太舒畅,他在1961年就去世了,年仅65岁。这样一位好校长,他的学生和同事一直怀念他。在他100周年诞辰的时候,师生、校友自发捐款在校园里为他塑了铜像。我看了他的材料,有好几天睡不着觉。这样的好校长,是我们今天在师生中加强思想道德教育的生动教材。是什么思想支撑他克服一个个困难,顶住压力,保住学校,迎接新中国?除了他1911年就参加同盟会、有民族复兴的强烈愿望,我又从他新中国成立后一次次写的"思想交代"里找到了答案。他与中国共产党的早期领导人秦邦宪(博古)是无锡老乡,从小就认识,1941年他在国民政府任职时,与秦邦宪在重庆相逢,有过深入的交谈,从而使他对国家发展的前途有了明确的认识。看到这些资料,我真是非常激动,为我党当时的高瞻远瞩、令众多知识分子折服而感到自豪。我有一种强烈的冲动,要把这位老校长的情况编写成书,在师生中,乃至在更广的范围内传播。于是,从2004年开始酝酿,经过两年的努力,终于在2006年8月侯朝海诞辰110周年的时候出版了《侯朝海传》②,同年9月29日,《解放日报》的读者荐书栏目还刊出书评,向更多的读者推荐《侯朝海传》。后来,秦邦宪的

女婿、全国人大常委会原副委员长李铁映同志到我校视察,我们也把这本书送给了他。

这两本老校长的传记成为爱国荣校教育的很好的教材。后来,我根据有关史料,结合自己的研究,编写了《发扬优良传统,争做优秀教师》的讲稿,在每年新教师的培训班上进行宣讲,作为师资队伍建设的必修课。

我们知道,校训是一个学校的灵魂。校训体现了一所学校的办学传统,代表着校园文化和教育理念,是人文精神的高度凝练,是学校历史和文化的积淀。校训,作为一个标尺,激励和劝勉在校的教师和学子们,即使是离开学校多年的人也会将校训时刻铭记在心。校训也能体现学校的办学原则与目标。校训是广大师生共同遵守的基本行为准则与道德规范,它既是学校办学理念、治校精神的反映,也是校园文化建设的重要内容,是一所学校教风、学风、校风的集中表现。有的将校训"制成匾额,悬见于校中公见之地,目的在于使个人随时注意而实践之"(《中华百科辞典》)。作为一所办学历史这么悠久的学校,肯定有老的校训。但是,由于相当长的一段时间里对历史的割裂,导致很多师生对学校的历史与传统都不知道。1996年,学校党委还专门制定了新的校训"团结、敬业、求实、创新"。

在翻阅史料的过程中,我发现了江苏省立水产学校1914年确立的校训:"勤朴忠实"。真令人喜出望外。怎么让大家都接受呢?俗话说,性急喝不了热稀饭,我采用先"热身"、再推进的方式,逐步把老校训恢复起来。

在2002年11月校庆90周年的庆典上,我代表学校致辞,在结尾的讲话中,我说了这么两句话:"勤朴忠实,老校训精神永存;与时俱进,新千年再创辉煌"。我想通过这种方式把这个信息传递给师生和广大校友,听取大家反应。同时,在南汇区新建立的学海路校区的小河边树了一块横匾,上书:"勤朴忠实——1912"。

在一年多的时间里,我得到的反馈信息都是正面的,这鼓舞了我的信心。于是,在2004年2月新学期的干部大会上,我在讲话时强调进一步弘扬求真务实精神、树立求真务实的作风、做好新学期各项工作时,专门援引了"勤朴忠实"的老校训,阐述了老校训在新世纪的时代价值。随后,

我将相关内容整理成文,在 2 月 19 日出版的校报上刊登了我的短论《求真务实与勤朴忠实》,提出了把老校训恢复起来的建议。

求真务实与勤朴忠实

新学期在迎春的爆竹声中开始了。今年是落实年,上级领导在不同的会议上反复强调要大力弘扬求真务实的精神,树立求真务实的作风,将今年的各项工作努力做好。由此,不禁使我想起我校的老校训。

八十多年前,根据创始人张謇、黄炎培等的办学理念,学校把勤朴忠实确定为校训。在侯朝海等校长的倡导下,校训深入人心,师生共同努力,教学注意与生产实践结合,育人注意讲道德与情操,培养了一批像姚咏平那样的毕业生,受到政府和渔民的欢迎。今天,在认真实践 20 世纪八九十年代形成的校训"团结、敬业、求实、创新"的同时,完全可以把"勤朴忠实"的老校训再行恢复起来,一是体现我们这所有九十多年办学历史的老校的传统和特色,二是可以将上级领导的要求演绎为更加自觉的行动。

由于当时的校训提出在新文化运动之前,因此,从现代语文的角度,可以将勤朴忠实诠释为这么几句话:

勤,就是勤奋,学习勤奋,工作勤奋,反对怠惰。"业精于勤,荒于嬉"。唯有勤奋,才能不断进步。

朴,就是质朴,做人求真,多做少说,反对奢华。"君子讷于言而敏于行"。唯有求真,才能更有成效。

忠,就是忠诚,忠于祖国,忠于职守,反对虚假。"天下为公,社稷为重"。唯有忠诚,才能众志成城。

实,就是求实,重视实践,讲求实效,反对空泛。"纸上得来终觉浅,绝知此事须躬行"。唯有务实,才能心想事成。

总之,倡导和发扬勤朴忠实的老校训,并将它与新时期的育人要求结合起来,我们的学风、教风、干部作风乃至校风建设会再上台阶,从而扎实推进学校的改革和发展。

2004 年 6 月,上海市政府决定对我校行政班子略作调整,周应琪因为年龄关系不再担任校长,原市农业委员会副主任潘迎捷担任我校校长。潘迎捷是一位工作热情极高的干部,管理能力强,办法措施多,我们相处5 年多,大事都在一起商量决定。我把恢复校训的事情与他一说,他满口

赞成。于是,在2004年9月1日,我们在校园里正式落成了校训碑,我也在讲话中正式宣布恢复"勤朴忠实"的校训:

在校训碑揭幕式上的讲话

各位老师、各位同学:

新的校训碑今天正式落成了。90年前的今天,1914年9月1日,在上海水产大学的前身——江苏省立水产学校,在吴淞炮台湾的校园里,正式把"勤朴忠实"确立为校训,校长张镠先生宣布了对学生的五点希望,即:①勤勉;②诚朴;③戒浮嚣;④勿空谈;⑤当自立。在这一校训的影响下,在爱国精神的激励下(炮台湾本身就是爱国将士激战之地),水校在创立到被战争炮火摧毁的二十几年里,培养了数百名优秀的年轻人,其中有中国共产党的早期领导人张闻天、毕生从事水产事业的教育家侯朝海、长期担任水产管理工作的专家姚咏平等。

经过90年的发展,当年只有两个专业、100多名学生的水产学校已经成为拥有20多个专业、10 000多名学生、具有博士、硕士学位授予权的水产大学。今天,我们要为国家培养合格的建设者和可靠的接班人,仍然需要继续用勤朴忠实的校训来要求我校的学生。今天,我们讲勤朴忠实,就是要求青年学生做到勤奋敬业、质朴大方、爱国诚信、务实创新,经过几年的学习和熏陶,使我校的毕业生具有拳拳爱国情、踏实事业心,扎实的专业基础,乐于在基层和一线工作。因此,我们将在邓小平理论和"三个代表"重要思想的指导下,学习和坚持科学的发展观,加强爱国荣校的宣传,让更多的青年学生明校史、知校情,让勤朴忠实成为更多的青年学生的行为规范。

"勤朴忠实"的校训重新成为学校师生的精神支柱。在科技创新的过程中,她激励师生把论文写在祖国的江河湖海上,为渔业发展和渔民致富多做贡献;在教学实践的过程中,她激励学生勤奋学习,教师敬业爱生,培养社会需要的建设者;在校园文化的建设中,她正在成为师生的行为准则,融入学校的校风,成为整个学校的和谐校园的灵魂。

作为一所有着悠久办学历史的大学,只有在新时期、结合新实践,把长期形成的优良传统发扬光大,才能凸显办学特色、提高办学水平。

注释：

①《朱元鼎传》,上海人民出版社,2002 年 10 月,第 20 - 21 页。

②《侯朝海传》,上海人民出版社,2006 年 8 月。

拓展办学空间,增强学校实力

　　上海水产大学在军工路 334 号办学已经有 50 余年的历史了。那是 1950 年由华东水产管理局斡旋、经华东农林部同意将原国民政府中央水产实验所的土地和房屋拨给学校的,即军工路 334 号。沧海桑田,经过这么多年的变迁,老的建筑只剩一栋了,即 1946 年建的办公楼,现在位于农业部东海水产研究所的院子内。当时在军工路 580 号范围内也拨了 270 多亩地,供建造宿舍和图书馆、实习工厂等用。随着形势的变化,国家经济进行调整时对学校的土地也进行了调整,580 号内的部分土地划给了一个木材加工厂。"文革"中间学校又搬到厦门去办学,1979 年才回到原址复校。这样一折腾,我到学校去工作的时候,军工路 334 号的校园只有 159 亩土地了,即近 11 万平方米的土地、11 万平方米的房子,这就是上海水产大学的状况。而当时上海各区已建或在建的示范性高级中学的土地面积都超过了 100 亩,有的已经达到 150～180 亩。相比之下,我们这个办了几十年的本科大学真是见拙了。

根据上海建设现代化国际大都市的要求,市政府提出,要较大幅度提高同龄青年上大学的比例,使新增劳动力的受教育年限达到发达国家的水平。因此,上海市教育委员会主任张伟江在多次会议上强调,本科院校的规模要达到万人以上,高职院校也要有5 000人左右的规模,这样才能体现办学效益。作为一所新"落地"的大学,要争取上海的支持,一定要做好服务。"有作为才能有地位"。原来我们每年只招生1 000名左右的学生,且三分之二是外省市的。现在,根据上海的要求,我们要大幅提高招生数量,大幅提高招收上海学生的比例,以我们的实际行动去争取上海市政府对我们财政和物质上的支持。这样,办学空间的矛盾一下子就突出了。

军工路校区的办学潜力已经充分挖掘出来了,我去学校的时候,在校生已经达到3 000多人,无法在这150多亩土地的校园内再增加招生数了。当时,学校对面的原上海第29棉纺厂已经关门,听说正准备进行土地置换、开发房地产。我马上让基建处处长去联系,想商借30亩地合作开发公寓楼,由我们租给大学生居住,宿费全部交给他们,大约15年可以收回成本。这么好的主意对方不愿意,而且那女厂长根本就不肯见面谈一次。看来在杨浦区要想拓展办学空间非常困难。

依靠班子集体的智慧,在校园面积增加之前,我们先采用两个办法把招生数提上去:一是联合培养。因为我校原来是国家农业部的部属学校,与各省市的联系较多,我们同时在江西农业大学、湖南常德师范学院(现为湖南文理学院)、山东烟台师范学院设立了办学点,采用二二分段的办法,即前两年由他们按照我校的教学安排进行培养,主要是上公共基础和专业基础课,学费和住宿费由他们收取,后两年回学校。有些课必须由我校老师上的,则派教师去一段时间集中授课,类似函授的集中教学。我们校领导则分头去参加各办学点的开学典礼。二是与企业联手,合作培养学生。当时有个比较有名的软件企业——拓普集团,已经在全国各地投资办了几个软件园。我们听说他们准备在上海投资建设软件园区,同时创办高职学院,培养高职学生,以后等条件成熟再办本科。利用他们的设想、利用他们的园区、利用他们的人才和技术,我们可以作文章。因此,我和分管领导以及相关部门负责人直接去成都,与拓普集团的有关领导

直接交谈合作事宜。经过讨论并征得市教委同意,我校的计算机专业增加招生名额,增加的班级与拓普集团合办,我校负责培养,其中有些专业课聘请他们的技术人员来校授课,实习去他们软件园,毕业时他们负责吸收录用部分学生。这两招果然管用,2001 年我校的招生人数就从 2000 年的 1 700 人一下子提高到 3 700 人。

正当我们四处奔走、联系拓展校园的时候,郊区传来了令人兴奋的消息。当时的南汇县正在自筹资金创建科教园区,想吸引我们去。他们知道高校经费不宽裕,因此,提出先租赁后购置的办法,即由他们负责建造校园,我们去办学,每年交租金,等条件成熟后再由学校买下来。这样,一能增加科教兴农的实力,二能提升县域的品味,在发展经济的同时,也为县升格为区做好准备。而对于学校来说,则解了燃眉之急。

我们知道,当时上海市政府正在松江区投资建设大学园区,没有精力,也没有实力同时铺开在另一区(县)再搞一个大学园区,而我们位于上海市区东面的几所大学又迫切需要解决校园面积偏小的问题。经请示市教委并征得默许以后,我校和上海电力学院以及两所民办高职决定采取只做不说的方式与南汇县政府合作建设位于惠南镇东部的科教园区,但是我们对外不宣传、在媒体上不介绍,以免给市政府增添不必要的麻烦。

决定南下办学后,我们又做了一个动作,召开教职工代表大会,让代表们进行讨论,因为课是要老师去上的,事是要职工去办的,毕竟南汇校区离学校有几十公里,而且交通还不太方便,来回路上花费的时间会较多,教职工们会比较辛苦。确实,广大教职工是关心学校发展大局的,我们提出的南下办学的方案经过代表们投票,超过 70% 的代表投了赞成票。于是,2000 年 10 月,学校成立了南汇校区管理办公室,由一位副校长牵头,并在惠南镇租借了一个小房间作为办公场所,负责按办学要求监督校园施工,以及与南汇县政府联络事宜。经过整整一年的紧张而又繁杂的工作,2001 年 10 月,南汇的新校区正式启用。因为校门所在的路名为学海路,我们把新校区简称为学海路校区,3 600 名本科新生开始在那里上课。金秋十月,阳光明媚,蓝天白云下,崭新的楼房里,闪动着年轻的身影,整个校园充满了青春的活力。此情此景,真让人心醉。我们仅用了两年的时间(学海路校区二期的 22 000 平方米的实验楼等用房 2002 年

建成并交付使用),就让学校的校园面积和校舍面积翻了一番。学海路校区校园面积共 220 亩(不包括学生宿舍),教学用房共 75 000 平方米,教室共有座位 13 600 个,其他多媒体教室、外语听音室、计算机中心等可使用面积和设施都有了很大幅度的增加,完全能够满足万名学生的教学和实验使用。后来,在市教委的支持下,我们筹措了 1.6 亿元将这些面积的产权买了下来,这就为后面进一步的发展打好了基础。在那儿上班的教职工确实很辛苦,每天要坐来回两个多小时的班车,真可谓是"两个黑隆隆,一个急匆匆"——早上出门赶学校班车、天还没亮;晚上坐班车回到军工路,再回到家里已是天黑;中午休息时间缩短,吃饭去食堂只能来去匆匆。但是,因为学生人数增加,学校的经费也增加了,教职工的工资虽然没有增加,但是各种津补贴却大幅度增加了,这也算是给大家的"辛苦费"吧。至于少部分确需在那儿住宿的教职工,我们大胆采取了"租赁补贴"的办法,即鼓励经济比较宽裕的教工去惠南镇买房,学校与他们签订租赁协议,按房价 7% 的金额支付租金。结果,很快就有 8 套复式公寓房被教工买下,每套 200 平方米,我们简单装修分隔后,每套可以让 8 位教工使用,这样,上第一节课老师和晚上有课老师的过夜、新进教师的临时住宿等问题都解决了。因为当时房价较低,每平方米只有 2 000 多元,每套房价在 50 万元左右;银行贷款利率在 5% 左右,学校的租金足以让教工归还贷款,这样,买房的教工只要付首付就可以了。后来,学校搬迁以后,这些房子都以超过 100 万元的价格出售,教工得到了实惠。而对学校来说,当时没地方可以盖教职工临时宿舍,学校也拿不出几百万元资金,我们以每年 20 多万的租金解决了大问题。这个办法可以说是"双赢"。这也是"逼"出来的办法吧。

邓小平同志曾强调:"发展是硬道理"。只有发展,才能逐步增强学校的办学实力;只有发展,才能鼓舞士气,凝聚人心,提升教职工办好学校的信心;只有发展,才能最终解决前进中的问题,实现学校的奋斗目标。

大胆实施改革,提升学校人气

　　当年,困扰高校领导的比较突出的问题,除了提高教学质量、提升学科水平这个永恒的主题,就是"钱从哪里来? 人往哪里去?"尽管早在 1993 年制定的《中国教育改革发展纲要》就提出,在 20 世纪末财政性教育经费要占到 GDP(国民生产总值)的 4%。但是,由于经济发展的不平衡以及发展中急需解决的问题较多,这个指标直到 2010 年才实现。因此,高校经费不足的困难持续了较长时间。各校领导都花了不少精力去抓"创收",现在看来有点不务正业,但在当时是不得已而为之。更突出的矛盾是怎样稳住队伍,减少优秀教师的"流失",让他们安于教职、乐于教业,专心于教学和科研。从这点出发,必须改革不适应的管理办法,扎实推进师资队伍建设。

　　学校落地以后,上海市政府对学校的支持力度增加,财政拨款有较大幅度的提高,一些政策性的矛盾也迎刃而解了。例如,上海从 1990 年代开始实施的地方岗位津贴(即前文所述的"黄菊工资")从落地那年起就由市财政拨给了,原来每年

要学校自筹的这笔经费就可以另外使用了。学校办学规模拓展以后,学费收入以及拨款数都增加了。有限的经费只有用在刀口上才能发挥更大的功效。因此,经过商议,我们适时推出了人事分配制度的改革。

那段时间,大的高校都已经实施校院"两级管理、两级分配"的改革。水大由于规模较小,还是由学校统一安排来进行分配。这样做,明显不适应形势,不利于调动校院两级的积极性,也不符合"能级管理"的原则。因此,我们就按照"两级管理"的模式,在充分听取教职工意见的基础上,研究制定了人事分配制度改革的方案,即按照各二级单位"办学层次、师资状况、科研经费、招生人数"等指标,经过一定的公式计算以后,确定拨款数量,打包给各学院,由他们决定每个教师的奖金和津补贴金额,体现按劳分配,体现按贡献大小、成绩多少而有所区别的原则。这就是当时所谓"四挂钩"的人事分配制度改革方案。此方案形成以后,我们即交给教代会讨论。高校应该积极推进民主管理,不能让"民主管理"只停留在文件里,应该有实质性的举措。因此,凡是涉及学校发展的重大举措、事关教职工切身利益的改革事项,我们在推进之前都要让教代会代表充分讨论,得到大多数代表的赞同以后再行实施。这次分配制度改革也是一样。2001年5月,在代表们讨论并对方案进行适当修改以后,还就方案是否赞成进行了无记名投票。结果,赞成票达到了77%。

经过几年的实践,大牌教授、赴学海路校区上课的中青年教师,每月的收入都有了明显的增加,不仅支撑了新校区的建设与发展,而且促进了教师争取科研项目与经费的积极性。三四年以后,我校教职工的年收入就翻了一番,达到了上海高校的平均水平,而且科研经费的数量也翻了一番,人均科研经费的到账数进入了上海高校的前列。

要充分调动教师的积极性,还要解决一个长期困扰的问题,那就是职称评聘。国家《高等教育法》第三十七条明确规定:"高等学校根据实际需要和精简、效能的原则,自主确定教学、科学研究、行政职能部门等内部组织机构的设置和人员配备;按照国家有关规定,评聘教师和其他专业技术人员的职务,调整津贴及工资分配。"但是,在实施过程中,学校却遇到了很多门槛。我曾经在华东师大参与过教师职称评定,教授、副教授都可以自主评定,只要掌握在可聘名额之内就可以了;而上海水大,只有副教

授的评定权,教授要送到农业部人事司去批。由于确定要"下放"给上海市管理的事情说了好几年,因此,职称评定的事情就耽搁了几年。我去学校工作的时候,整个学校正教授只有 26 人,远低于大学必须有 100 名教授的要求。几年不评,累积的矛盾很大,优秀中青年教师意见很多。因此,经过研究,我们决定主动向市教委反映情况,争取支持。我和校长一起找了张伟江主任。他听了汇报,非常理解学校的困难,积极支持我们推进职称评聘改革。当时,市教委正在上海大学等校进行"废除教授终身制,以聘代评,实行岗位聘任"的试点。我非常关心试点的进展。几所高校的领导开展过专题讨论,《解放日报》对此作了报道。

校长们话说上海高校教师职称评定①

叶骏:从前没有"职称评审"。以鲁迅先生为例,他在 1925 年时兼任北大、北京女子师范大学和中国大学的讲师,同时还担任黎明小学的教员。1926 年,他被厦门大学聘为教授。那时,二三十岁的教授算不上"凤毛麟角",只读过小学的沈从文也破格进北大授课。可见学识、能力与职称、资历并不完全吻合。新中国成立以后,我们借鉴苏联的体制模式,实行了"一刀切"的全国统一职称评审,由职称高低决定工资多少。职称终身制有其合理性,也有不可避免的弊病:一评定终身,许多人一旦评上教授失去了动力,不进反退。

废止高校教师职称的终身制,这是一项涉及教师队伍建设的重大改革,当时在大学里的反响是很大的。从职称评定到专业技术职务聘任是一项根本性的变化,打破了几十年来与社会主义计划经济体制相适应的教师职称的"终身制",改变"一评定终身"的僵化模式;而实施与社会主义市场经济体制相适应的教师职务的"聘任制","能上能下"的模式能够激励中青年教师不断奋进,努力工作,去争取教学科研的新成绩。在当今各高校教师队伍流动性增加、不少教师把工作还只是视作为一种职业,一种谋生的手段,还未完全确立为之奉献的事业感、责任心的时候,这样的变革显得尤为必要。对于那些优秀的、非常敬业的、成绩卓著的教授,很多高校实施的"终身教授"的聘任就体现了在区别上建立政策的成效。因此,在推进这项改革之前,我和校长分别在许多会议上进行了说明和动员,让大家明白,这次的教师专业技术职务聘任是管理体制上的重要改

革,我们的思想认识上要更新观念,日常言行上要与时俱进。只有我们去适应改革,而不是要改革适应我们。将来我们教师拿到的"红本本"不再是上海市人事局印制的《职称证书》,一证定终身;而是《专业技术职务的聘任证书》,每几年要聘任一次。

学习兄弟高校的经验,我让人事处先开始拟定教师职务评聘的改革方案,同时,我带学校人事处处长几次到市教委人事处磋商实施的细节。根据改革稳步推进的原则,我校水产学科可以自主评聘教授、副教授,其他学科的教授评聘暂时还需要经过上海市的高评委。经过半年多的准备,方案基本成熟,提交校党委常委会讨论,事先也征求了教代会的意见。在 2002 年的 5 月 28 日,学校召开全体教职工大会,正式启动这项工作。中青年教师信心倍增。大家认真准备,积极申报,学校成立的几个学科评审组也认真履职,最后经学校批准,共有 12 位优秀中青年教师被聘为教授,虽然数量不多,但"破冰之旅"已经开启,广大中青年教师看到了希望,增强了信心,有力地推动了教学和科研工作。

2005 年,在潘迎捷校长的主持下,我校又进行了新一轮的教师职务评聘。这时,原市教委的人事处处长已经调任我校党委副书记,他们一起研究了改革方案,经党委讨论后,又征得市教委的支持,贯彻"按需设岗"的原则,将教授职务的聘任拓展到了各个学科领域,并适当增加非水产学科的高级岗位职数;区分教学型和教学科研型岗位的评聘标准,在非水产学科的教授职务评聘时吸收了外校的同学科知名教授参与。经过半年多紧张又细致的工作,又有 30 多名教师被聘为教授。其间,也有一名教授、两名副教授因为完不成任务,或教学效果差而先后落聘。同时,我们加大了引进人才的力度。到 2006 年,我校教师队伍中已经有教授 93 人,副教授 160 人,极大地增强了师资队伍的实力,也为后面的学校更名打好了基础。

注释:

《解放日报》,2001 年 12 月 7 日。

引进优质教育资源，积极推进合作办学

我们知道，现代大学是我国清朝末年学习、引进欧、美、日等先进国家的经验后设立的，20 世纪30 年代以后有较大的发展；1949 年后片面强调学苏联，学科设置和大学的院系有了较大的调整。改革开放以来，看到了发达国家大学教育的现状和发展趋势，在大学工作的领导都发现了差距，感到了一种咄咄逼人的责任，必须努力推进改革与发展，才能尽快促使高等教育的现代化。因此，各高校与相关大学的国际合作呈现一种日益增长的态势。

到水大以后，我发现这所学校与日本同类大学的关系源远流长。日本明治维新以后，经济和社会发展进步很快，他们使用大量的汉语词汇去翻译西方的哲学社会科学和科技著作，而后这些词汇又被我国尤其是新文化运动以后大量引入。"水产"一词最早出现在西晋张华编的《博物志》："东南之人食水产，西北之人食陆畜"。"水产"的原意是"水里的物产"，日本科学家用此词来表示"捕鱼"以及"与水中生物有关的人的活动"，这个

词义已经为我国学界和企业接受。1888 年,日本东京率先成立了水产讲习所,培养水产方面的科技人才。我校第一任校长张镠就是清末去那儿留学的第一人。1949 年,水产讲习堂(所)更名为东京水产大学。1952年,上海水产专科学校入驻军工路校舍,更名为上海水产学院。20 世纪50 年代,新中国遭到西方国家封锁,水产由于其特殊的海上作业方式而成为对外交流的一个窗口,我校当时也承担过这个任务。2002 年在我校90 周年校庆时,我接待过一位日本朋友真道重明①,时年 80 岁,他就告诉我 40 多年前到上海水产学院访问的情景,并见过朱元鼎、侯朝海等教授。那是 1957 年他作为水产资源方面的专家、与另一位日本的水产养殖专家一起来学校进行了为期两个月的讲学。后来我编撰《侯朝海传》的时候,他热心地通过电子邮件告诉我侯朝海去日本气象厅实习以及后来在下关、炉畑考察鱼市场的情况。有关内容已经编入书中相关章节。2007 年校庆 95 周年时,他年事已高,还发来了热情洋溢的贺信:

上海水产大学潘迎捷校长　及各位先生

祝贺上海水产大学建校 95 周年

　　我曾参加了上海水产大学 90 周年的校庆活动。在庆典的时候非常高兴地遇到了众多的朋友和老先生,以及来自中国各地的朋友,当时的情景至今仍然难以忘怀,历历在目。本次 95 周年校庆,也接到了来自许多老先生和朋友的邀请,自己也有一种参加庆典的热望,但由于已经是 85岁高龄,出国旅行存在着体质的问题,只好放弃参加校庆的念头。

　　在家里我一直关注着贵校的网站,关注着贵校的动态,经常会产生很多 1957 年以来的回忆,同时也为贵校的进一步发展以及建设中的新校区的景象而感到高兴。

　　今年 8 月 8 日,我也出席了贵校和东京海洋大学共同举行的研讨会,并为预祝今后两校之间的交流和今后的共同发展的成功。25 日我出席了东京海洋大学的会议,还与高井校长谈论了有关上海水产大学的话题。

　　半世纪前的 1957 年,我首次访问中国,并成了日本水产界的中国窗口。现在经常和原北京西郊的中国渔业协会的第一任会长(主任)杨煜先生的女儿,在我的私人网页或通过 e-mail 进行联系,并经常见面共同谈论中国的事情。

最后,再次祝贺校庆95周年,并祝骆肇尧、乐美龙、叶骏、伍汉霖、王尧耕等各位老朋友身体健康!

真道重明　鞠躬

真道重明先生已经去世,但是中日两国专家和朋友间所结下的深厚友谊,是我们后人绝不能忘怀的。

我了解到,东京水产大学在2003年10月与商船学院合并成立了东京海洋大学。我非常想了解他们并校的宗旨,同时也非常希望推动我校与东京海洋大学以及日本其他有关水产的大学或学院的合作能有实质性的进展,从而促进水产学科优秀学生的培养和教师科研的提升。2004年夏天,我带团去日本访问。那年天气极热,东京的气温高达摄氏39度,这是非常罕见的。我们冒着酷暑,访问了东京海洋大学,我与高井校长做了专门的交谈。我了解到,21世纪是海洋的世纪,成立东京海洋大学是日本政府慎重研究后做出的决定,水产与商船两所大学专业互补,合并以后可以进一步发展海洋方面的学科。我听了印象很深,为进一步思索学校的未来发展找到了新的参照目标。一年以后,当学校第六次教代会上有几位代表联名提出要更名为上海海洋大学的议案时,我们就没有像过去那样进行否定,而是明确表示将认真研究,适时启动。

在东京海洋大学访问期间,经过与高井校长认真的讨论,双方同意在相关专业互认学分,每年接受5～10名三年级的本科生到对方进行为期一年的访学;并积极促进教师搞科研合作,双方轮流召开交流研讨会。我们还讨论了具体的细节,双方学校都为对方留学生免除学费,生活费自理;尽量提供留学生宿舍,以降低生活开支。后来,我校还决定给到日本访学的优秀学生适当的生活补助金,作为奖励。曾经与我校签订合作交流协议的友好学校有几十所,但大多留在纸上、搁在柜里。这次是迈出了实质性的步伐,给师生"走出去"铺设了便道。我认为,只有行动,才能让师生真正享用优质教育资源。

离开东京海洋大学,我们又去仙台访问了东北大学,那曾是鲁迅留学的学校,与东北大学农学部签订了同样的合作交流协议;再北上北海道,与北海道大学水产学部同样签约。这样,第二年,我校水产专业的10几位优秀生就开启了一年的访学生涯。

从北海道大学出来，我们又南下北九州，去访问九州女子大学。我华东师大的校友沙秀程、方如伟在那儿当教授。2003年沙秀程曾经陪同该校校长来我校访问，还签订了合作协议，回校以后竟然被教授会否决了。我知道他们是望文生义，不了解上海水产大学的现状。我决定亲自去与教授们交谈。我介绍了学校的历史和现在的情况，除了水产学科，我校还有理学、工学以及文学、经济学、管理学等专业。我校鱼类学的教授曾10次进入皇宫，与平成天皇一起研究虾虎鱼。听到这里，我看见这些教授都有些肃然起敬。随后我话锋一转，介绍我校日语专业的情况，希望与九州女大加强合作。下面报以热烈的掌声。那年年底，该校教授会再次讨论，同意与我们学校建立姐妹学校关系，这是沙秀程后来告诉我的。我也有一种"舌战群儒"的快感。②这样，我校日语专业的高年级学生就多了进一步发展的机会。由于沙秀程、方如伟两位校友在那儿工作，上海水大与九州女大的合作进展很好，我也有好几篇研究文章在他们的学报发表。2010年，我又被九州女大聘为客座教授，一直持续到现在。

后来，学校先后与美国、英国、挪威、韩国等多所学校签订了合作交流协议，方式也不断创新，范围也从本科生拓展到研究生，让更多的师生能够与国际上先进的教育教学机构开展交流，"洋为中用"，从而提高我们的专业水平和研究能力。当然，限于目前的状况，所谓双方交流，还是我们出去的多；而到我们这里留学的还是发展中国家的学生占大多数。

除了"走出去"，更重要的是"引进来"，这样才能让更多的师生享受优质的教育。2001年，经朋友介绍，我认识了澳洲爱恩集团（International Education Net，简称IEN）董事赵勇。这个集团由在悉尼、墨尔本、塔斯马尼亚的6所大学联合组成，主席是墨尔本的拉筹伯大学副校长史大卫博士（Dr. David Stockley）。他们正在寻求与中国大学合作的机会。我向赵勇谈了合作办专业的想法，并通过他与爱恩集团的主席也沟通了理念。双方一拍即合。不久，他们告诉我，集团确定由塔斯马尼亚大学与我校合作。我查了一下，塔斯马尼亚大学是所早在1890年就成立的办学历史悠久的大学，其农学、医学、法学等学科都很有优势。因为它坐落于澳洲本岛南面的小岛上（说是小岛，面积与台湾岛差不多，只不过人口只有40万），过去交通不太方便，随着国际交往的增加，近几十年的发展不如在悉

尼、墨尔本的大学快，留学生也比较少。但他们长期秉承英联邦的办学体系、管理严格、治学严谨，还是很有特色的。我和校长商量以后，同意与塔大合作，并指定曹德超副校长具体负责。根据国家教育部的有关规定，一定要在学校现有的专业上开展与国外高校有关专业的合作办学。最理想的应该是强强联合，用我们的水产专业与他们的农学有关专业合作。但是，这些都是艰苦专业，联合办学以后学费要大幅提高（因为办学成本提高了），招生就业都会碰到大问题。因此，经过多次磋商，既要符合市场需求，又能体现学校特色，定下来办的第一个合作专业是信息管理与信息系统（环境信息系统）（Information System）。我们负责向市教委申报。2002年1月得到同意的批复。这时，爱恩集团又提出，希望参与投资和管理。我和校长经过商量，并提交班子集体讨论，大家都支持引进优质教育资源的同时也能引进新的管理模式，以求促进我校的教学改革与管理水平的提升。因此，我们决定，学校派一位书记参与领导与管理，行政班子和教师都由他们聘任；学费由学校收入，然后按协议，划拨部分给塔大；学校成立爱恩学院，委托他们办学，学校提供办学场地和经费。这确实是一个大胆的尝试。这么多年下来，成功了。除了两校之间推进合作的决心与诚意，还由于集团聘了一位非常敬业的好院长孙行佳。她曾经是上海大学一学院的党委书记，后任学校党委宣传部部长、还担任过上海教育会堂的主任，有很强的管理能力、丰富的教学经验。她作风犀利、做事果断，全身心投入工作，视学院为家、视学生为孩子，虽然已经60多岁，仍然具有非凡的人格魅力。她依托过去的人脉关系，很快把管理班子和师资配好，依托集团的海外联络，很快又把英语外教的队伍聘齐，确保按期开学。2002年7月，周应琪校长代表学校与塔斯马尼亚大学副校长、爱恩集团旗下的爱达投资管理有限公司董事长共同签署了合作办学的协议书，从而拉开了新机制下办学的序幕。2002年年底，我们又联合申报了第二个合作专业：市场营销（国际商务）（Marketing），这两个专业一直办到现在。

实践"勤朴忠实"的校训，我们领导首先要带头。在合作办学这个事情上，我们是非常认真的。我就带团去塔大访问了4次，其他领导也带团去过，每次去之前都"做足功课"，把要研究和讨论的问题准备好，到了那

74

儿先花一至两天把问题解决好,然后再参观考察。2002 年 5 月,第一次
到塔大,他们就送了我一本书,那是 1990 年出版的塔斯马尼亚大学的百
年校史,书名是《面向成才(Open to Talent)》,从书中我知道了塔大的校
训,那是 1918 年提出的,引自公元 4 世纪古罗马一位诗人的诗句:
"*ingeniis patuit campus*"。原文是拉丁文,他们把它译成英语是:"The
field is open to talent"③。拉丁文的校训还印上了塔大的徽标。我理解
塔大校训的意思是,"这里让你成才"。听说后来塔大和我校爱恩学院一
起讨论过多次,并在 2015 年的毕业典礼上正式推出了塔大校训的中文
版:"开放之地,成才之家"。看来东西方办学的理念上是有差异的,我们
强调让学生成为怎样的人,他们强调为每个学生提供发展和成才的机会。
我们比较重视外在的要求,他们比较重视内心的自由驰骋。我认为这是
很值得我们大学的领导借鉴的。后来,2007 年市教委提出了"为了每一
个学生的全面发展"的办学口号,真可谓异曲同工。

通过实地考察,我了解了英联邦高等教育的体制,他们实行的是学分
制,修满规定学分就可以申请学士学位,学习的年限为 3 年或以上。这
样,我们正好有一年的时间让合作专业的大学生强化英语的学习。由于
我们实行的是学年学分制,而且两校距离遥远,让学生自行选课的条件不
具备,我们只能按照申请学位的最低要求确定课程。经过多次磋商,并得
到我校教学主管部门和对方学院负责人的认可,最终确定了 24 门合作课
程,其中 7 门为我校该专业现有课程,用我校教材,由我校教师用中文授
课,考试成绩他们认可;其余 17 门课用他们的教材,用英语授课,教学结
束后由他们负责考试,并由他们组织教师阅卷和评分;在 17 门课中又有
8 门课由他们派教师过来授课,另 9 门可以在我校或上海聘请教师用英
语授课,但这些教师要得到他们认可。这样严格的合作教学与管理方式,
在上海高校诸多中外合作办学的专业中都是较少的,但我坚持要有三分
之二的课程使用对方学校的教学与管理方式。目的就是让我们的学生能
够真正享受发达国家的优质教育资源。这样的学习要求,对于我校爱恩
学院的学生来讲,确有些勉为其难,因为我们的生源不是非常理想,特别
是大学扩招以后,进入第二批本科学习的学生,录取分数与名校录取分数
的差距在 50 分以上。但是,只有不会教的老师,没有教不会的学生。在

孙行佳院长为首的管理与教育团队的卓越工作下，在所聘中外教师的共同努力下，这些学生大多圆满完成学业，顺利通过双方学校规定的考试，每届大约只有 5% 左右的学生需要重修一门或几门课程而延至第二年毕业或得到学位。而在就业应聘时，他们可以和名校的毕业生竞聘同一岗位而不逊色。在我校十大学院中，该学院的学风是最好的，因此，学生的进步与收获也是最大的。我们实现了"4＋0"的办学构想，即让大学生不出国门就能学到出国留学才能学到的知识与本领，在毕业时，这些学生能够拥有国内外大学和用人单位都认可的两张文凭：我校的毕业证书和学士学位证书，塔斯马尼亚大学的学士学位证书。每年 7 月，塔大的校长、院长和管理部门的有关人员会专程到我们学校，与我校的校院长和有关教师一起为每位毕业生颁发证书，那场面是非常隆重的，许多家长也会赶过来，与孩子一起分享辛勤努力的喜悦。

在与塔大的合作交往中，我还注意把这块资源的功能尽量用足。我们积极促进了英语教师和用双语教学的专业教师到塔大的暑期进修，近百名教师先后到那里去过；促进同专业的教师去研修相关课程，花半年到一年时间，回校后，既可以承担合作专业的课程用英语上课，而且能极大改进和提高自己专业的授课水平。我们还让水产、食品等优势学科的教师到那儿考察学习，推动合作，提升我们的科研能力与水平。应该讲，我校许多教师都在合作办学中获得收益。

为了弘扬中华优秀文化，也是为了深化两校的合作，我还尝试将孔子塑像树在塔大的校园中。2008 年，在中华光彩基金会的支持下，我们把石雕的连底座 2 米多高的孔子像用船直接从山东济宁运到塔大校园。事先我已经通过学校外事办和对方商量好了。孔子这样一个世界级的伟人，在澳洲早就人人皆知。2005 年他们曾给我一个台历，一月一张的，每张月历上印了一位名人的一句名言。在 2 月份的月历上印的就是孔子的一句名言："Wheresoever you go, go with all of your heart"。我问了很多英语通，都感到难以与哪句我们知道的孔子语句相对应。最接近的是"既来之，则安之"。但我总感到英译语句的感情色彩更浓。这可能是当时的传教士在介绍中华文化时转译的他们对孔子语句的理解，与我们现在正式把《论语》翻译成英语的译法有较大的不同。但是，从这本台历上，

我们至少可以了解澳洲的文人对孔子的推崇与尊重。果然,此事塔大非常重视,专门研究了要把孔子的塑像安放在图书馆北面的广场上(澳洲在南半球,北面是朝阳的)。塑像运到学校以后,他们还把安放时的情况拍了照片邮给我。4月底,我带团到塔大以后,专门举行了落成仪式。在秋日的金色阳光下,睿智而慈祥的孔子塑像显得格外亲切。"四海之内皆兄弟也",真心希望这友谊的桥梁让两校的合作再上一台阶。我还想趁热打铁,能否把孔子学院在那儿建立起来,塔大校方也很乐意。我后来专门去北京拜访了国家汉办,他们告诉我,驻澳使馆的教育处不同意再办。因为在悉尼、墨尔本都已经建立了孔子学院,澳洲人口稀少,再办怕没生源。看来只能以后再看机会了。

在推进合作办学的日子里,我挤时间利用周末去上海市干部教育培训中心补习英语口语。陆续坚持了七八年,期间接触了五六位外教,大多是美国来的,也有英国和澳大利亚的。经过数百小时的课堂对话,用英语交流的能力有很大提高,"哑巴"英语的状况完全改观,见到欧美国家的人员不再怯场,"寒暄"的时候不会冷场。更主要的是在与不同国家来的外教的交谈中对这些国家的文化有了比较直接的了解,对于在中西文化交流中如何把握尺度很有帮助。而在与塔大的交流中,除了正规场合需要翻译人员,平时的交谈基本可以应付,这样,便于双方增进友谊。我和塔大的外事办主任、信息学院副院长、商学院院长等都成了好朋友,有的还到我家里做过客。人都是有感情的。大家熟悉了,交往深了,解决合作中的困难与问题也就比较容易了。

应该说,秉承双方各自的校训,大家对合作办学的态度是非常认真的。大一结束,学生必须通过塔大认可的英语测试,才能在大二开始学习塔大的课程,同时,塔大给这些学生办理在塔大的学习注册。在上述的17门课的学习中,学生必须经常做课外作业,内容由塔大教师在该校校园网上公布,而且有规定的交卷时间。由于澳洲有夏时制,开始学生没注意,有的延误而迟交了,经过学院与他们多次交谈以后才接受,但是要求下次绝不能再发生。因为大家都很认真,教学质量不断提高,学生是受益的。我在校工作的时间里,共有四届学生毕业,其中四分之一选择去海外继续深造,这些出国留学的学生中,又有50%选择了塔大。因此,合作办

学,不仅让学生享受优质教育资源,有利于他们的成长和发展;对于双方学校来说,学费收入也增加了经济实力,促进了各自的管理与建设。

2012年,我已经离开学校到市委机关工作,突然接到塔大的通知,他们经过认真的研究,决定授予我荣誉学位,要我提供头围、肩宽、腰围等尺寸,准备为我做学位服。我真是感到喜出望外。7月6日,我一早就赶到学校,应邀参加爱恩学院成立10周年暨2012届学生毕业典礼。我先到后台穿上了他们定制的服装。典礼中间,我上台接受了塔大颁发的荣誉法学博士学位。期间,塔大学位委员会主席宣读了他们的决定,对我长期从事高等学校的教育与管理工作、对我这些年的教育研究和取得的成果、对我促进学校与美国、日本、俄罗斯等国家的合作尤其是与塔斯马尼亚大学的合作所付出的努力,都给予了很高的评价。最后一段说道:"现在塔斯马尼亚大学与上海海洋大学已经有整整10年的合作关系,而其中9年是在叶教授的领导下进行的。他的关于国家之间、学校之间、个人之间应该互相信任和理解的价值观念——不仅对中国,而且对整个世界——充分体现在他积极和充满活力地推进两校间和中澳两国间合作的工作之中"①。

身着塔大的学位服,双手接过塔大校长给我的荣誉学位证书,真是激动万分。我想,这不仅是对我这些年在促进中外合作办学中的辛劳工作的肯定,更是对上海海洋大学在融入国际教育中所走过的坎坷之路、在学习借鉴先进大学的经验并积极创建高水平特色大学所作所为的肯定。感谢这些年学校同事尤其是班子成员的支持、感谢这些年学校老师的辛勤劳动、感谢这些年学校学生尤其是爱恩学院学生的卓越表现。我只是尽了一个大学党委书记(校务委员会主席)应尽的职责。事后我从塔大的网站上了解到,这个荣誉学位,是塔大颁发荣誉学位以来的50多年中唯一颁发给中国大学领导人的,确实显得弥足珍贵。衷心希望上海海洋大学和塔斯马尼亚大学的合作之路越走越宽广。

注释:

① 真道重明:真道重明先生是日本著名的水产资源专家,他对东、黄海的渔业资源很有研究。他是我们渔业界熟悉的老朋友,早在1957年就来过我国作了东、黄海渔

业资源的讲学活动,受到很高评价。

　　② 舌战群儒:故事出自明代罗贯中所著章回小说《三国演义》,讲述诸葛亮为联盟孙权抵抗曹操的过程中遭到东吴诸谋士的责难,最后都被诸葛亮——反驳,哑口无言。

　　③ Richard Davis:Open to Talent, pp. 88 - 89, Published in 1990 by The University of Tasmania, Sandy Bay, Tasmania, Australia.

　　④ 详见本书附录:"Professor Ye Jun"。

解放思想,视野下沉,让优秀中青年人才脱颖而出

　　刚到上海水大工作不久,我就发现一个现象,上海水大学校不大,中层干部和骨干教师的年龄都比较大。当时的中层正职和正教授的平均年龄已过半百,好几位已经接近 60 岁了。而学校中在管理和教学一线的大多是 45 岁以下的年轻人。什么原因形成了"断层"呢?

　　为了做好党务工作,我的案头总放着几本经典著作,有问题就向他们请教。《毛泽东农村调查文集》是我常翻的经典。他老人家早就指出:"你对于那个问题不能解决么? 那么,你就去调查那个问题的现状和它的历史吧! 你完完全全调查明白了,你对那个问题就有解决的办法了。一切结论产生于调查情况的末尾,而不是在它的先头"。①经过实地了解,并翻阅有关资料,我发现主要是两个原因造成了"断层"。一是搬迁。学校 1971 年从上海搬到厦门,更名为厦门水产学院,从 1972 年 10 月恢复招生,一共招了 5 届,其中有一批优秀的学生留校任教或做管理工作,但在

1979 年学校搬回上海的时候这批年轻人大多留在了厦门。二是出国。恢复高考以后,学校从 77 级开始又陆续留了一批优秀毕业生,但在对外开放的大潮中,这批留校的年轻人大多是公派,或自费出国留学,学成归来的人数比较少。

找到了问题的症结,关键还在于要解决问题。怎样尽快形成年富力强的管理队伍和教师梯队,经与班子的同事反复商量,我们确立了几个原则:正视现实、解放思想、自力更生。

正视现实:面对"断层"的现状,我们绝不自暴自弃。我们知道,我们不可能从其他学校调入年轻的院长、处长或教授,我们应该让自己的队伍尽快在教学与管理的重要岗位上迅速成长起来。

解放思想:破除论资排辈,眼睛向下,就能发现人才。我在年轻时曾多次学过毛泽东同志关于要有势如破竹、高屋建瓴的气概,要敢想敢说敢做的论述,他举的历史上年轻人挑大梁的例子至今还历历在目,我们为什么不能大胆起用三四十岁的年轻人呢?

自力更生:与我曾经工作过的两个师大比,确实学校的师资队伍与管理队伍都有一定的差距。但是,他们不可能到学校来工作,他们也不熟悉学校的特点。我们的队伍虽然有些老化,还是能够尽快完成"传帮带",那些年轻人虽然没有经验,但是有干劲、肯学习,只要用得好,完全可以胜任。

在严格执行《党政领导干部选拔任用条例》等文件和上海市关于教师专业技术职务评聘的有关规定前提下,结合学校实际,经过校党政班子集体讨论,我们采取了以下做法:

(1)推行任期制。参阅有关文件,学校院(处、部)级班子任期为 3 年,到期必须换届或重新聘任。学院下属的教研室和基层党的支部的任期,由学院按照有关文件去决定。

(2)改进聘任办法。在实行推荐的时候,一是采用他人推荐和个人自荐相结合的办法,而且要求每个人在自荐表上必须填足三个志愿:一个是原工作部门或学院的岗位,另两个是其他部门或学院的岗位,而且另两个岗位必须是机关和基层各一。这样,就为横向交流和上下流动做了铺垫。二是采用会议集体推荐和领导个别推荐相结合,领导个别推荐按

照一定的权重折成票数,与群众推荐的票数一起统计,达不到《党政领导干部选拔任用条例》规定的比例要求就不予聘任。第一次聘任,就有三位正处级干部落聘、一位低聘。"于无声处起惊雷"。这在上海水大近几十年的历史上从未有过,对于整个干部队伍整肃风气、形成认真履职、敢于担当的良好作风都起到了非常有效的推进作用。三是鼓励竞聘。同一岗位有两个或以上都符合条件的人员自荐时,组织小范围的会议进行评议,并将评议结果提交给组织部门研究。这就给优秀中青年干部竞聘重要岗位创造了机会。经过两轮聘任,学校的主要岗位都是由"60 后(20 世纪60 年代出生的)"干部来担当了。到 2006 年学校召开第七次党代会时,中层正职的平均年龄已经下降到 45 岁左右,副职的年龄则在 41 岁。"断层"问题彻底解决了。2007 年,时任上海理工大学党委书记的薛明扬(后担任上海市教育委员会主任)到我校互相检查辅导员队伍建设,在交流检查情况时他亲口对我说:"到你们学校来检查,我印象最深的是你们年轻的中层干部队伍,充满活力,生机勃勃,比上海理工强得多"。

(3)积极推进民主。社会主义的高等学校是精神文明建设的高地,应该是民主管理做得比较好的地方。因此,在干部队伍建设和人事管理方面我们也积极推进民主。一是全面实施公推直选。按照党章规定,党的基层组织负责人的产生,"可以直接采用候选人数多于应选人数的差额选举办法进行正式选举"。因此,经过试点以后,我们在 2006 年和 2009 年的学院分党委的换届中,都采用了公推直选的办法,即先在该学院的全体党员中推荐分党委委员,经过两轮推荐,集中到多于应选人数 20% 的候选人数以后,采用召开党员大会直接进行差额选举。由于众望所归,工作细致,都是一次选成,为推进党内民主跨出了大步。而通过这样选举产生的分党委,每个成员更珍惜党员的信任,在工作中更注意对上负责和对下负责的一致性。二是公开聘任要求。在工作开始时我们会把岗位职数、任职资格与要求都在校园网上对学校内外公开,尤其是在教师专业技术职务聘任的时候,我非常希望能够有名校的相关学科的副教授来应聘我校的教授岗位,我也知道有些人的水平不会比我校教授差。虽然由于管理制度上的问题,最终没有外校的名师来应聘我校的相关岗位,但是,我们的这些想法和做法确实促进了我校教师队伍的自身建设。

（4）"好苗"破格培养。毛泽东同志曾经非常欣赏清人龚自珍的诗："九州生气恃风雷,万马齐喑究可哀。我劝天公重抖擞,不拘一格降人才"。高校是知识分子成堆的地方,自然各类人才较多。一些老教师曾郑重向我推荐本校教工子弟、日本留学归来的博士,还是民主党派成员,因为看着他成长,完全了解他的人品与素质。经过组织部门考察,确实很优秀。对这样的"好苗",应该"不拘一格"。当时他只是一个教研室的主任,经党委常委会研究,"破格"聘任他为学院院长。我多次到他学院调查了解,发现他做管理工作像做学问一样一丝不苟、有条不紊,并且得到教职工的拥护;一年以后,我们又让他担任学校科技处处长,熟悉并推进学校的科学研究。这样,"小步快跑",不久,他就被提为学校的副校长,成为推进改革与发展的中坚。

毛泽东同志早就指出:"一个百人的学校,如果没有应该从教员中、职员中、学生中按照实际形成的(不是勉强凑集的)最积极最正派最机敏的几个人乃至十几个人的领导骨干,这个学校就一定办不好"。[2] 经过几年的努力,学校不仅有了几十人的领导骨干,而且形成了百多人的教学科研精英,有力地推进了我们这所万人大学的建设和发展。

注释：

① 《毛泽东农村调查文集》,人民出版社,1982年12月,第2页。
② 《毛泽东选集》第3卷,第898－899页。

积极推动文体活动,引领风尚、服务社会

学校是年轻人活动的天地,应该充满活力和朝气。可是,近30年来,由于"应试教育"的影响,中小学的文体活动被逐渐"边缘化",影响了青少年的全面发展,也抹杀了少数学生文体天赋的表现。经过高考的拼搏,进入大学以后,"应试"的压力已经没有了,特别是在我们这样的学校,"考研""出国"的人数不会很多,怎样让大多数学生能够充实地渡过大学生活,这确实是个新的课题。我曾经多次在学校学生工作会议上强调:

> 水产大学的校情有其独特性,学校是农科高校,学生来自全国各地,如今又是多校区办学,优势专业的学生专业情绪比较严重,热门专业的学生自信心不足,这些都是我校思想政治工作面临的特有特点。思想政治研究要结合这些特点做有针对性,同时也富有自身特色的研究。①

学校可以搭建宽广的平台,为各类有潜力、有天赋的学生提供帮助,让他们的潜能在平台上得到发挥,让他们的天赋在平台上得到展现。我和

分管学生工作的党委副书记经常商量，大家形成共识，我们创造条件，把校园文化的氛围建起来，把各种文体活动搞得丰富多彩，一定能激发大学生的进取精神，从而促使他们更好地学习与发展。大学生已经是成年人了，老师要学会"点化"："师傅领进门，修行靠自身"。因此，学校积极支持大学生组织各种各样的社团活动，包括出资聘请音乐学院、戏剧学院有关老师来学校担任艺术社团的指导老师。南汇学海路校区一使用，学校就投入几十万元购买乐器，专门成立了大学生管弦乐团，不少学生是零起点开始学习，一两年后就可以登台表演。学校和部队是一样的，"铁打的营盘流水的兵"，高年级学生毕业以后，再从低年级新手开始培养，所花精力和经费是很多的。但是，只要有利于学生的全面发展，这些付出都是值得的。其他唱歌的、跳舞的……都是一样的辛劳。当然，成绩也是显著的。我校外语系的一位女生，曾获上海市大学生独唱一等奖，并在全国中华艺术新秀选拔赛中脱颖而出，代表国家去澳洲演出；金融系的男生吹萨克斯管荣获上海青年组第一名；大学生舞蹈团的节目被选中参加全国高校的汇演；农林经济管理系的学生在上海电视台的"智力大冲浪"的节目中，连过八关，夺得冠军，并奖到一套88平方米的住房……大学生的成功，确实为学校带来了荣誉。学校多次在上海和全国的群众文化活动评比中获得先进单位的褒奖，分管的校领导还多次进京接受奖状并作交流。"条条道路通罗马"，在提升办学水平的过程中，文化活动是重要内容之一。

不仅如此，我们还结合学校特色，努力推进文化建设。上海水产大学，顾名思义，是水产为特色的理工类高校，因此，学校的文化建设在鱼文化上动了很多脑筋，包括组织鱼文化系列讲座、开展鱼文化专题研究，举行鱼文化摄影比赛等等，目的是形成良好的校园文化氛围，促进专业学习与宣传，让学校的优势学科在更大的范围得到传播。其中我们花力气最多的是建设校园博物馆。

学校原来有鱼类标本的展示馆，主要为大学生专业学习服务，同时也进行科普工作。限于条件，展示的面积较小。2001年5月，广西北海有一条体长18米、重达40多吨的抹香鲸误触渔网而死在海边。由于抹香鲸是国家规定的二类保护动物，农业部知道后，决定把这条死鲸无偿调拨给我校制作标本，供教学和展示用。当时只有厦门有一条抹香鲸标本，体

长16米,这条比那条大,有18米长,制成后将是国内、乃至亚洲最大的抹香鲸标本。我们听了很兴奋,尽管经费困难,还是决定筹措资金让抹香鲸标本在军工路校园安家。两位副校长分别负责相关事情:一位负责制作标本。安排生命学院的几位博士、高级技师立即赶赴北海,与当地渔民一起进行解剖剥皮,他们冒着高温,连续干了好几天,光是磨刀石就用坏了300块。然后把鲸皮、鲸骨、牙齿等租用冷藏卡车运回,鲸肉和内脏等就地掩埋。另一位负责盖展览馆,请专家设计,并组织施工。鲸皮、鲸骨运到我校在南汇滨海乡的养殖实验场,分十余个大缸用药水浸泡,进行化学脱脂,准备制作成整体外形和整副骨骼共两套标本供教学、科研和展示用;军工路这里则紧锣密鼓地在施工。一年以后,展览馆框架已成,在墙和门安装之前,先将由专业人员制作的抹香鲸的金属内撑架子运了进去。因为这个"庞然大物"体型巨大,否则就放不进去了。然后,制作技师开始将鲸皮覆上去,同时,一块块鲸骨也按照编号有序地被搭配起来。展览馆的外墙和门窗等一起按图纸进行了装配。终于,2002年10月28日,在校庆90周年之际,占地1 036平方米、造型新颖别致的展馆落成,这条18.4米长的巨鲸的两套标本正式向校内外展出。同时有许多珍贵的鱼类、贝壳类的标本轮流在馆里对外展示,让它们发挥教学与科普两大作用。以后,在三四年的时间里,学校一共投入1 000多万元,扩建了原来的鱼类标本室,被市科委命名为上海水生生物科技馆,展示水生及两栖生物的活体和标本;还建设了校史馆和校园文化馆。这几个馆,构成了学校的博物馆,在学校教育和社会服务中发挥了作用。

我们知道,张謇是我国近代著名的实业家、教育家、政治家,在文化上也有许多建树,很多"第一"都是他创建的,如第一所女子师范学校、第一所职业教育学校……当然,第一所博物馆——南通博物苑——也是他在1905年创办的。作为他亲手创办的学校之一,我有幸参加了2005年博物苑百年华诞之际在南通召开的"博物馆与城市发展"高层论坛并发言,介绍了学校博物馆建设与服务教育和社会的情况。

学校体育是全面发展的组成部分,是培养社会所需人才的重要内容。体育和教育都是人类社会的文化现象,随着人类社会的产生而产生,随着人类社会的发展而发展。同时,它以越来越复杂的形式适应社会发展的

需要。体育作为培养人和教育人的必要手段,历来都是教育的重要组成部分。

在 20 世纪五六十年代,大学的体育运动不光普及,而且水平很高。上海水产学院的大学生赛艇队,竞技水平在上海名列前茅,在全国比赛中也屡屡获奖,并创造过两项世界最好成绩。赛艇队的训练和比赛大大促进了大学生运动员的身心发展,也让他们有更饱满的精力投入文化与专业的学习,培养了一批德智体全面发展的优秀学生。周应祺校长就是当时的赛艇队成员,原国家体育总局副局长张发强是我校 1967 届的毕业生,也是赛艇队成员。

世异时移,随着学生中独生子女的增加以及人们生活水平的提升,大学生参加体育活动的积极性逐渐下降。曾几何时,让大学生参加早上的做早操或者晨跑成为一种负担。

我认为,学校体育活动能够非常好地开展起来,不仅对提高大学生的身体素质极为有益,而且对于扩大学校的影响也极有作用。良好的体育运动成绩是学校的另一张名片。因此,采取多项措施,支持学校体育工作:

(1)加强体育教师队伍建设。在专业技术职务岗位设置的时候,为校体育部增设了教授岗,经过评聘,一位优秀的中年教师被聘任为教授,这在我校历史上是从未有过的,极大地提振了体育教师队伍的工作积极性。

(2)增拨经费,支持校运动队的训练和比赛。在属农业部管理时,学校布点是田径项目。我们继续支持校田径队的建设,在学海路校区以及临港新校区的建设中都注意了体育场馆的规划与建设。后来,市教委曾把一支手球队放到学校,我们照样支持他们的学习与训练,当需要参加有关比赛时,包括到台湾参加邀请赛,我们都给予经费上的支持。对于水上项目,再办赛艇队难度实在太大,我们就支持体育部建起了龙舟队,购买了设备,聘请了教练。几年下来,在上海市乃至全国的比赛中都取得过好成绩,为学校争了光。

(3)积极支持群体活动。普及与提高是一对矛盾的两个方面,缺一不可。没有提高,看不出成绩与水平,也没办法去指导普及;反过来,没有

普及,提高就没有基础,而广大学生也不能从中受益。因此,对于面上的体育活动,我尽量抽时间去参与,并发表讲话给予支持。我们的做法,得到了市教委的肯定,我也曾代表学校在全市大学生阳光体育活动推进大会上作过介绍。

校友张发强在国家体育总局任副局长时分管群众体育。他曾亲口对我说:"为了提高领导干部的身体素质,总局在 45 岁以上的领导干部中努力推介 3 项体育运动:网球,考虑到人群的年龄特点,可以搞双打,这是健体;桥牌,变化多端,这是健脑;钓鱼,在农村的大自然环境中悠闲垂钓,这是健心"。我听了很受启发。因此,我在校领导里面积极推进体育活动。由于打桥牌耗时较多,我让大家自由参加,我则极力鼓动大家去打网球。开始时班子里没有一个会打,经过辅导和学习,班子里先后有 6 位成员爱上了打网球,我们的双打组合曾经在上海市高校"校长杯"的男子甲组双打比赛中进入前三,在男子乙组双打比赛中夺得过第一。推进领导班子成员积极参加体育活动,增强了大家的身体素质,能够以饱满的精力去适应日益紧张的工作节奏,同时,也促进了大家的友谊和团结。另外,因为我校是水产大学,和鱼打交道的"机会"多,中层以上的领导喜欢钓鱼的也比较多,我就推动校工会经常组织钓鱼比赛,吸引更多的教职工参加此项运动,也可以提高他们的垂钓竞技水平。紧张工作之余,周末在郊区的鱼塘边钓鱼,清风徐来,阳光扑面,与有生命的鱼儿博弈智慧和耐心,真是享受生活的很好方式。因为我对这些体育活动的重视和推动,我曾担任了两届的全国大学生体协网球分会副主席,还被推选为上海市钓鱼协会主席。

注释:

详见本书"在上海水产大学第八届思想政治研讨会上的讲话"。

学校正式更名,搬迁临港校区

　　学校"落地"以后,在上海市政府的领导下,在市教委的指导下,进入了快速发展的"直通车"。这时,办学物理空间狭小的矛盾率先暴露出来。周应祺校长曾带人花了几个月的时间制订了东扩西进南挺的"海锚型"方案,但在寸土寸金的杨浦区根本无法推进;后来,南汇学海路校区创建以后,暂时缓解了矛盾,学校迅速发展成万人规模的全日制本科大学,农、理、工、经、文、管各学院也得到妥善安置,但是,两校区办学的矛盾逐渐凸显,管理成本上升,学校优质教育资源无法共享,不利于我校大学生的成长和发展。正当我们在积极思索如何进一步做大做强学海路校区、以更好地服务于每个师生的时候,市委、市政府领导也在密切关注学校的明天。2004 年 9 月 30 日下午,我们准备放假迎国庆之时,市委副书记殷一璀、副市长严隽琪带着市教委有关领导来军工路校区视察,这是继 8 月 11 日视察我校学海路校区以后第二次来学校。在短短一个多月的时间里,市领导两次来校视察,肯定是有所思考的。果然,殷一璀副

书记先对我和校长说："水产大学整体搬迁到临港新城去，行不行，你们研究一下。"在视察中，她语重心长地对我校班子成员和其他随行人员说："（上海水产大学）是非常有实力的一个学校，有比较高的办学水平，在同类院校中名列前茅。上海应该珍惜水产大学，把它办好……现在校园建设确实要定了，再不定成了学校发展的瓶颈……我觉得总要跟水有关系吧。没有十全十美的方案，肯定有百利而无一弊的方案是没有的，只能是利大于弊"。领导讲话释放了很重要的信息。经与校长商量，由他带人在假期中先行去临港实地考察。10月8日，节后上班第一天，我即召开了党政联席会议，听取校长介绍，分析研究情况、统一大家思想、最后达成共识。临港新城是上海最后一块待开发的处女地，那里依托洋山国际深水港和浦东国际航空港，区位优势明显。学校搬迁到那儿办学，不光有更大的物理空间，而且有更多的发展机遇。当然，作为已经使用50多年的军工路校区，我们也希望留一块小小的基地，供继续教育、社会服务和离退休教职工的活动场地。我和校长分别把我们的讨论结果报告给市政府和市教委的有关领导。10月19日，市政府召开上海市高校布局结构调整第八次联席会议，正式决定我校搬迁到临港新城办学，11月23日，《关于上海水产大学整体置换搬迁合作原则协议书》正式签订，拉开了长达4年的建设搬迁工作的序幕。

在选址的过程中还出现了一个插曲。因为上海海事大学早已经确定整体从浦东民生路搬迁到临港新城，并已经开始打桩，所以，我校是建在它南面还是北面需要尽快确定。我让基建处处长答复港城集团（临港新城的土地由他们统一管理），我校能否建在海事大学南面。因为海堤在南面，海堤外就是东海。我们如果建在南面，离东海就更近一些。两校都是涉海的大学，我想离海近些将来发展可能方便些。一周以后，答复过来了，海事大学南面有东海天然气转换站，不能盖房子，牵涉到安全问题。这样，我们只能选址在海事大学的北面。后来，我在学校档案馆看到90年前的《吴淞开埠图》，海事大学的前身是吴淞商船学校，我校的前身是江苏省立水产学校，都在吴淞镇的黄浦江边的炮台湾，两校的位置和现在一样，黄浦江在北面，商船学校离江堤近，水产学校在南边紧挨着，两校比肩而立，为国家培养了不少技术人才。看了地图，有一种恍然大悟的感觉。

真是"人算不如天算"啊。

选址确定以后,2005年1月,学校由校长牵头成立了新校区建设领导小组。为了做好规划,他们走访了国内好几所有历史积淀的大学,还在全国范围内征集新校区规划设计方案。最终有7家设计单位进入第二轮。6月,等他们的设计图纸和模型拿出来后,我们组织了全校师生、包括离退休的老同志都来参观,并投票遴选。"英雄所见略同",10 000多张票中,2号方案得票最多,和专家评议的结果完全一致。该方案具有"简致和美、清雅隽逸"风格的新历史主义,建成以后果然得到众口赞誉。

2006年1月,新校区建设正式奠基。从严隽琪副市长挥锹掘起第一锹土,到2008年10月新校区正式启用并开学,1 003个日日夜夜,在一线工作的人员是非常辛苦的,期间有规划实施中需要略作修改的问题,有一期规划与二期规划的妥善衔接问题,有投资资金不足需要不断优化施工方案的问题,又碰到百年一遇的寒冷、几十年一遇的持续高温天气等困难,在上级有关部门的支持下,在十几个施工单位的共同努力下,逐一解决问题、克服困难。学校行政班子做了大量的协调工作。作为学校党委,我们重点在反腐倡廉建设上多下功夫。我们知道,当时的整个风气还不太理想,"大楼盖起来,干部倒下去"的情况还是不少,我曾经工作过的一所大学就发生过连续两任基建处处长受贿被查处的情况,真可谓"前赴后继"。因此,我们确定了原则,项目招标要严格按照程序与要求。确实,当时来"打招呼"的领导和协作单位还不少,由于把住了"入门关",在整个建设工程中没有发现违规违纪的现象,既圆满完成施工任务,也保护了干部。因此,在上海市教卫系统的党风廉政建设大会上,我还代表学校党委作了"以坚定的理想信念筑牢'防腐'篱笆"的发言。

新校区的搬迁是更大的考验,因为牵动着10 000多名师生每个人的心弦。1971年上海水产学院曾经被迁往厦门办学,花了近两年的时间才完成搬迁;1979年国家同意学校回上海复校,前后也用了一年多时间才搬迁完毕。而此次搬迁,虽然在上海一地,但两个校区相距80多公里;10月份一定要开学,留给搬迁的时间只有几个月;近30年学校的仪器设备增加了很多,还有上万名学生随迁(扣除应届毕业生),工作量巨大。在这么大的压力和时空的限制面前,学校没有退路,只能坚持一个选择,那就

是无论压力多大,困难多大,一定要确保顺利搬迁和新校区顺利运转。为此,校党委要求各单位对广大党员和教职员工讲清困难,并制定了5个板块,29项内容的搬迁方案,同时要求党员领导干部靠前指挥,以讲改革创新的党性、重身先士卒的品行、做协调合作的表率,开展好每项工作。

历经96个春秋的万人大学搬迁,资产分搬迁、移交和报废三类,自上而下,自下而上,各单位教职员工一遍一遍地填写资产清理、物资登记、账物核对等各种报表,工作量之大,事情之繁琐,可想而知。但我们很多党员同志自家搬家都不太插手,却在炎热的假期参加认真地清点,没有一丝怨言,为广大教师做出了表率。

为统一教职员工思想,学校把确定的10月13日为新校区上课时间在校园网主页上滚动播出,向全校师生告知。同时,远郊办学,教职工思想波动较大,2005—2006年学校有近40人调离学校,教师队伍中出现了不稳定征兆,校党委未雨绸缪,把深入细致的思想工作和解决实际困难相结合,做好了教师骨干的稳定工作。针对个别教工提出学校搬迁可按年级搬,分3~4年搬完的想法,校党委及时在相关会议上进行宣传讲解,指出学校搬迁是三校连动的工程,必须顾全大局等。因为根据上海市政府高等教育布局结构调整的方案,我校军工路校区的90%置换给上海理工大学、学海路校区全部置换给上海电力学院,他们则出资支持我们新校区建设。广大教职工还是通情达理的,讲清情况以后,大家就齐心协力投入了搬迁。

从8月10日承担我校首批新校区物资搬迁工作的大众搬场物流公司的6辆货车发车到全部搬迁完毕,短短数月间,搬运的车辆达到1 108车次,搬运的学生行李数达到47 387件,真可谓"人心齐、泰山移"。通过全校师生和建设者的共同努力,2008年10月12日,我校按计划在临港新城举办了新校区落成暨开学典礼,这所近百年的老校将在全新的一个多平方公里的校园里续写崭新的篇章。

在筹建新校区的过程中,我们还解决了长期困扰师生的校名问题。我们知道,水产大学原来是个行业办的学校,学科特色鲜明,培养的人才主要为这个行业服务。到20世纪末,全国大多数省份的水产厅(局)长是我校的校友。但是,进入社会主义市场经济年代,情况发生很大的变化。

大学毕业生不再是按计划分配工作,而是自主择业;大学的专业设置也不再是单科性了,都在朝多科性或综合性方向发展,以适应社会对高等教育的要求。尤其是大学扩招以后,受到人们的价值观念变化的影响,经济、金融类的专业拓展很快,与原来行业特色鲜明的大学校名的矛盾就日益突出起来。我校原来围绕水产而设置的养殖、捕捞、加工、贸易等专业,大多为农学,少部分归入工学、经济学,经过这 20 年的发展,本科专业已经发展到 50 个,涉及农、理、工、经、文、管、法等 7 个学科门类。全校 12 000 多名学生中,学习水产类专业的不到四分之一。我曾经接待过美国来的学者,他们问起我学校的规模,我告诉他们说我们有 1 万多本科生。他们吓了一跳,翘起拇指对我说:"你们学校是世界上最大的水产大学"。我有点哭笑不得,又无法解释。中国文化强调正名:"名不正则言不顺,言不顺则事不成"。看到水产大学的校名,容易望文生义,以为该校学生都是学这类专业的。我曾亲自接待过几位学生及其家长,他们在毕业应聘时遭遇不公正待遇。有一位毕业生,在汇丰银行招聘时,"过五关斩六将",在最后一关时,面试考官一听说他是水产大学的,就非常婉转地对他说,水产我们不需要。该毕业生拼命解释也没用。因此,适时启动更改校名对于学校未来的发展十分必要。

2005 年 5 月,在学校第六次教代会上,部分代表再次联名提出更名为上海海洋大学的议案。综观世界,当时各国的大学中,欧美国家没有以水产冠名的,亚洲国家中,日本东京的水产大学已经合并成海洋大学,唯有越南、朝鲜有一两所水产大学。再看国内,原属农业部的 3 所水产大学,广东已经更名为海洋大学,大连的正在积极准备之中。分析了这些情况以后,我们认真研究了这份议案,明确答复代表,学校将正式启动更名工作。我马上召集了离退休老同志的座谈会,向大家作了认真的解释,并明确表示,即使更名以后,学校以水产为特色的基本面不会改变,积极支持和发展水产学科的政策也不会改变。然后,我和校长北上农业部,先向渔业局汇报,时任渔业局局长李健华对学校推进更名给予理解。于是,学校党委常委会经过认真讨论,决定正式打报告给市教委,要求将学校更名为上海海洋大学。市教委受理我们的报告以后,就开始了"走程序"。期间还有一波三折。由于上海另有涉海的大学,因此,市教委一度建议我校

更名为海洋科技大学,而一经搜索,世界上唯有台湾高雄有一所海洋科技大学,但那是大专层次的。我们心中很是纠结,既不想与兄弟院校伤了和气,又不想与大专层次的学校同名。好在在市教委召开的专家论证会上,大多数与会专家都反对这个名称,认为与上海这个国际大都市的地位不相称。会后有一位专家马上给我打了电话,告诉我情况,并说大多数都支持更名为海洋大学。我们了解这些情况以后,我与校长一起以书面报告的形式向时任上海市副市长杨定华汇报了学校更名的进展情况与碰到的问题。2007 年 8 月 10 日,杨定华副市长约我和校长去面谈,她听取了我们的汇报以后,当即把市教委主任请来,当场表示,还是更名为上海海洋大学好,请市教委和我们主动做好有关学校的工作。这样,我们纠结了半年多的矛盾自然解决了。此次会议以后,我先找相关学校的党委书记沟通想法,再次表示相互学习与合作的意愿,取得他们的理解和支持;然后,我与校长又去农业部向部领导进行汇报,因为教育部一定要农业部出函。当时有个不成文的规定,师范、农业、林业等几类大学不能更名。我校属农业类大学,但不叫农业大学,所以可以考虑更名,但必须得到农业部的支持。那天,农业部副部长危朝安带领有关司局长认真听取了我们的汇报。然后他说:"上海水产大学在行业里很有影响,名气很大"。他上任前曾经在江西省担任管农业的副省长,他说了一大段江西人民对学校的好评,我听了心里咯噔一下,有点紧张。然后他话锋一转:"学校要改名,适应社会需要,我们表示理解。希望学校的水产特色一定要保留,并且继续发展"。心中的石头落地了。后来我从教育部了解到,农业部的函件中就是这么写的,没有出现"反对",也没有写上"支持"。我想,我们也应该理解他们的难处。

同时,我们按照大学设置的要求,逐项提交有关材料。上海水产大学尽管早在 1985 年就由农业部批准将"学院"变更为"大学",但教育部和上海市都不太认可,这次正好是重新确认的机会。我们非常认真地申报材料、填写报表,将学校规模、办学层次、校园和校舍面积、教学设施数量和价值等等,一一填报,认真复核,丝毫不敢懈怠。尤其是师资状况,按要求必须有 100 名教授。而经过这 5 年间的两次晋升聘任,正好达标(而在 1985 年,全校一共只有教授和副教授 27 名)。2007 年年底,在全国高校

设置委员会的审议会上,顺利通过了我校更名为上海海洋大学的申请。

我校和上海市政府在 2008 年 3 月先后收到 19 日行文的《教育部关于同意上海水产大学更名为上海海洋大学的通知》(教发函〔2008〕95号)。学校师生都非常兴奋,当然,我们也感到将来学科建设会有更大的压力。

正当我们还沉浸在更名成功的喜悦之中,我突然得到一个信息,江泽民同志邀请我校骆肇尧老先生进京叙事。这真是机会难得。骆先生是我校离休干部,曾担任过副校长。20 世纪 50 年代初,他曾经在食品公司技术科工作,与江泽民同志相当熟悉。我们都知道骆老的经历,但在江泽民同志主政时从来没有联系。2006 年的一天,办公室告诉我,中央警卫局派人在军工路校区踩点,我让办公室联系,方知道第二天江泽民同志要来看望骆老先生,而且被告知,不麻烦学校党委。第二天上午 10 点,江泽民同志到位于校园内的骆老家中,老朋友相见,言谈甚欢,还即兴唱起了京剧片断,原定一小时的会见持续了两小时才结束。至此,两位老朋友建立了联系。因此,2007 年学校庆祝 95 周年华诞时,江泽民同志专门题词:"培育海洋科技人才,探究蓝色世界奥秘"。这次,江泽民邀请骆肇尧等几位食品行业的老同志 4 月 12 日去中南海办公室叙事,我和校长即联名写信给他,告诉他学校刚被批准更名,希望他为即将搬迁至新校区的新的海洋大学题写校名。信请骆老转交。考虑到骆老已经 95 岁,为安全计,我们特批他儿子陪同进京。4 月 12 日,我和办公室的同志也赶到北京,等候消息。当天晚上,我就接到骆老儿子的电话,说江泽民同志接到信后,下午欣然命笔,纵横各书一幅,已经派人送达骆老下榻的宾馆。我们真是高兴万分,学校真的是喜事连连。第二天,我们去宾馆取了题名,立即返回上海。我们并把此事报告了市教卫党委和市委办公厅。5 月 6 日,学校隆重举行了上海海洋大学揭牌庆典,新校名正式启用。

2008 年,在共和国的历史上是非常值得记住的重要一年,那一年北京成功举办了奥林匹克夏季运动会,这是充分体现国力和民族素质的盛会,全世界为之瞩目;2008 年也是学校发展中非常重要的一年,在市委、市政府的正确领导下,在各方面的支持下,我们顺利完成了更名和搬迁这两件大事,为学校美好的明天奠定了扎实的基础。

进入新校区以后，由于学校附近配套的生活设施还没有跟上，还有不少难题待解。学校行政负责正常的教学、科研秩序，党委则在后勤保障上多做点工作。当时，新的医院还没有建，师生的就医，尤其是学生的看病问题较多，我让车队挤出车辆、为急需治病的师生服务，有需要的用车直接送 20 多公里外的南汇区中心医院。我做过一次统计，搬迁后的一个月内，光晚上送医院看病就发车 36 车次，平均每天一车以上。此外，年轻教师搬到学校附近的配套住宅居住以后，孩子的上学发生问题了，因为配套的中小学还没有盖起来。我跑到 10 公里外的芦潮港镇上九年一贯制的秋萍学校联系插班就读。在区教育局的帮助下，总算解决问题，交通又成了难题。没有公交，孩子怎么去读书？我们只能和区公交公司联系，早晨和下午请他们各放一辆车，孩子略微付点钱，由学校给予补贴。直到附近学校盖好才停止。总之，这类细小又必须关心解决的事情还不少，我们整整花了一年多时间才全部搞定，确保学校在远离市中心城区 80 多公里的远郊能够正常办学，并在教学科研上继续得到发展。

2010 年 2 月，我接到市委组织部通知，经市委常委会研究，我已经被任命为市委巡视组组长，不再担任学校党委书记。我一下子有点懵了。随即我马上想明白了，因为根据党政领导干部的任用规定，在同一岗位的任职时间最长不超过两届——即 10 年。我已经 60 岁了，市委还任命我担任新职，这是对我工作的充分肯定。我是带着感谢、感激之情离开学校去新岗位工作的。

从 2000 年 2 月农业部党组通过我的任职到现在市委通过我新的任职，整整 10 年，3 600 多个日日夜夜，我对学校的建设和发展是非常投入的。在我职业生涯的 40 多年之中，如此投入的只有两段时间，一是从弱冠到而立，在农场工作的 10 年，那是非常虔诚的抱定一种信念，劳动锻炼、思想改造、脱胎换骨、做出成绩，报效祖国；二是在知天命之年到花甲，在上海水产大学（上海海洋大学）这所农业类高等学校的 10 年，我是非常努力地去推进工作，殚精竭虑、迎难而上、感恩协力、择机发展、服务师生。所以，我时常与人戏说，我是一辈子务农，因为我把最美好的青春、最成熟的智慧和精力都奉献给了农场和高等农业教育事业。虽然在学校的 10 年间，白发增多了，额头皱纹更深了，人在奉献中步入老年，身手步履都不

如前,但我无怨无悔。看到南汇嘴边、滴水湖畔崭新的校区里一张张充满活力的笑脸,我常常会为之心醉。10年的辛劳早已灰飞烟灭,我的付出在同事们的支持下、在上级党委的关心下,已经化为学校发展的步步脚印。这是永远值得回味的精彩10年。

一位市领导说过,我们干工作就像跑接力赛,每人只能跑一段。如果每人都努力跑好这一段,我国的社会主义事业就能早日到达理想境界。我想,我在学校工作的10年,自己的确是非常努力地去跑,并力争跑好。现在这接力棒应该交给下一位了,衷心祝愿学校在新班子的领导下取得更加辉煌的成绩。

认真巡视,推进党风廉政建设

我是在 2010 年 3 月去报到的,出任市委第六巡视组组长。这是我职业生涯的最后一站。我有一位很要好的朋友,曾劝我不要去。他父亲是位正局级老干部,离休前曾受命考察干部,得罪了一些人。结果,离休后那些人都疏远他,弄得他父亲很伤心。巡视也是得罪人的活。但是,我还是上任了,因为我感到,要抓好党风廉政工作,总需要有些人去担当、甚至得罪人。"小我"还是应该服从"大我"。这应该是我长期受到党的教育和培养所形成的价值观吧。

市委巡视组人数不多,干部配置很强。当时有 6 个巡视组,每组 7 人,组长都是从刚到龄的正局级领导干部中选任的;两位副组长,一位正局级巡视专员,一位副局级巡视专员;4 位组员中,有 1~2 位处级干部,还有一位来挂职的后备干部。从 2010 年 3 月到 2013 年 5 月我离开巡视组并办理退休手续,在 3 年多的时间里,我带组一共巡视(含"回头看")14 个单位,包括市财政局、市统计局、市水务局等市级机关,闵行、闸北、青浦等区政

府,上海农村商业银行、上海市供销社、纺织集团等国有企业,上海师范大学、上海中医药大学等市属高校,共向市委提交了十几份报告和专题材料,向市纪委移交了几十条问题线索。市委领导对巡视工作是非常重视的。2011年6月,市委书记俞正声花了一天的时间,分别听取我们6位组长汇报在区县巡视的情况,并让我们介绍有关的干部。后来,在区县换届的时候,这些干部都进入了新的重要岗位。2013年初,结合12所高校的巡视情况,市巡视工作领导小组向市委写了专题报告,对加强高校领导班子建设提出了建议,其中也吸收了不少我的意见。市委书记韩正看了以后,写了长段批示,要求加强高校班子建设包括年轻化就从落实巡视整改开始。这些对于我们直接在一线巡视的人员是很大的鼓励。

2013年5月,在我即将离任时,我写了一份体会文章,并把它递交给市纪委书记杨晓渡。后来听说杨晓渡书记对此很重视,专门把我的文章批转市纪委有关领导传阅。

依托研究平台，深化思想教育

2006 年，我的前任林樟杰书记前来找我——他那时已经从上海师大党委书记岗位上退下来，还担任学校博导——想让我一起参与上海市延安精神研究会的筹建。该研究会是曾任上海师大党委书记、原"抗大"学员王乐山发起筹建的，后来长期挂在毛泽东思想研究会下面。他想把它建成一级社团，直接挂在市社联下面，以完成老领导的心愿。我非常赞成，因为我感到延安时期是中国共产党走向成熟的重要时期，研究并弘扬延安精神对于高校的思想政治教育的加强是非常有益的。我同意把秘书处放在我学校，并积极主动找市社联领导提出申请。经过半年多的准备，并经市社联批准，2007 年初由 12 个高校的团体会员组成的上海市延安精神研究会正式成立。林樟杰任会长，我任常务副会长兼法人代表。后来，林樟杰主动提出不再担任会长，由我接任。再后来，根据有关规定，我不再兼法人代表。

虽然是一个小小的研究会，但是我们做成了几件有影响的大事情，有力地推动了高校的社会

主义核心价值观教育。

我长期从事学生思想理论教育工作,我一直秉承这样的理念:"纸上得来终觉浅,绝知此事须躬行"(陆游诗句),"只有能够激发学生去进行自我教育的教育,才是真正的教育"(苏联教育家苏霍姆林斯基名言)。因此,我主持研究会工作中,除了推进教师的理论研究,更注意让大学生一起参与有关的学习宣传延安精神的实践,从而让他们受到教育,得到提高。

2008年,我和市老干部局副局长方孔嘉商量,能否把上海还健在的曾经在延安学习、生活、战斗过的老同志的事迹汇编成册,作为高校学生思想教育的教材。这个想法为市党史研究室知道了,副主任徐建刚立即参与进来,他主动提出,他们正在编《口述上海》系列丛书,可以把我们的想法纳入这套丛书中。真是一拍即合,我们作了分工:老干部局负责落实访谈对象,并与这些老干部所在单位联系,落实联络人员;我们研究会则负责组织会员单位的优秀学生,并配备指导教师,到老干部的家里或者单位里实地采访;党史研究室负责对口述史的采写要求进行培训,并将学生在老师指导下写出的口述实录最后修改润饰。方案确定以后,大家各方努力。那年暑假,天气很热,参加访谈的近百名师生热情更高,有的老同志因为身体的原因,一次谈不完,师生就冒着酷暑再去,直到访谈完毕。我们一共采写了60位老干部,这都是"抢救式"的,书还没有出来,就已经有两位去世了。采写中,许多老同志精彩的讲述以及他们所珍藏的真切反映那段激情燃烧的岁月的照片,时时震撼着大学生的心灵;老同志饱含深情的话语中所展示的老一辈对理想的执著追求与对信念的坚定不移都深深感动了参与采写的每一位年轻人。这是非常生动而有效的革命传统教育,是学习和弘扬延安精神的最好方式。

我们的采写对象中不乏曾在上海各界中颇有影响的人物,如市委原组织部副部长叶尚志,原上海交通大学党委书记邓旭初,原上海第二医科大学党委书记左英,原上海市文化局局长、著名作曲家孟波,著名作曲家黄准等。采写活动也让这些老同志与我们结下了深厚的友谊。老红军贺永昌弥留之际,他的两个孩子专门来找我,告诉我他们父亲的情况。我理解贺老的心情,马上向时任中共上海市委常委、组织部部长李希报告,李

希部长下班后即去华东医院看望贺老。第二天,贺老带着微笑离去了。

作为《口述上海》的丛书之一,我们的书名定为《浦江之畔忆延安》,于2009年9月正式出版,向国庆60周年、向延安精神提出60周年(毛泽东同志在1949年10月26日给陕甘宁边区的复电中首次提出"延安精神")献上了厚礼,既让这些老干部的延安故事和精神得到传承,也让采写的学生直接经受延安精神的洗礼、在坚定理想信念上得到升华,更让众多高校的师生通过阅读这本口述实录学习弘扬延安精神。在中国延安精神研究会那年在呼和浩特召开的研讨会上,我介绍了情况,并把书籍赠送给与会代表,内蒙古自治区人大常委会原副主任、一位退下来的80多岁的老干部听了、看了非常激动,第二天一早找到我,握着我的手告诉我:"你们做了我们想做而没有做到的事情"。他是十来岁就跟着家人到延安投身革命。我也非常激动,作为后辈,我们只是做了应该做的事情。后来,中国延安精神研究会常务副会长、原全国总工会副主席、1964年去新疆的上海老知青倪豪梅专门到上海了解我们研究会的情况,写了报告给中延会,热情介绍我们的经验,并推荐我担任了中延会副会长。2010年,在上海市的哲学社会科学评奖中,我们的书一起被评为邓小平理论研究优秀著作二等奖。

那一年,我们再接再厉。虽然我已经离开学校到市委巡视组工作,但几十年形成的关心学生、热爱学生的情结一直存在。为了迎接建党90周年,我和市委组织部副部长冯小敏、市委党史研究室副主任徐建刚一起策划了又一本口述史的编撰,采写共和国成立以来上海的优秀共产党员。市委组织部经过反复研究,确定了62位上海市的优秀党员,并提供了他们的基本材料。我们研究会的原班人马再次出动,不过学生已经换了一茬了,原来参与采写的学生大都毕业了。他们已经成为红色的种子散到社会的各个角落,将来一定会生根开花。

研究会将采写任务分解到有关学校后,组织他们先认真学习市委组织部提供的每个优秀党员的基本素材,党史研究室的专家又对口述史的采写进行了培训,市委组织部派出了党员教育中心的摄影师随同采访,用镜头记录下这些优秀党员的音容笑貌,准备同步编辑音像专题片,以后和书一起作为基层的党员教育材料。

针对当时社会上存在的信仰缺失、理想和信念不坚定的现象，我们把采写优秀共产党员的重点放在信仰和信念上，正是有了这个坚强的内核，才能使他们战胜一个又一个困难，在各自的岗位上为共和国创造佳绩。在 62 个优秀党员中，有老劳模裔式娟、杨富珍、杨怀远等，著名歌唱家周小燕、作曲家朱践耳、表演艺术家袁雪芬等、著名科学家谷超豪、杨槱等，著名工人创造发明家包起帆、李斌……最后成书的时候，冯小敏副部长把书名定为《信仰的力量》，唱响了主旋律，形成了正能量。

这中间还有一个小插曲。在一次党建会议上，冯小敏副部长告诉市委副书记殷一璀，说他们正和我合作在编写优秀共产党员的口述实录，作为向建党 90 周年的献礼。殷一璀听了有点吃惊："你们怎么和叶骏在合作，而没有和市教卫党委在合作？上百名师生的组织采写工作怎么是叶骏在指挥？"她知道我当时早已经离开大学的领导岗位，已经是市委巡视组的组长了。她对这个采写活动给予很高的评价，就是一点遗憾，这么好的事情让研究会抢先了。冯小敏后来把这事告诉我了。是啊，这就是NGO(非政府组织)的作用，他们可以起到政府起不到的影响，做到政府做不到或暂时做不到的事情。关键是对这些组织或团体怎么引导与管理。政府搭台，让他们唱戏，完全可以成为社会主义精神文明建设中的朵朵奇葩。

这个机会来了。由于我们研究会在市有关部门支持下做了几件有影响的事情，北京的中国延安精神研究会决定和我们一起在上海召开迎接建党 90 周年的大型理论研讨会。上海是中国共产党的诞生地，我们有幸承办这么一次会议，必须得办好。我马上向我们研究会的主管单位——上海市哲学社会科学家联合会——作了汇报，并通过他们向市委宣传部作了报告。然后，在市委宣传部、市社联、市教委和海洋大学等四方的积极支持下，2011 年 6 月上旬，研讨会在上海隆重举行，中国延安精神研究会会长、全国人大原常委会副委员长李铁映到会，并发表了"伟大的中国共产党"的主题演讲，全国各地 160 多位代表参会，当时上海市的主要领导俞正声、韩正、刘云耕、殷一璀等都到会来看望各地的代表，上海的主要报纸和媒体都报道了这次研讨会。刚从印刷厂赶印出来的还带着墨香的200 本《信仰的力量》发给了与会的代表，受到一致好评。6 月下旬，我们

还组织了这本书的宣传活动，几位参加采写的大学生谈了他们的体会，一致反映这是非常有意义有收获的活动，虽然采写过程充满艰辛，但这些优秀共产党员的精神着实让年轻人感动。时任市委常委、组织部部长李希给予很高的评价，认为我们的工作很有教育意义，编出的书籍具有很高的史料价值，对现在的党员和青年坚定理想信念起了传承的作用。我们与上海市党员教育中心合作拍摄的专题片《信仰的力量——上海市优秀共产党员采访实录》，在上海市纪念"七一"的大会前反复滚动地在大屏幕上播放，引起全市与会者的关注。此片在当年的全国优秀党建教育影片评比中荣获一等奖。

事后，市社联党组书记沈国明遇到我，跟我说："你们搞大了，市社联下面的研究会，没有一个举行大型研讨会会引起上海市这么多领导的重视并参加"。我想，这不是我的面子大，而是上海高校中这么一批热心于党的宣传和思想教育的同志们多年的努力所结出的硕果，这些成果得到了北京和上海众多领导的关注。对于我个人来说，我只是起了穿针引线的作用。当看到这么多领导和代表们在一起谈笑风生，当我们的书籍受到这么多人的褒奖，我心底的自豪感油然而生。30 年了，从大学毕业开始投入党务工作和学生思想教育工作，现在，工作的成果得到这么多人的认可，这些年的付出完全"值"了："蓦然回首，那人却在灯火阑珊处"，这就是我追求的境界。应该讲，这个目标基本达到了。30 年的高等学校教育和管理工作可以画上圆满的句号了。

附：

不断给自己提出新的目标①

我是在"而立"之年进入上海师院中文系学习的。经过了近十年的农业劳动,对学校生活已非常陌生了。"文化大革命"剥夺了我们这些人上大学的机会,而且由于我的母校——华东师大一附中——曾培养自己准备"跳级"考大学,我被作为"修正主义教育路线下的尖子"而受到大字报的批判。粉碎了"四人帮",不仅为十七年的教育路线平了反,而且重新恢复了高考制度。因此,当自己拿到入学通知书的时候,确是非常激动。我决心要把这失去的光阴夺回来,多学一点,学好一点,让四年的学习时间发挥五年、六年的作用,这就是自己入学时的强烈愿望。

"骐骥一跃,不能十步;驽马十驾,功在不舍。"要想在四年的有限时间内脱颖而出,只有下功夫不断积聚能量。由于我在中学时代为准备"跳级"培养了一定的自学能力,因此,只要发挥自己的优

---

① 《大学生谈学习方法》,华东师大出版社,1983年5月,第61-64页。

势,先学一步,争取几门课免修,就可以夺得时间学多一些,学得更好一些。

"不积跬步,无以至千里。"自己已到"而立"之年,又有社会工作和家务,因此,无力全面出击。于是,我就每学年给自己提出一个主要目标,一步一步去攀登学习的高峰。

第一个目标选择了外语,力争一年学完两年课程,参加二年级的免修考试。要达到这个目的,只有增加学习的强度。在词汇积累上,根据自己年龄较大、记忆力不如小年龄同学强的特点,我没有单纯地去背英语单词,而是手脑并用,边抄边默再加上背。这样,其他同学背一遍,我就已弄上三遍,印象就深了。同时,我还找了一些程度相近的英语读物来看,增加生词出现的频率,了解该词在不同的语言环境中的含义,从较浅的《Little Tom》到略深的《The Tale of Two Cities》,先后看了近十本。遇到生词就勤查词典,这样,一回生、二回熟,自然而然就记住了,词汇量也越积越多了。在语法方面,我自学了张道真的《实用英语语法》,并做了近一千道习题。这样,一学年下来,不仅顺利地通过了英语免修考试,而且通过了写作课的免修。在四门其他科目的考试中也获得了"全优"的成绩。第一个目标如期达到了。

第二学年,我准备免修当代文学。要达到这个目标,就得在阅读文学作品的同时,注意提高自己的评论水平。因此,在学习文艺理论课的时候,我就尝试运用所学得的理论去评论一些作品,并主动拿这些文章向老师请教,受益匪浅。我还给自己立下一条规矩:每读完一部文学作品或看完一部电影,都要在日记本上写一段评论。钢越炼越纯,文章也只有在多写多改中求得文情并茂。与此同时,我还和几个同学一起成立了《晨钟》文学社,切磋文学创作与文学评论的有关问题。"伤痕文学"一出来,我们就进行了讨论。《重放的鲜花》还没出来,我就写了一篇重评《组织部新来的年轻人》的文章,得到了同学的好评。这样集思广益,博采众长,对提高自己的观察和分析问题的能力有很大帮助。因此,二年级上学期,我终于以评论夏衍的剧作《考验》的文章获得指导教师的好评,通过了免修当代文学的考试。

部分科目的免修,给自己赢得了时间,有了一定的学习主动权,因此,

我就对自己提出了更高的学习目标。郭沫若同志在五十年代就红专问题给大学生的信中明确提出,大学生的"红"就是社会主义觉悟,"专"就是一技之长。力争学得一技之长,能够一专多能,这就是自己的更高目标,这就需要自己将学习与创造结合起来。我体会到,在知识不多时就直接进入专题研究,并按专题研究的需要选学有关知识,是提高学习效率的好方法。我在中学时代,数理化基础比较好,逻辑思维能力较强;进了大学后,又逐渐对语言科学产生了兴趣。鉴于这一特点,加上学习兴趣,我选择了现代汉语作为自己的专业主攻方向。目标一定,我就围绕这个方向选学有关的内容。从二年级下学期起,陆续看了黎锦熙的《新著国语文法》等现代汉语语法著作;还读了不少语言学理论方面的书,包括工程语言学、社会语言学及当代西方语法学几个主要流派的理论;还自学了第二外语和微积分。这样的知识结构有助于形成分析研究现代汉语有关问题的能力。同时,我十分注意积累资料。卡片随身带,书报杂志上有关的语言现象,电影戏剧及日常生活用语中的语言信息,只要自己接触到,就马上记下来。每隔二三个月,就把卡片整理一遍,分门别类地排起来,便于使用时查找。两年多来,我逐渐积累了十几万字的卡片资料。借助图书馆提供的语言学界的动态资料,在教师的指导下,我开始了"创造"——当然是很粗糙的。写作的时候整日苦思冥想,一遍遍修改誊写,确是比较"苦"的。但是,没有攀登的艰险,哪有到达峰顶的喜悦。在张斌教授等导师的热情指导下,二年级下学期,我写了一篇关于现代汉语语法方面的论文,参加了上海市高校文科学生首届学术论文报告会,还在我院的学报上选登了一段。三年级时,我又先后在汉语语法和汉字改革等方面写了三四篇文章,也得到了教师的好评。四年级,为了迎接毕业,我下决心要写出质量好一些的毕业论文。我花了近一年的时间,去司法机关等部门收集语言资料,并翻阅了日语、英语的有关书籍,前后修改了五六遍,写出了《简论隐语》一文,受到院教务部门的重视,被推荐到我院学报发表。

四年中,我还在《文汇报》、院刊上先后发表了十几篇有关学习方法和思想修养的文章,所学科目的考试成绩基本上都达到了优秀的标准。党和人民也给了自己很大的荣誉。从一九七九年起,我连续三年被评为上海市三好学生,去杭州、庐山、桂林等地参加了高教局和团市委组织的夏

令营活动。这些都使自己坐立不安,感到其实难副,也促使自己胜不骄,败不馁,不断攀登新的高峰。

回顾四年的大学生活,我感到,不断给自己提出新的目标,一步一个脚印地扎实攀登;既要刻苦,又要讲效率,不断寻求适合自己和本学科特点的学习方法。只有这样,才能促使自己在有限的时间里学到更多的知识。

莫学陶令避红尘,要学梅花早报春①

现在个别青年人"看破红尘",这种思想是必须克服的。

何谓"红尘"? 最早在东汉著名的文史学家班固的《西都赋》中用过这个词:"阗城溢郭,旁流百廛,红尘四合,烟云相连"。这里的"红尘"是指闹市的飞尘,形容当时长安的繁华,市集上车来人往,飞尘遮天。后来这个词也用来指繁华热闹的地方,如南朝(陈)文学家徐陵的诗《洛阳道》中所用:"绿柳三月晴,红尘百戏多"。以后,佛家采用这个词来称谓人世间,这是相对于佛家称自己居住的地方为"净土"而言的。《红楼梦》中记载一块顽石的身世中就有这样的诗句:"无才可去补苍天,枉入红尘若许年"。因此,现在的所谓"看破红尘",实际上就是从佛教术语中引申出来的。

人类历史上,确有一些"看破红尘"的人,但那是由当时的历史条件所决定的。晋朝的陶渊明,追求过"桃花源"那样世外乐园的理想;唐朝的大诗人李白美慕过神仙世界、超物之境。他们那种洁身自好,追求自由自在的生活理想,实质是对当时封建黑暗统治的一种抗议,也是对那种门阀制度排挤贤才的猛然抨击。

现在,时代不同了。在全国人民同心协力大搞四化之际,我们再采取那种避世逍遥的态度就不对了。当然个别青年人产生这种思想,是有一些客观原因的。由于过去林彪、"四人帮"的祸害,青年们一旦觉醒,意识到被愚弄以后,确实会出现暂时性消极情绪。或者个别青年在生活的道路上,经历了一定的曲折,也会悲观丧气。但是,这终究不是青年们的主流。写到这里使我想起一位七十多岁的老作家。她长期遭受迫害,又被"四人帮"关进牢房,挫折可谓大矣。可是她说:"我能像有些朋友好心嘱

---

① 《文汇报》,1980 年 2 月 21 日。

咐的那样,不问外事,不说话,浑浑噩噩混日子吗?""我不能这样,我认为看破红尘的人是最自私的"。讲得多么感人啊!

的确,那些厌世逍遥的人,他的处世哲学的核心还是为了自己,是一种狭隘的个人主义。从个人主义出发,当然会对许多事情不满意。一事当前,老是以个人得失决定取舍,怎会不碰壁呢?"苦闷"无非就是个人的得失,而个人的欲望是永远得不到满足的。怎么办?董必武同志曾在《七十自寿》一诗中告知我们:"冲决诸网罗,首要在忘我"。抛弃那个人主义的精神锁链,才能真正克服"看破红尘"的思想羁绊。

说到底,要避红尘是避不了的,正如一个人不能用手拉着自己的头发离开地球一样。人们称现在的青年是思考的一代,青年应该努力学习,树立科学的人生观。莫学陶令避红尘,要学梅花早报春。让我们一起努力吧。

当代大学生的思想变化和发展趋势(节选)①

当代大学生两年来的思想变化和发展主要表现在以下八个方面:

一、进一步认识了加强党的领导的重要性和必要性

二、进一步认清中国走社会主义道路的必然性

三、阶级分析观念逐渐得到了增强

四、对稳定压倒一切有了深刻的认识和体会

五、对社会主义民主和法制有了更深刻的认识

六、对党风和社会风气有了比较全面的认识

七、对国情有了比较清楚的认识

八、对自我的认识和评价日趋客观

历时半年的调查,积累了近200万字的丰富而生动的第一手资料,从中我们比较清晰地看到了当代大学生思想发展的轨迹,得到了许多有益的启示。

一、要从坚持党的基本路线的战略高度充分认识高校思想政治工作的功能

中国青年中为数不多的大学生不仅年轻而且思想活跃,他们无疑将

---

① 中宣部教育局课题组编:《走向成熟——当代大学生的理性透视》,改革出版社,1993年3月,第62-76页。

成为未来国家各个部门,各条战线的骨干。年轻所以不够成熟坚定;身为大学生便处在中西文化交汇的环境中;思想活跃于是容易受到驳杂的影响而不足以甄别;未来的岗位使其成为无法忽视的力量。因此,我们必须正视高校在我国政治生活中的社会地位以及作用。

二、要从上海改革开放的特定环境出发处理好高校与社会的关系

首先是应该加强社会环境的综合治理……其二,必须对思想文化信息的流通加强控制和引导……其三,高校急需重视学生参加社会实践的环节,社会则应该为高校提供良好的社会实践的条件。

三、要根据不同的反应机制全面发挥思想政治教育的作用

在调查中我们看到,导致不同反应机制的因素大体是两类:第一类是思维机制。其一是立场观点的分歧……其二是思维定势的区别。第二类是个性心理特征,这是在个案调查中反映较多的内容。

因此,高校的思想政治教育必须十分注意以下环节(一)衔接。中学与大学……要有效地帮助大学生尽快地、较好地、顺利地渡过适应转折的阶段。(二)导向……学习目标的引导,人生价值的引导,也包括阅读的指导。学校生活的指导。(三)矫正。对于大多数青年学生来说,其进入大学前已形成的反应机制大多是有待于进一步完善的,也就是说在不同程度或不同方面存在不足,需要高校的思想教育工作予以弥补,修正,完善,这就是矫正。(四)个别教育……思想教育更需要加强个别教育环节,即所谓"一把钥匙开一把锁"。

四、要注重大学生政治性行为的研究,改进和加强高校思想政治教育

首先要从整体教育的角度帮助学生解决政治观的问题。其次,要从综合治理的角度创造优良育人环境。教书育人、管理育人、服务育人应当逐渐形成风气。思想教育要同行为管理相结合,逐步达到观念和行为的统一,使思想教育落在实处,收到实效。

坚持服务普教方向　扎实推进师训工作(节选)

一

上海教育学院是1953年12月成立的。当时的上海百废待兴,教育先行,大批工农子女获得上学的机会,学生人数大增。与之相适应的是中

小学教师人数也猛增 2 万多人。这些新教师中有失业知识分子、有机关干部、有家庭妇女,也有大专院校毕业生,程度参差不齐。为帮助他们提高政治觉悟和业务水平,上海市政府决定,成立中学教师进修学院——学院的前身。

学院成立之时,就把"面向中学教学实际,逐步提高"作为办学方针,克服各种困难,建校第二年即开设了 25 个班,比建校时一下子增加了 4 倍多,还招收了 450 名旁听生,这为当时的应急培训、提高教学质量发挥了很好的作用。1960 年 9 月,市中学教师进修学院与市教育行政干部学校、市广播学校、市干部文化学校合并,正式成立了上海教育学院,下辖四个部:教师进修部,负责培训高中、中师的教师,并对区(县)红专学院(校)进行业务指导;师资培训部,负责培训初中新师资;教育行政干部进修部,负责培训中学、中师、中心小学与重点小学的校长与教导主任;干部文化部,负责在职干部的进修学习。

从此,上海普教系统的师训和干训工作又揭开了新的篇章。

二

怎样做好中小学教师的在职培训工作……在职中小学教师中学历未达到规定要求的,应该首先经过相应的进修,尽快达标;其他教师则应通过一定学时的进修,提高自己的政治理论水平和教育教学能力。

回顾上海教育学院自 1978 年复校以来二十年间,在中共上海市委和市政府的领导下,按照市教育行政部门的要求,在这两个方面做了不少工作,为上海的中学教师在职进修作出了应有的贡献。

由于十年动乱对教育事业破坏,严重影响了中小学的师资队伍建设。八十年代初,据有关部门统计,上海的中小学教师队伍中有 67 000 名教师未达到国家规定的文化程度,其数量之巨大约占中小学教师总数的三分之一。我们学院和其他师范院校、区(县)教育学院或教师进修学校一起,经过十几年的努力,使上海高中、初中、小学教师的学历合格率,分别从 1978 年的 40.5%、28.3%、45.3% 提高到 1995 年的 75.43%、85.74%、85.90%。其中,我们学院共培养师资本科生 5 023 人,师资专科生 11 002 人,自学考试本、专科学生 2 699 人。学院还开设了中学行政干部岗位培训基础班、岗位培训进修班和岗位培训研究班,共培训中学行

政干部 2 700 多名。为较快较好地解决学历未达标的余下的初中教师的培训，自 1993 年起，学院采用"三沟通"（自学考试、函授、卫星电视教育学分沟通）的方式对 2 000 余名初中教师实施了学历补偿教育。1994 年始，受市教育行政部门的委托，学院又牵头承担了 10 000 余名小学教师高一学历层次的培训任务。学院真正成为上海市普教系统师训和干训的重要基地。

此外，在市区中学教师学历达标率不断提高的新情况下，根据国家教委《关于加强在职中小学教师培训工作的意见》中所提出的要求：对于已经具有合格学历或胜任教学的教师，要组织他们学习新知识，学习和掌握新的教育理论和教学方法，总结教育、教学经验，不断提高政治、文化和教学水平，并培养一批各学科的带头人和教育、教学的专家。自 1988 年起我们学院又不失时机地对具有大学本、专科学历的中学教师开展职后培训，使在职教师培训工作向既有学历教育，又有继续教育的"双轨制"方向发展。几年以来，成效显著。我院自 1990 年开始承担全市高中教师、初中高级教师和部分小学教师的继续教育任务，并参与制订了上海市中小学教师职务培训方案。在深入中学调查研究的基础上，我院力求全方位为基础教育服务，坚持多层次、多规格、多形式、多渠道办学的方式，先后开办了 54 个中学高级教师职务培训班，156 个中学一级教师职务培训班，48 个中学二级教师职务培训班，还开办了 144 个综合班、14 个单科班、15 个中学青年骨干教师教学研究班，使受训教师人数达到 12 500 多人。期间，我院共设计了 390 多门职务培训课程，编写了 159 种教材和讲义。经过 5 年的艰苦努力，我院终于完成了上海市普教系统第一轮在职教师职务培训任务。现在，在第二轮教师职培的过程中，我院又根据上级党委和教育主管部门的要求，正式启动"中学骨干教师培训工程"，与区（县）合作对中学的现职骨干教师进行系统培训，更新教育观念，培养科学思想方法，提高独立进行科研的能力，提高课堂教学能力，掌握现代教育手段，追踪国内外学科教学最新动态的方法。力争再经过 5 年的努力，为上海市普教系统培养出 50 名各学科教育中的名牌教师和 10 名在全国有影响的名牌校长。

三

要想更好地完成市政府教育主管部门交给我们的基础教育师资培训

和中学校长培训任务,必须深化改革,加强管理,不断提高我们自身的办学质量和效益。复校以来的 20 年间,我们进行了积极的探索和有益的尝试,取得了一定的成绩。

为了适应中小学教师继续教育逐步从学历补偿教育过渡到职务培训的需要,我院首先抓了教育教学改革。八十年代中后期起,学院组织以各系主任为首的调查组陆续深入中学进行广泛的调查,并与各区(县)教师进修院校开展合作科研,以确定师训的总体方案、教学计划和课程安排。在此基础上,学院进一步明确了"熟悉普教、研究普教、服务普教"的办学宗旨和为中小学课程教材改革与师资队伍建设服务的办学定位,进一步巩固以基础教育师训、干训为主,以职业技术教育和其他各类面向社会办学为辅的办学格局。学院陆续开出了数百门适应中小学教师职务培训的新课,还在一些边远的村镇开设教学点,主动送教下乡,深受中小学教师的欢迎。

其次,我院认真抓了管理改革。在积极试点的基础上,我院制订了配套的规章制度,全面推行以"满负荷工作、择优竞争上岗、双向聘任"为原则的核编聘任工作,党政职能部门精简了人员 20%,各教学业务部门实现了定编要求,还成立了院人才开发与交流中心,稳妥地进行了人员的分流与安置。职工有岗位责任制,教师有工作规范和教学工作量制度,并实行了新的分配制度,使教职工的收入与工作的质和量紧密挂钩。通过这一系列的措施,我院的师生比达到了 1∶11。教职工的工作积极性得到了提高,从而带动了工作效率和办学质量的提高。

再次,学院积极抓了师资队伍建设。要胜任我院所承担的繁忙的教学任务,必须有一支素质好、业务精的师资队伍。我们除了组织他们学习教育理论,帮助有关教师进行研究生学历培训和教学能力培训以外,重点抓了学科梯队建设。我院先后选拔了二十几位教师确定为学科带头人或中青年骨干教师,为他们规定工作目标,并制订相应的培养措施,在进修提高与物质分配等方面给以一定的倾斜,力求在 20 世纪末能有一批中青年教师脱颖而出。不仅如此,我院还明确提出了建设"两代师表"的口号。……我院的学生都是中小学的在职教师,而作为培训教师的教师更应该率先垂范,为人师表。近年来,我们组织了教师认真学习邓小平理论,组

113

织教师参观上海改革开放以来在社会主义物质文明和精神文明建设中取得的丰硕成果,积极开展了"上教人形象"的大讨论,摸索制订我院教师的行为规范。同时,我们还尝试发掘我院教书育人的先进典型,组织演讲、报告等宣传活动,力求使敬业爱生的师德要求逐渐成为我院教师的自觉行动。

四

在邓小平理论的指导下,1982年国务院批转的教育部《关于加强教育学院建设若干问题的暂行规定》成为全国教育学院和教师进修学校建设与发展的里程碑。正是在这《规定》的指导下,我院的建设有了正规的、全面的发展与提高。现在,以江泽民同志为核心的党中央又十分重视教育,重视师资队伍建设。江泽民同志曾十分明确地提出:所有的教师特别是青年教师,都要自觉地加强马克思主义的思想、理论、政治和道德修养,教书教得好,育人育得好,才是一个合格的优秀的人民教师,才是一个名符其实的人类灵魂工程师。1996年下半年,全国师范教育工作会议召开,又为中小学教师的培训工作提出了面向21世纪的明确奋斗目标。我们将在中共上海市委和上海市人民政府的领导下,高举邓小平理论伟大的旗帜,认真落实全国师范教育工作会议的精神,继续坚持"熟悉普教、研究普教、服务普教"的方向,以更饱满的精神,更扎实的工作,促进中小学的师训和干训工作向深入发展。

在"博物馆与城市发展"高层论坛的发言

我校的博物馆不仅对本校的学生开放,同时还向全社会开放,是上海市青少年科普教育基地之一。每年有大量的中小学生前来参观学习,是深受中小学生喜爱的科普教育场所。

除中小学生以外,我校每年还接受大量的市民来博物馆参观。我校地处上海市的杨浦区,是一个偏东的老工业城区。由于历史的原因,地域中博物馆很少,而实际上老工业区域中,蕴藏的历史积累特别多。最近,在区政府和部门的支持下,杨浦区建立了一些区域性的专业博物馆,如烟草、电业、自来水等博物馆。同时,杨浦区又是近代上海水产业发展较早的地区。我校的博物馆,在反映历史文化上也结合所在地域的文化,增加了与地域市民的亲切感,因此深受地域市民的喜爱。

我校和国际上的交流也比较多。来访的国际友人、专家、学者特别

多。来访的人员都喜欢参观我们的博物馆。我校也把参观学校博物馆作为各种交流、国际会议和培训的一项主要内容。向国际上展示我校的学科内容、研究成果和学校的历史,对增加国际上了解我国海洋水产事业的历史和发展、提升我国海洋水产及我校在国际上的知名度起到了推动作用。

博物馆在国民教育中的作用是非常重要的。现在知识经济的概念深入人心,国民对知识的获得,参观博物馆是获得知识的一个来源。所以世界上很多发达国家都十分重视博物馆的建设,如欧洲和日本,他们的国民去博物馆参观、鉴赏、学习的习惯已经养成,已经成为生活的一个组成部分。除了国家博物馆,还有大量的地区和乡村博物馆。这些博物馆的存在,便利了地域民众的参观学习,为国民提供了各种交流和学习的机会。这类博物馆因为有地方和专业特色,对国民的地方文化和特色文化的交流、增强地域居民的文化自信和品味、发展地方经济都起到了重要作用。

我校在建立博物馆的同时,向所在地政府提出了开办市民教育讲座的建议并得到采纳。至今,我们已向所在地的中学和社区派出了相关教师,担当客座教授,向他们讲授和宣传相关的专业知识,取得了很好的评价。特别是有关食品安全、观赏鱼内容的讲座,还在上海市的主要报纸杂志发表,影响波及全市。

由于我们的博物馆展示的内容和以此为基础的讲座内容比较接近市民,又由于离地域市民较近,所以市民都积极参加。因此,学校博物馆在国民教育中发挥的作用是国家博物馆的补充,其作用不可忽视。所以我校在经费紧缺的情况下,仍自筹1 000多万元的资金建成了博物馆的系列展示厅,其目的就是希望以此来增进同市民的交流,担负起学校在国民教育和社会服务中的责任。①

树立健康第一的理念　积极推进学校体育工作

高等学校的首要任务是培养人才,为国家培养合格的社会主义事业建设者和可靠的接班人。这里讲的合格,除了指政治品质和学业知识上的合格,更包括身体上合格,使我们的毕业生能胜任各种岗位对知识和身

---

① 《博物馆与城市发展—中外博物馆馆长高层论坛论文集》,第115页。

体素质的要求,在各自的岗位上健康愉快地工作。因此,推进阳光体育活动,增强学生身体素质显得非常必要。

一、明确要求,树立"健康第一"的理念

最近,中共中央、国务院要求开展全国亿万学生阳光体育运动。当我们看到每年新生入学的室外典礼上总有人体力不支而晕倒,了解到有些学生因体质和心理问题不能继续学业的时候,我们就更加强烈地感到,必须认真落实"两个一"即坚持树立"健康第一"的指导思想和落实学生每天一小时体育活动的要求,推进阳光体育活动,把增强学生体质作为学校教育的基本目标之一。

1. 要明确提高教育教学质量包括提高学生体质

在强调教学为中心,提高教学质量是学校的永恒主题时,校院领导包括教师和学生或多或少都存在重智育轻德育轻体育的情况。现在,由于各级党组织的重视,学校德育工作普遍得到加强,但体育重视不够。其实,学生体质是智育德育的载体,有了强壮的体质,学生的聪明才智可以得到充分的发挥,学习任务可以更好地完成。我们常说,德育不好要出废品,同样,体育不好要出次品,而且是未成品。因此,在加强高校内涵建设、提高教育质量时应包括提高学生的体质。

2. 要明确培养高素质人才中身体和心理素质是根基

《中国教育改革和发展纲要》中指出"世界范围的经济竞争、综合国力的竞争,实质上是科学技术的竞争和民族素质的竞争"。身体素质是民族素质的重要构成部分。尽管随着科技的发展,民族之间面对面的搏击少了,但是,"东亚病夫"的耻辱我们是绝不应该忘记的。现在,我们讲身体素质还包括心理健康。以我校为例,每年有约千分之一,即十几个学生因患抑郁症或精神分裂症而退学或休学,还有些轻微的或心理有些障碍的仍在校继续学习。除了依托心理健康中心,我校体育部正在拟订举办"运动治疗活动"方案。有了健康的体魄和心理,我们才能培养出高素质的人才。

3. 要明确培养学生树立终身体育的观念

历史上,上海水产大学的水球队、赛艇队曾有过辉煌的战绩,多次代表上海市参加全国比赛,学校具有重视体育活动的传统,并为国家培养了

一批体育人才。如,原国家体育总局的副局长、全国政协委员张发强、原国家赛艇队主教练陈士麟都是我校校友,他们就非常感谢学校体育活动使他们养成的体锻习惯,终身受益。

二、采取措施,积极推进阳光体育活动

1. 加强领导,学校领导班子重视体育

学校成立体育工作领导小组,加强对体育工作的领导。去年,在市教委统一领导下,学校在全校范围内广泛开展师生体育大联赛活动,取得了很大成功,并荣获2006年上海市体育大联赛"校长杯"。学校领导班子不仅重视体育工作,更积极参与体育活动,现在学校加强体育工作的举措在校领导班子中很容易形成共识,因为班子成员通过参加体育锻炼,身体状况和精神状态都明显改善了。今后学校将进一步按照党中央、国务院的要求,在师生中开展好阳光体育活动。

2. 引导改革,满足所有学生的体锻需要

学校积极推进体育教学改革,不断加强体育课程管理,并把学生参与课外体育活动与课堂体育教学活动统一管理,统筹协调,综合考评。学校为每个同学都发放了体育活动卡,这张卡就是学生参与课外体育活动的档案卡。同时,学校鼓励教师积极参与体育课程改革,探索体育课堂教学与体育社团、体育运动队、体育俱乐部活动有机结合的教学模式,开展灵活多样的教学方式,既调动了教师的积极性,又满足学生兴趣与需求。同时,学校除拥有田径队外,还恢复建立了赛艇,组建了手球队等高水平专业运动队,以专业运动队的建设带动和提升学校整体体育教学工作的水平。

3. 设岗聘任,充分调动体育教师积极性

体育教师队伍是加强体育工作的基本力量,因此,体育教师的积极性非常重要。在学校人事综合改革中,学校按照体育教学的要求,在体育教师中,设置了从高级到初级的全系列专业技术岗位,并聘任了1名体育教授,4名副教授,这在历史上是从来没有的。通过改革,体育教师的积极性极大提高,也就为推进学校体育工作发展,为开展好阳光体育活动创造了良好的条件。

4. 保证经费,从实力上支持体育工作

尽管学校的事业经费很紧张,但是,每年的体育部的预算是保证的,

即使是临时要求增拨经费,学校也会给予支持,如我校去年刚成立手球队,一成立就要去香港参加比赛,学校就拨了10万元专款,保障队伍的训练和参赛。同时学校还积极改善和添置体育活动设施,为学生开展体育活动创造良好的条件和环境。

阳光体育活动是体育教学活动的重要内容。从终身教育的角度看,高校体育教育确实是学校体育与社会体育的衔接点。在增强学生体质时,我们不光是锻炼学生的身体,教会学生某种运动项目技术,还要看到,通过参与体育活动,可以磨炼学生的意志,锻炼学生的毅力,培养学生的体育意识和良好的锻炼习惯,掌握科学锻炼身体的理论和方法。如果越来越多的大学生和年轻人把每天的体育活动视作吃饭、睡觉一样不可或缺,那我们的教育就成功了。

关于巡视工作的思考

一、现阶段建立巡视制度的必要性(没有尚方宝剑的钦差)

(一)中国长期的集中统治体制催生了钦差大臣的巡视

中国自公元前221年秦始皇统一华夏以后的2 000多年时间里,除了短暂的诸侯割据、列国对峙,绝大多数是君主集中统一治理的体制。尽管朝代不断更替,这个体制基本没有发生大的变化。为了确保君令畅通,加强对地方官吏的监督,秦时就在中央设立了监察机构——御史大夫府,在地方则由御史大夫府派出监御史作为常设官员,负责对郡县官吏的监察。到了汉朝,又把"天下分做十三部",派出刺史,"以六条督察所部",包括田宅逾制、侵渔百姓、任刑任赏、蔽贤宠顽、请托所监、阿附豪强等内容(详见吕思勉著《白话本国史》第159-160页)。隋唐时期,巡察制度进一步完善。全国各地划分为若干个(10~40个)道,每道设监察御史一人,专巡州县,以加强监督。宋朝沿袭唐制,由中央派遣转运史、观察史、按察史、通判等兼任监督地方的职务,而且可以"风闻言事",言错不问罪,不言者要受罚。到了明清时代,都察院的权利得到加强,先后设立了左右都御史、左右副都御史、左右佥都御史及十三道监察御史来管理和监督。这些官员进行巡按、巡监、巡漕等职责,都由中央政府委权。尤其是巡按御史,代天子巡守,权最重(见上书第463页)。这些钦差大臣直接对皇帝负责,对严肃政令、治理贪腐都发挥了较大的

作用。

（二）中共初创时期曾经萌芽的巡视指导方式

中国共产党从建党之初以及革命战争年代就已经开始了对建立党内巡视制度的探索。1921年至1927年是中共"从研究的小团体到群众的政党"的重要转型期，随着党员人数的增加，为加强对各地革命工作的指导，党的二大就明确要建立特派员制度。1925年10月，党的第四届中央执行委员会决定设立"中央特派巡行的指导员"。"八七会议"上又正式明确指出，"应当开始建立各级党部的巡视指导制度"。1931年5月，党中央专门制定了指导巡视工作的文件《中央巡视条例》，就中央巡视员的推荐、基本任务、工作方法、职权、教育和纪律等方面做出了具体规定。但是，当时的环境、党的任务和所处的地位都不可能使这一制度更好地完善并在全党推广和实施。

（三）集中管理的执政方式带来的效率与问题

中国共产党执掌政权以后，长期实行的是计划经济，因此，集中统一管理的方式发挥了很好的作用。权力是把"双刃剑"，我们可以使用权力、合理调配资源，推进经济建设和社会发展，为老百姓谋利益；我们也可以利用权力去谋小团体或个人的私利，从而滋生腐败，最终导致政权的更替。为了避免出现所谓的"周期律"，中共中央在进城之前就提出了"两个务必"的要求，以后又采取过很多反腐的行动。但是，随着中共执政的时间越来越长，威信越来越高，监督和制约却越来越少。这是很危险的。人们常说，现在是上级党委监督缺失、同级党委（纪委）监督不力、民主党派监督不了、人民群众监督不畅。尤其是面临全面实施社会主义市场经济体制，我们那种集中管理的模式，有"能够集中力量办大事的优势"（邓小平语），能够推动国家经济建设和社会发展几年上一个台阶，能够保持一定的速度和效率；但是，缺乏制约的权力在市场经济的环境中极易滋生出腐败的毒芽，近十年腐败分子"前赴后继"的形象就是沉痛的教训。

（四）反腐倡廉的形势给党内监督提出了新要求

党的十一届三中全会以后，我们党把恢复建立巡视制度摆上了议事日程，尤其是党的十六大报告明确指出，要"改革和完善党的纪律检查体制，建立和完善巡视制度"。2003年，在对党内监督制度不断探索、不断

认识、不断积累经验的基础上,中央颁布实施了《中国共产党党内监督条例(试行)》,以党内法规的形式将巡视制度作为党内监督的十项制度之一确定下来。2007年,党的十七大将巡视制度写入了党章,这是我们党第一次在党的根本大法中规定巡视制度,进一步确立了巡视制度在党的政治生活中的重要地位。2009年,中央先后作出颁布实施《中国共产党巡视工作条例(试行)》(以下简称《条例》)、成立中央巡视工作领导小组和巡视机构更名等重要举措部署(原来叫中央纪委、中央组织部巡视组,现变更为中央巡视组),同年,还相继出台了《中央巡视工作领导小组工作规则》等多项制度规定,这些都充分体现了中央对巡视工作的高度重视和进一步加强巡视工作的坚定决心,标志着巡视工作进一步制度化、规范化。在不久前刚刚闭幕的党的十八大上,胡锦涛同志代表党中央再次强调,"反腐倡廉必须常抓不懈,拒腐防变必须警钟长鸣",要"坚持标本兼治、综合治理、惩防并举、注重预防方针,全面推进惩治和预防腐败体系建设""更好发挥巡视制度监督作用"。做好巡视工作对于加强党内监督、推进惩防体系建设确是十分有效的手段之一。

这些年的实践证明,巡视工作作为党内监督工作的重要组成部分,是上级党组织对下级党组织领导班子及其成员特别是主要领导干部进行监督的有效形式,对于加强领导班子和干部队伍建设,推动中央和市委各项重大决策部署的贯彻执行,促进党风廉政建设和反腐败斗争的深入开展,提高党组织的战斗力发挥了十分重要的作用。巡视工作它本身具有制度优势。它是一种上级组织对下级组织的监督,具有权威性和制衡性;是一种外部监督,具有客观性和超脱性;是一种综合监督,具有针对性和灵活性。

从这几年直接参与上海市巡视工作的实践来看,通过巡视挖出的腐败分子确实很少,移交的反腐线索也不多,但是,巡视工作的成效是明显的。被巡视单位中发现的在科学发展、民主集中、党风廉政、作风建设、干部选任等五个方面存在的问题,不同程度地引起了上级党委和有关部门的重视,推进了整改,不同程度地推动了被巡视单位的改革与发展。市委主要领导多次听取汇报,并在巡视报告上作出批示。更重要的是,巡视给党员领导干部提了个醒,让他们感到,在日常工作和生活中必须常怀敬畏

之心。古人曾说,"君子有三畏,畏天命,畏大人,畏圣人之言"。现在,我们的一些同志在不同的领导岗位工作,享有人民赋予的不同的权力。需要有一种自觉的约束。中共中央政治局委员、上海市委书记韩正同志多次表示,任何缺乏监督和制约的权力都容易导致腐败。我们的权力来自人民,必须受到人民最严格的监督。我们要常怀敬畏之心,敬畏法律、敬畏组织、敬畏人民、敬畏舆论。

敬畏体现的是一种为官态度与为人境界。作为一名领导干部,如果没有敬畏之心,习惯于得意忘形、忘乎所以,不把群众放在眼里、置党纪国法于不顾,就会"搬起石头砸自己的脚"。韩正同志提出"四个敬畏"的观点,意在要求领导干部正确对待法律、正确对待组织、正确对待人民、正确对待舆论,折射出一种为官从政的警醒和担当。

心有敬畏,行有所止。"四个敬畏"的提出,就是要求领导干部遵守为官底线,严守法纪红线,筑牢拒腐防变的思想防线,常思贪欲之害,常除非份之想,常怀律己之心,做到警钟长鸣,防微杜渐,严守党纪国法,自觉做到秉公用权、依法用权、廉洁用权,恭恭敬敬当好人民公仆。巡视就是让领导干部能够常怀敬畏之心,起到提醒和监督作用。

我有一些日本朋友,他们不理解我们的巡视工作是干什么的。我就借用他们的话语作了说明。日本在战后曾经把他们学校教育培养的目标简括为培养"不带剑的武士"(Samurai, without sword),我向他们说明,巡视就是没有尚方宝剑的钦差(Imperial envoy, without imperial sword)。我们就是按照中央和市委的要求对下一级党组织及其负责人进行监督检查,但是我们不承办具体案件、不处理具体人员,办案捕人的事情是纪检和司法部门去做的。

综上所述,根据目前反腐倡廉的形势,从党要管党、从严治党的原则出发,结合历史上加强监督的成功经验,现阶段积极推进并完善巡视制度是完全必要的。

二、开展巡视工作的主要环节(知彼知己,百战不殆)

(一)学习和培训,包括预先做功课

巡视是一项政策性强、要求又高的监督工作,因此,下去巡视之前要组织工作人员开展培训,学习中央和市委的有关文件,尤其是要认真学习

并掌握2009年以来中央和市委下发的一系列关于巡视工作的文件，要反复学习，融会贯通，让这些文件成为案头必备的工具书之一，自觉指导我们的巡视工作。同时，对于巡视监督的五方面内容，相关文件也要了解，这些都有助于我们更好地去发现问题，区分是与非的政策界限。

我们常说，"凡事预则立，不预则废"。在进驻被巡视单位之前，还有两件事情是必须预先要做的，这就是我们说的"预"：一是请市委组织部、市纪委、市信访办、审计局等部门介绍被巡视单位领导班子的情况，已经存在或发现的主要问题，需要巡视组下去关注的若干问题等；二是巡视组成员利用现代信息技术，尽可能多地收集被巡视单位的情况，增加了解近几年的情况和发展。在这个过程中，要注意巡视对象不同所带来的差异。从这些年的情况看，我们去巡视的单位，首要的是各区（县）和市各部、委、办、局。对于他们来说，很重要的就是是否认真贯彻中央和市委的决策部署，推进本地区或本部门的科学发展；是否关注民生，解决本地区或本部门群众反映强烈的突出问题；是否廉洁自律，认真落实党风廉政建设责任制；是否规范干部选任程序，杜绝"跑官、卖官"等现象。因此，在收集资料时要在这些方面更多地加以关注。另外，上海是国有企业比较多的城市，光是市管的大型国企就有数十家。企业是指从事生产、流通、服务等经济活动，以生产或服务满足社会需要，实行自主经营、独立核算、依法设立的一种盈利性的经济组织。追求利润的最大化或者说追本逐利是企业的固有特征。国有企业除了国资保值增值的任务外，还应该承担相应的社会责任。这些特征是与党政机关完全不同的。因此我们在巡视中，应该联系企业的实际，更多地关注企业的运行管理、经营利润、体制改革、发展后劲等方面的情况，从中发现企业在推进科学发展、企业高管选任以及廉洁自律建设中存在的问题。由于各个企业的历史沿革、行业类别、经济效益、企业文化的不同，要求我们在巡视过程中，必须实事求是，具体情况具体分析，决不能搞"一刀切"。还有，从去年开始，又把市属高校纳入了巡视范围，他们的情况又不一样。上海高校的领导班子总体情况是好的，学历高，职称高，民主气氛较好；校级领导书生气较浓，管理经验往往不足；在市场经济的大潮中，在"全民经商"的影响下，陆续发生过一些问题：有些高校的校级领导发生过贪腐的问题，处级干部则更多些。客观上来分

析,目前高校还是"卖方市场"、可支配经费大幅上升、校园"硬件"不断增加,权钱交易的情况还会出现;而从主观上来看,清高、不为五斗米折腰的中国老知识分子的特征基本不存在了,其中有些人会挡不住诱惑。这些情况尽管涉及面不大,但负面影响很大。而高校中大量反映出来的还是科学发展、班子和谐、关心师生、选人育人等方面的问题。因此,去高校巡视须关注,坚持社会主义办学方向问题,这是中央的要求,是高等学校的特殊地位决定的。在各种思潮的影响(列宁语:社会上有多少思潮,高等学校就有多少反应)下,主流意识形态占领讲台仍是不能忽视的问题。还有就是贯彻好党委领导下的校长负责制的问题,这是高等教育法规定的,但在实际工作中,缺乏明确的可操作的权限界定细则。哥俩好、性格互补,和谐相处;否则,总有些不和谐问题发生。总之,如果我们根据不同的对象事先做好了功课,就能收到事半功倍的成效。

(二)动员和访谈,包括注意找线索

进驻被巡视单位以后,马上就要召开动员大会。在组长的动员报告中,不仅要讲清巡视工作的意义和工作步骤,更要注意讲清巡视监督的内容。因此,不能光是照本宣科,还要能够结合被巡视单位的实际、就可能发生的一些问题做一些陈述。这时候,每个巡视组事先"做功课"的深度与广度就充分显现出来了。从过去几年的工作实践来看,动员报告讲到这里往往是与会者注意力最集中的时候,也是听讲和笔记最认真的时候。

谈话是巡视工作九种方式中使用得最多的一种方式,也是查找和发现问题的主要手段。但是,现在的社会已经不是"阶级斗争为纲"的年代了,人与人之间一团和气的自由主义盛行,"明知不对,少说为佳;事不关己,高高挂起"。另外,怕打击报复的顾虑也很多——毕竟要反映的对象都是本单位的领导,包括主要领导。因此,要让谈话对象能够把心里的想法,尤其是把问题大胆地谈出来,确实需要我们事先认真思考,包括讲究谈话时的各个细节,其中就有很多方式方法可以去探索、创新。正如毛泽东同志所说:"在这里,工作方法的问题,就严重地摆在我们的面前。我们不但要提出任务,而且要解决完成任务的方法问题。我们的任务是过河,但是没有桥或没有船就不能过。不解决桥或船的问题,过河就是一句空话。不解决方法问题,任务也只是瞎说一顿。"他形象地用过河时"桥"

和"船"的作用来比喻注意工作方法的重要。我们在谈话时讲究方式方法，就能打消受访者的顾虑，尽量把问题反映出来。

归纳起来，大致有以下一些值得深究的方法。

1. 预习。谈话之前尽量熟悉被巡视单位领导班子的情况，以及该单位改革与发展的情况，从中寻找可以深入了解的问题与线索；同时，对被访者的情况也要有所了解，这样，便于较快地切入主题。

2. 氛围。谈话时要尽量营造比较宽松的气氛，要从座位选择开始，双方的双眼要处于平视的位置，孰高孰低都会产生压抑感；另外，耳听手记中还要不时插话、适时发问，保持一种平等待人的姿态，减少对方心理上的压力。

3. 提问。要避免随意发问，注意提些能引起被访谈者兴趣的问题。态度要诚恳，口气要谦和。

4. 避讳。被巡视单位中难免存在一些复杂的人脉关系，我们要尽量避免引用访谈过成员的孤证内容，以免造成不必要的矛盾。

5. 放松。如果被访谈者一上来就比较拘谨，可以提议对方先喝水，或谈些个人经历或者拉拉家常等比较随和的内容，然后再切入主题。

6. 矜持。在谈话时，如果对方谈到所谓的"有价值"、"感兴趣"的内容，不要在脸上流露出过分的表情或者明显兴奋的姿态，以免引起不必要的揣度或猜测。

7. 坐姿。谈话时，上身保持略微前倾的姿势，便于更注意地倾听对方说话，始终要保持对对方谈话的浓厚兴趣。

8. 导引。在谈话过程中，难免会出现偏离主题的情况，需要适当加以引导，提出一些话题，使访谈更有成效。

9. 标记。在记录的时候脑中要经常思索主题，对有关的内容及时加些记号，这样，事后看时容易抓住重点和要点。

10. 梳理。访谈结束以后要及时加以整理，把问题找出以后进行必要的归类，还可以运用信息技术的手段进行登录，做到一目了然。

以上这些方式方法，仅仅是很多人在运用中感到有用的实录或者说是个总结，在个别谈话的实践中仍然可以继续去探索和创新。值得重视并注意的原则是一定要形成双方的互动，让对方增加信任感，打消一些顾

虑,主动把所思所想讲出来。

方法是手段,谈问题是目的。这是形式和内容的关系。过分注重形式,会变成形式主义;但是,适当注意或讲究形式,是有益于内容的显现的。

(三)座谈和查阅,包括专题看实情

为了比较全面地了解被巡视单位的情况,需要召开一些座谈会,听取不同职级、不同类别、男女老少等各个方面的声音。为了提高座谈会的成效,以下几点是必须注意的:

1. 安民告示。参加会议的人员事先必须拿到巡视组发的通知,并预作准备;主持座谈会的人则须对与会者事先有些了解;

2. 控制人数。为了让参加会议的人员都有发表意见的机会,同时对大家感兴趣的内容便于展开讨论,每个座谈会的人数以6~8人为宜;

3. 善于引导。毛泽东同志早就提出:"主席指导会议要采用很好的技术,要引导群众的讨论奔赴某一问题;但有重要意义的超出题外的发展,不但不要大煞风景地去喝止他,而且要珍重地捉住这一发展的要点,介绍给大众,成立新的议题。这样会议才有生趣,问题才能得到真正的解决,同时会议也才真正实现了教育的意义"(《毛泽东文集》第一卷,第92页);

4. 口问手记。毛泽东同志说:"调查不光要自己当主席,……而且要自己做记录,把调查的结果记下来。假手于人是不行的"(《反对本本主义》,《毛泽东选集》第一卷,第118页)。为体现对发言者的重视和尊重,有时哪怕发言者没有什么新的内容,也要把他说的要点记录下来。

此外,要认真查阅有关资料,包括近两年被巡视单位的信访件、案件处理材料、提任干部的办件材料、审计报告及整改资料等等,注意从字里行间、细枝末节中发现问题并推动解决问题。这些年在巡视中发现的有些单位治党不严、监督不力、用人失范等问题,不少就是在查阅资料中发现的。

还有,实地调研与考察是完全必要的。我们常说,党员领导干部不光要说得好,更要做得好。到基层一线去看看,可以增加不少感性认识,也可以增加对工作实绩与存在问题的深入理解。我们在区县巡视的时候,

对于失地失房农民的痛苦与烦恼,都是在实地察看以后才有了切肤之感受,从而推动解决群众反映强烈的动迁安居问题的力度进一步得到加强。

(四)梳理和聚焦,包括交流听辩解

我们在巡视中发现的问题,必须在巡视报告里反映出来,这样才利于推动解决问题。巡视报告是反映巡视工作情况和成果的重要载体。在撰写过程中,要注意反复学习有关文件,包括中央和市委巡视办先后提供的巡视报告、巡视回访报告、巡视反馈报告、对被巡视单位领导班子的评价报告等写作格式,力求按要求提供高质量的报告。以下一些做法是比较有效的:

1. 将收集到的数百条意见分工整理成文,然后经组务会议多次讨论,形成篇幅较长的文字稿,力求把访谈、座谈和实地调研中听到看到的意见和问题尽量梳理进去。

2. 要将这些意见原汁原味地与被巡视单位主要领导交流一次,哪怕比较刺耳,只要不是讽刺挖苦或恶意中伤,都尽量让对方知道。一些领导反映,很长时间没有听到这么尖锐而中肯的批评意见了。这几年的实践证明,这个做法对于被巡视单位改进作风、解决问题都有较大的帮助。

3. 要聚焦到有事实、有观点、有分析的几个主要问题上,反复讨论,原则问题不让步、细小问题不纠缠,并将巡视报告初稿与被巡视单位主要领导再交流一次,为完成报告、推进整改做好准备。我们在这里说的原则问题,主要是指被巡视单位有没有对中央或市委的决策部署不执行或阳奉阴违的情况,有没有违法乱纪、贪污腐败的情况,有没有"跑官卖官"或违规提拔干部的情况,如果有这些情况或问题,不论被巡视单位如何解释,都必须在巡视报告中反映出来。如果没有这些情况,其他要求被巡视单位整改的问题,在措词和提法上都是可以商量的。在此基础上,文字语句逐一推敲,意见建议反复斟酌。我们要有这种严肃认真、一丝不苟的作风,才能使巡视报告质量逐年提高。

4. 仔细研读巡视报告。朱熹有句名言:"读书千遍,其义自见"。中国语言的抑扬顿挫使得很多好文章不仅看上去很美,而且读起来也非常动听。巡视报告写完以后,不妨大声朗读几遍,在读的过程中会对遣词造句、文法句读产生一些新的想法,从而进一步对文稿进行润饰和完善,精

益求精,使巡视报告经得起检验。

反馈是发挥巡视工作成效的重要环节。在反馈时,要注意做到:讲问题不留情面、直奔主题,提建议切合实际、有所帮助,态度上诚心诚意、与人为善。

发现问题、并推动解决问题是巡视工作的主要宗旨。因此,我们还要十分注意及时报告重要情况。凡是反映被巡视单位中市管干部涉及违规违纪的意见或问题,都应该专门列出,组务会专门讨论,有些情况及时写成专题报告,便于市委和有关部门掌握全局、深入了解干部,推进反腐倡廉和从严治党。

根据市委的要求,一个巡视组每年都要巡视四到五个单位,这就好比进行四五场战役。因此,这里用得上老祖宗的格言:"知彼知己,百战不殆;不知彼而知己,一胜一负;不知彼,不知己,每战必殆"。只要我们抓住了上述几个环节,做好充分准备,就能够完成市委交办的任务,把巡视工作真正做好。

三、做好巡视工作的重要保障(世界上怕就怕认真二字,共产党就最讲认真)

(一)组长应该有"一把手"的工作经验。

《条例》规定,巡视组的工作实行组长负责制,并对组长负责制的内容提出了具体要求。这就需要非常重视选好配好巡视组的组长。从2004年以来,中纪委、中组部的领导在关于巡视工作的多次讲话中提到,要"选拔那些政治坚定、公道正派、坚持原则、经验丰富、精神状态好的同志担任巡视组组长"(2009年12月18日贺国强同志讲话)。巡视工作的有关文件中也明确,中央巡视组组长要从刚退下来的正省(部)级干部中选任,省(市)巡视组组长由正局职干部担任。由于上海的特殊情况,有些正局职干部没有担任过"一把手"。从这些年巡视工作的实践情况来看,有"一把手"工作经验的组长对于发现问题和推动解决问题有明显的优势:

1. 把握全局的能力强一些,因为有过"一把手"经历,对问题的分析与判断能够把握一个"度",有利于准确做好总体评价和问题提出;

2. 便于"换位思考",从而增加发现问题的角度和深度;

3. 便于帮助被巡视单位分析查找问题产生的主客观原因。

因此,同样是正局职的干部,如果有"一把手"的经历,其他条件也都具备,挑选这些同志担任巡视组组长是更合适的。

(二)巡视干部队伍建设的迫切性。

认真学习近十年来中央领导关于巡视工作的重要讲话和中央、市委下发的一系列关于巡视工作的文件,可以非常清晰地看到一条主线,那就是要做好巡视工作、必须十分重视做好巡视工作队伍的建设。

1. 来源还可拓展。《条例》中第三十三条提出了四种方式:组织选调、公开选拔、竞争上岗、单位推荐,我们应该可以采纳。尤其是公选,有利于按照条件来选择更合适的工作人员。我们还可以对巡视工作人员的心理素质要求作些探讨。《条例》第三十二条提出的五条主要是政治上和能力上的要求,心理素质上的要求至少要两条(心理健康以外):对数据、信息等是比较敏感的,也就是说,大大咧咧、马马虎虎是不行的,因为我们需要在众多的数据、信息中查找问题、发现问题;善于并乐于与人"打交道",也就是说,比较内向、不善表达是不合适的,因为巡视工作就是需要与人"打交道"的。

2. 管理还可细化。我们的队伍如何,直接关系到对巡视工作的评价。打铁先要自身硬,因此,我们总想按照"十不"的要求严格管理这支队伍。但是,有些事情很细小,却又往往会产生一定的影响。例如,吃饭问题,在被巡视单位吃工作午餐,早饭和晚餐怎么把握?尽管交通便捷了,到郊区单位的巡视该如何确定是否住宿?细节决定成败。上述类似问题的处理意见明确了,各组共同把握好,有利于维护巡视组的形象。

3. 人员要有交流。《条例》第三十三条规定,巡视工作人员应当按照规定进行轮岗交流。《中央巡视组工作规则》指出,(组长负责)提出人员选配、晋升、交流……的建议。巡视工作需要每个成员都能够保持一种旺盛、积极向上的精神状态,如果较长时间在一个组或者一个岗位工作,会影响一个人的工作激情。我们还是应该有所规定,交流对工作和干部都是有益的。现在,已经有同志在巡视岗位工作超过 5 年了,应该考虑交流了。原则上,巡视组成员在一个组内工作的时间不要超过 3 年,超过的应该在组与组之间进行交流;从事巡视工作的时间不要超过 5 年,超过的必须转岗。

4. 发展要有措施。巡视工作是加强党内监督的重要工作,也是锻

炼、培养干部的很好环境。要有一些配套的措施,例如,培训,专职人员三到五年都能够接受一到二次的脱产培训;评优,每年都能够按比例进行评选;晋升,能够给巡视机关一定的自主权。这样坚持几年,上海的巡视队伍一定会有新的面貌。

(三)把握好重点问题与一般问题的主次。

我们常说,没有重点就没有政策。在巡视中发现的问题不会是一个层次的,大致上可以分为两类:一类是重大的或原则性的问题,例如是否有违反政治纪律的情况,有没有对中央或市委的指示要求阳奉阴违或不贯彻执行的问题,有没有违法乱纪或贪腐奢侈的现象,用人中是否存在违反规定的问题等等;另一类是工作方法、发展规划等方面的问题,诸如是否经常深入基层调研,有些决策是否主动征求意见,干部队伍结构是否合理,发展方向是否清晰等等。一般来说,到一个地区或单位去巡视,经过个别访谈、座谈调研、实地察看、查阅文档等方式梳理出来的五方面的问题大约有数百条。属于第一类的问题是很少的。为了准确把握问题、促进被巡视单位整改,我们在巡视期间都要将问题原汁原味地向被巡视单位主要负责人先交流一次,然后在巡视报告起草的过程中就问题的提法或归纳再与被巡视单位主要负责人沟通一次。这两次沟通和交流中,对方会作说明或解释。我们掌握的方针是,第一类问题是重点问题,是原则性问题,绝不因对方的解释而不写入巡视报告;至于第二类的问题,相对而言是比较一般的问题,尽可以参考对方的说明进行取舍,包括在写入巡视报告的时候有些措辞也是可以斟酌的。实践证明,这样做对于推动解决问题是有益的。

(四)始终把发现问题并推动解决问题作为主线。

巡视是党要管党、从严治党的体现,是切实加强党内监督的一个有效措施。巡视不同于考察干部。干部考察要求全面了解该干部或该班子在德、能、勤、绩、廉等方面的情况与表现,尤其要发现其中的长处与发展潜能;干部考察也要求讲不足,但那是作"配角"的,只看是否影响提拔和使用。而巡视则不一样,作为上级对下级的监督,重点是在能否做到令行禁止,能否在推动单位科学发展等五方面遵守有关规定并把工作做好。因此,巡视一定要把发现问题、推动解决问题作为工作的主线。我们党过去

有过好的传统：成绩不说跑不了，问题不说不得了。所谓的防微杜渐就是这个道理。从中央巡视办的简报中得知，全国卅一个省（区、市）党委派出的巡视组，几年下来尽然有四分之一的省份没有发现任何问题和线索。这是非常令人吃惊的。若不尽快加以纠正，巡视这个党内监督的有效方式就会在"轻轻松松走过场"的现象中被边缘化、被丢弃。作为直接从事巡视的负责人，一定要保持清醒的头脑。检验巡视工作的成果，不在于我们总结了被巡视单位多少经验，而在于我们是否发现存在的主要问题，并致力于去推动解决问题。对于巡视工作人员来说，我们要牢固树立有重大问题发现不了是失职、有重大问题没有如实反映是渎职的观念。这个思想明确了，我们就会在方式方法上下功夫。这几年，我们对被巡视地区或单位的领导干部责任审计报告、查信办案的审理报告、群众反映突出的问题或重要的来信来访问题都注意研读和分析，在访谈中除了规定范围还特别重视与这几年退休的领导干部的个别谈话、与重大事件参与者和知情者的谈话，必要时还进行"微服私访"，力求提高发现问题并推动解决问题的成效。

（五）在体制、机制与工作后勤上做好保障。

在党中央和各省（区、市）委的关心和领导下，巡视机构都已经落实了人员编制、办公用房和经费设备，各项工作正在有序推进。为进一步做好保障，以下一些措施是值得考虑的：

1. 在巡视机构内设立党组，加强对巡视队伍的领导和管理。目前的状况是，各巡视组内有党支部，往往隶属于纪委或组织部的机关党委，抓抓党的思想建设和理论学习，这是需要的，但是不够的。巡视队伍的建设还需要大量组织上的保证，诸如人员的进退留转，这是组长负责制下组长们无法解决的问题，是各巡视组长的"烦恼"。如果设立了党组，按照党章的规定，就可以"讨论和决定本单位的重大问题；做好干部管理工作；……完成党和国家交给的任务"，在做好巡视工作的同时，使巡视机构真正成为培养和锻炼年轻干部的学校，使巡视工作真正发挥监督检查功能。至于党组设立的具体细节，是可以深入研究并用文件的方式加以规定的。

2. 需要有几条刚性的规定，以提高巡视工作的地位。加强巡视队伍的建设、充分发挥巡视工作的作用，除了巡视队伍自己严格要求、以身作

则,还需要有制度的保证。有作为才会有地位,这是对的,但也需要有措施予以支持。譬如,巡视组的人员,从组长到一般干部,三年必须轮组、五年必须轮岗(或退休)的规定;巡视工作的情况每年必须至少向省(区、市)常委会汇报一次的措施;巡视组移交的问题线索或专题报告必须件件有回音的规定等等。

3. 运用现代信息技术来提高巡视工作的成效。从这几年反腐倡廉的经验,制度加科技是个有效举措,而这里的科技主要就是指现代信息技术。我们的巡视工作完全应该在这方面有所创新。譬如,来信或举报,完全可以运用信息技术,而我们目前各巡视组的电子邮箱都还没有开设,保密措施更加谈不上了;巡视工作的档案管理,完全可以运用信息技术,将问题及线索电子化,将各单位整改措施电子化,进行动态管理,从而对推进查信办案、推动整改落实和巡视回访,都可以发挥事半功倍的作用。

(六)大力弘扬党的优良作风。

中国共产党在几十年的革命实践中形成了理论联系实际、密切联系群众和批评与自我批评等优良作风。面对现在社会上盛行"多栽花、少栽刺"的中庸之风的现象,从我们列席被巡视单位民主生活会所看到的批评和自我批评欠缺的情况,我想,要做好巡视工作,特别需要强调一下弘扬党的优良传统,认真开展批评和自我批评的重要性。大家知道,认真开展批评和自我批评是我党长期形成的优良作风之一。毛泽东同志曾把它誉为我党区别于其他政党的一个显著标志,并形象地用房屋扫尘、洗脸除垢来比喻这种作风的重要性。在今年二月召开的十届上海市纪委二次全会上,中共中央政治局委员、市委书记韩正同志专门指出,批评与自我批评,既是思想教育,也是民主作风。领导平时总是提要求发号令,还要多给同事和下级一些批评自己的机会,照照镜子、正正衣冠,有利无害。因此,被巡视单位的同志们如果都能拿起这个武器,充分地、实事求是地反映该单位领导班子及其成员存在的问题和不足,班子里的同志们都能大胆地互相批评包括敢于对"一把手"开展批评,这对于发现问题并推动解决问题是非常有帮助的。这不是"栽刺",而是真正对领导班子建设负责,是对领导班子成员真正的关心和帮助。今年年初,中央又对弘扬我党长期形成的艰苦奋斗的优良作风提出了"八项规定",几月下来,上下使劲,已经初

见成效。如果我们巡视工作再积极加以配合，坚持数年，党的优良作风一定能够在建设社会主义现代化的进程中重新得到发扬光大，从而为反腐倡廉建设的深入推进打好扎实基础。

毛泽东同志曾经讲过这么一句脍炙人口的名言："世界上怕就怕认真二字，共产党就最讲认真"。干革命要有认真精神：舍得一身剐，敢把皇帝拉下马；搞建设要有认真精神：处处讲"三老四严"，即对待革命事业，要当老实人，说老实话，办老实事；对待工作，要有严格的要求，严密的组织，严肃的态度，严明的纪律；做好巡视工作，也需要认真精神：不怕得罪人，敢于讲问题，对腐败现象绝不姑息，对同志满腔热忱，如实向上级党委报告情况与问题，认真开展监督检查。只要认真，就没有解决不了的问题；只要认真，就没有克服不了的困难。这样坚持下去，就一定能够发挥巡视工作的成效，为党要管党、从严治党作出应有的贡献。

我的教育理念

高举旗帜、团结奋斗、改革创新、
建设一流的特色学校

　　21世纪是一个充满机遇与挑战的世纪,也是中国人民实现世代梦想的社会主义现代化强国的世纪。"天降大任,舍我其欤",要肩负起这个神圣的使命,唯有学习和奋斗。正如伟大的先行者孙中山先生谆谆告诫我们:"革命尚未成功,同志仍须努力"。

　　我们常说,"以史为鉴,可以知兴替"。今天,我们学习党的历史,必须始终坚持马克思主义的指导地位。中国共产党的80年,是马克思主义的普遍真理和中国实际相结合、去夺取一个又一个胜利的80年。科学理论是事业成功的向导。为了进一步推进社会主义现代化建设,为了办好社会主义的高等教育,我们必须高举毛泽东思想、邓小平理论的旗帜,努力学习和实践江泽民同志"三个代表"的重要论述。作为水产高等院校,我们要以科学理论为指导,加强校院两级干部队伍建设,加强师资队伍建设,扎实推进素质教育,密切与渔业生产实践的联系,并围绕中心抓好党建,不断提

高把握全局的能力和解决复杂问题的水平,使学校真正成为社会主义精神文明建设的坚强阵地。

学习党的历史,我们还须始终发扬井冈山精神和延安精神。中国共产党的80年,几经风雨、历尽艰险,造就了"坚定信念、艰苦奋斗、实事求是、敢闯新路、依靠群众"的井冈山精神和"坚定信念、实事求是、自力更生"的延安精神。这是中华民族的宝贵财富。国家要有志气、队伍要有士气,一个人总是应该有一种精神。面对着新时期纷繁复杂的矛盾和问题,特别是要以我们卓有成效的工作去开创高等教育的新局面,需要继续弘扬这些精神,锻炼队伍,增强工作的坚韧性,勇于克服各种困难,促进改革和发展,去夺取新的更伟大的胜利。

学习党的历史,我们应该始终围绕经济建设这个中心,为社会主义现代化建设提供智力支持、人才保证。中国共产党的80年,从革命党成为执政党,这是无数志士仁人浴血奋战的结果。要使国家长治久安,就必须坚持"一个中心、两个基本点"的基本路线,加快社会主义现代化的建设步伐。这是新的伟大的长征。在这现代化建设的过程中,高等学校肩负着培养人才的光荣使命。除了继续坚持以德育为核心,我们还特别要重视创新能力的开发。创新是民族的灵魂,是自立于世界民族之林的动力和源泉。创新也是高等教育深入发展的力量所在。我们要能适应新世纪国家渔业生产发展的需要,并为上海的都市型农业建设作出贡献,唯有创新。我们要有可操作的思路、以更加出色的工作,潜心钻研业务,不断提高实力,把我校建设成为一所多学科协调发展、教学科研并重的特色学校。

＊此文原载《实践　探索　创新》,第二军医大学出版社,第4-5页,系在学校纪念建党80周年大会上讲话的第三部分。

用发展的办法解决高校前进中的问题

跨入新世纪,一批由国家部委办的高等学校管理体制发生了变化。根据统一部署,这批学校中除少数归属教育部管理之外,绝大多数都下放到省级地方政府,成为中央与地方共建,以地方管理为主的学校。上海水产大学也从 2000 年 4 月起正式从农业部"落地"到上海。新的形势要求我们,必须继续积极主动地争取中央部委的领导与支持,更多地注意向地方政府及有关部门领导的汇报和联系,虚心学习,深化改革,把握机遇,坚持发展,用发展的办法去解决高校前进中遇到的问题,使学校的整体素质较快地得到提高。

1. 加快发展,不断提高办学效益

作为原部委办的高等学校,应该统一对学校定位的认识。部委办的高等学校,不管是工业院校、农业院校还是其他院校,首先应该是一所大学,也就是说,这些院校都应该努力遵循高等学校的办学规律,坚持社会主义方向,在学科门类、办学层次、学生规模、教学质量等方面都要按照大学的要求去规划和建设;同时,这些院校又是行业特

色十分明显的学校,应该继续弘扬自己的专业特点,扬长避短,在为行业培养人才和提供智力支持方面继续发挥积极的作用。因此,学校应该将原来的小循环融入大循环之中,这就是说,原来我们这些学校比较注意与同行业院校的交流与联系,比较多地在本系统中发挥作用,这是需要的,对于促进学校的建设与发展都是很有帮助的;现在,则更要注意与其他高等学校、特别是地方上著名的高等学校之间的学习与交流,从而进一步看到自身的差距和问题,激励加快建设和发展的紧迫性;还要在地方的经济建设和社会发展这个更大的循环中寻找机会,争取发挥积极的作用。有作为才能有地位,多作贡献才能得到方方面面更多的支持。这就对我们这样的学校提出了非常高的要求。要写好两篇文章,即既做好为全国同行业、本系统的服务、又能为地方的经济建设和社会发展提供人才培养和智力支持。学校一定要深化改革,加快发展。

在社会主义市场经济条件下,办学规模对学校的生存和发展影响很大。相当长的一段时间里,我国的全日制本科院校的校均学生规模只有三四千。为提高办学效益、提高各类教育资源的使用效率,通过高校结构布局调整和学校内部挖潜,近几年来办学规模发展很快。以上海为例,20世纪末,上海的全日制本科院校的校均学生规模已经达到了 7 000,到2005 年将要达到 10 000。而原部委办的高等院校规模都较小。

在上海水产大学将近 90 年的发展过程中,经受过两次大的挫折。一次是在 1937 年,抗日战争爆发以后,原来的校舍毁于战火,学校也停办了近 10 年,直至 1947 年才另选校址进行复校;另一次是在"十年动乱"中,学校被强行迁到厦门,直至 1980 年才得以搬回原址,但是,仪器设备毁损不少,图书资料也散失较多,更主要的是校舍占地面积大为缩小。尽管学校努力挖掘,逐步增加招生数量,到 20 世纪末已使在校学生人数达到近5 000 人,比 20 世纪 90 年代初的在校学生数翻了一番,但是,距离当时的上海市本科大学校均学生规模在 7 000 以上还有较大差距。审时度势,加快发展就能赢来生存的空间。应该看到,上海在建设现代化国际大都市的过程中,为高等学校的发展提供了很好的机遇。上海市和区县两级政府对于高等学校的建设和发展都很支持,认为这是促进区域经济发展的新的增长点;上海的市民企盼接受优质高等教育的积极性越来越高,同

龄青年进入高等学校学习的毛入学率已经达到 43％,到"十五"期末将达到 55％。这些都是高校发展良好的条件和基础。因此,经过反复研究,决定走出地域的局限,努力去拓展办学的规模。在上海郊区松江兴办大学城的推动下,上海郊区南汇区政府也想创办科教园区,以高等教育和科技产业带动地方经济的发展。得知这一信息,学校主动和区政府联系,商议合作事宜。在广大教职工的支持下,跨出了去郊区兴办新校区的步伐。现在,经过两年的建设,在离学校 50 公里的南汇区政府旁边已矗立起了崭新的校区:新增教学用房 75 000 平方米,学生宿舍 70 000 平方米,还有公用的食堂、教师宿舍、文化体育用房等,使学校的教学和生活用房比老校区净增一倍以上;而且,后勤管理彻底社会化,教学区的物业管理、整个生活区的管理都由社区或企业来负责,学校则可以集中精力来研究教学管理、解决两个校区办学中出现的各种问题。随着校区规模的扩大,招生人数也得到大幅度增长。现在,上海水产大学在校学生数已超过 7 000 人,今年下半年将达到 10 000 人的规模,提前实现"十五"的目标。

　　但是,机遇是与挑战并存的。随着市场经济体制的逐步建立,人才的需求方式也发生了变化,行业所需的人才可以通过市场配置的方式得到满足,未必需要向原部委办的学校申请;而根据各省经济建设的需要,同类专业在不同院校中开设的情况越来越多。以水产为例,综合院校和农业院校中水产教育的本科专业已有 60 多个。因此,外延的发展必须与内涵的充实相吻合。原部委办的学校大多是很有特色的。而一所学校特色的形成是个长期的、渐进的历史过程,是一种特有的文化嬗变现象。要想办成教学科研型的学校,还须不断提升办学的层次,有特色的学科和专业多培养研究生,在特色化上下功夫。那就要在重点、特色学科的建设上有所发展,科研项目和经费上有较大幅度的增加。由于办学规模的扩大,学校的经济实力会有所增强,在增加教学经费的同时,就可以增加对重点学科的投入。通过整合校内资源,优化配置,这些重点建设的特色学科将获得更快的发展。同时,适应社会的需要,新学科、新专业的建设也须加快推进,专业的规模也可适度扩大。这样,做到特色学科优势明显、多种学科协调发展,学校的前进就更加扎实了。在科研项目和经费的争取方面,通过深化人事制度改革,聘任骨干教师担任科研的关键岗位,形成发展方

向明确、结构较为合理的科研队伍;明确科研主攻方向,加强科研与生产的结合,进一步加强科研基地建设,促进科研质量管理。这样,科研项目和经费就能逐年增加,进而带动研究生教育、推进重点学科建设。

坚持发展,就要努力去创新,并注意保障条件的配套。社会主义现代化建设的发展,给学校提供了广阔的舞台。在办学品种上可以做许多新的尝试。与企业合作,双方联合培养本科生,学校提供品牌和资源,企业提供专业的课程与实习园地,并尽量创造就业的机会与岗位;与国外的大学合作,创办新的本科专业,从而为引进教材、实施双语教学、提高本校师资的专业水平创造条件。在后勤保障方面,通过贷款筹资,建设新校区的物理、化学、电工等一批基础实验室,改造老校区的机械 CAD、基础生物、资源环境等一批专业基础实验室,新建多媒体教室、语音室和计算机房,装修教师休息室,更新教职工的办公设施,使得教学条件和办公条件大为改善,广大教师可以更加心情舒畅地去做好教学和科研工作。

2. 练好内功,努力提高教学质量

努力抓好本科教学质量是实践"三个代表"的具体要求,是学校改进作风建设的重要内容。江泽民同志曾经指出:"我们党要始终代表中国最广大人民的根本利益,在社会不断发展进步的基础上,使人民群众不断获得切实的经济、政治、文化利益。""最大多数人的利益是最紧要和最具有决定性的因素。这是马克思主义的基本观点,各级领导机关和领导干部必须充分认识和认真实践。"作为高等学校,怎样从我国最大多数人的利益出发,去满足人民群众获得切实的文化利益的需要,那就必须在招生规模逐年增加的情况下,继续提供高质量的教育服务。

情况是在不断地变化和发展。我们所面临的新情况是:中国高等教育正在走向大众化:同龄青年的毛入学率已达百分之十几。上海的高等教育正在走向普及化:同龄青年的毛入学率已达 43%,"十五"期末将达到 55%。因此,青年学生入学的压力在逐年递减,而入学后的压力在逐年增加;近几年毕业生就业的矛盾将会比较突出,学生中的浮躁心态有所滋长;学生中独生子女的比例在上升,传统的望子成龙思想仍有相当的市场;国家教育主管部门对学校办学质量的监控力度将加大,还将在大众传媒上披露有关信息,若不注意质量问题,将会出现限时整改或减少招生的

情况。综合这些因素,我们可以明显地感到,社会环境和青年学生在呼唤优质的高等教育,而教学质量的好坏更是直接关系到学校的生存!

在去年年底召开的全国高等学校党的建设工作会议上,李岚清副总理强调指出,当前和今后的一个时期,高等学校要按照"八个坚持、八个反对"的要求,集中解决作风方面的突出问题,而在谈到转变工作作风时,李岚清副总理指出:"转变工作作风,实践全心全意为人民服务的宗旨,高校必须加大改革力度,扩大教育规模,提高教育质量,使人民群众能够感受到更多更好的高等教育资源。"因此,努力提高教学质量,不仅仅是办好大学的基本要求、是学校工作的永恒主题,更是实践"三个代表"的重要内容,是转变作风的具体体现,也是关系学校未来前途和发展的大事。应该充分认识加强本科教学,提高教学质量的重要性。

在学校前进的过程中,难免会遇到或产生一些新的问题。两个校区或者多个校区办学会增加工作的难度,管理上也会出现一些疏漏。在各种各样合作办学开展的时候,也会发生不少问题,诸如教学管理、质量管理、学生管理等方面的问题,有些已经出现了,有些以后也可能会出现。但是,这些都是发展中的问题,而且,有些问题的出现也不完全是发展所带来的。对于这些发展中的问题,我们不应该因噎废食,见了矛盾就绕开或停滞,甚至后退。正确的态度应该是调查、研究、实践,再研究、再实践,如此经过几个往复,问题会逐步得到解决,学校的办学与管理的水平也就提高了。因此,在研究如何提高教学质量的时候,也要研究这些新情况、新问题,从而使工作措施更有针对性。

在谈到教学质量的时候,我们不能不提到学生思想政治素质的重要性。学生知识技能的欠缺最多只是个次品,而学生思想政治素质的问题最终将导致出现危险品,这不是危言耸听。历史上和国外的例子比比皆是。但是,解决思想教育的问题,除了方法与内容外,最终离不开国家和社会的发展;要让我们的学生能做到爱国荣校,也要靠学校的发展。这就是邓小平同志曾经说过的精辟论断,最终说服不相信社会主义的人要靠我们的发展。学校发展了,综合能力提高了,增加教学投入的力度会更大,实验室的建设会更好,教职工的待遇会进一步提高,这些都会促进教学、管理、服务工作的质量,各项工作都能有序推进。

提高教学质量是个长期的经常性的工作,每个学期或学年应该有所侧重,常抓不懈,扎实推进。

首先是学校的各级干部要重视这一工作,经常研究,并落实措施。同时,要组织广大教师学习教育部的有关文件,联系实际开展讨论,使大家来关心、参与这一工作。教育部将进一步修改和完善高等学校学科教学评估验收体系,并适时开展本科教学工作的评估、检查。可以迎接这一检查为抓手,在高校内部先行教学评估的试点,取得经验,逐步推广,从而把教学质量抓上去。

其次是充分发挥高年资教师和优秀教师的作用。高年资的教师因为年龄的关系都已退出教学岗位,把他们中间身体好的、教学经验丰富的教师组织起来,发挥余热,做好传、帮、带,参与一些教学评估和督导工作,可以起到很好的作用。在职教师中,这些年来各校都涌现了一批师德优秀、教学工作成绩突出、尽心尽责的教师。我们要充分发挥榜样的作用,把整个教师队伍的建设带上去。

再次是重视实践教学,加强教材建设。重视生产实践、结合生产实践解决现实问题,从而促进教学和科研,这是一批学校的成功经验。要继续把这一经验加以推广,并且下功夫把实验教学抓好。教材问题也是提高高等教育质量的突出问题。美国"高质量高等教育研究小组"曾提出"高等学校要全力以赴地提高质量,在教学内容上跟上最新发展趋势"。这里的教学内容更新,应该包括两个方面,一是教师的教学,要与时俱进,不断更新;二是选用的教材,要跟上时代,有新内容。教育部的文件对各类专业使用近 3 年出版新教材的比例都作了规定。应该努力朝这个目标去推进,这是抓教学质量很实的一个措施。

3. 深化改革,认真提高队伍素质

坚持和加快发展的基础在人,关键在于要有一支高素质的教师队伍。学校发展了,学科建设加强了,教学质量提高了,教师待遇改善了,就能稳住学校的中青年骨干队伍,同时吸引校外的优秀教师来校任教,形成筑巢引凤的优势;而正是依赖了这些教师,才能促使学校在原有的基础上继续持续稳定地发展。这样,就能形成良性循环。

有一位校长说过,办一流大学,不在于有几座大楼,关键要有几位大

师。要建设一流的特色大学,必须要有几位国内外知名的大师级的教师。而想达到此目标,必须从基础抓起,扎扎实实地推进高校的师资队伍建设。

从高校的实际情况出发,加强师资队伍建设主要应该抓好以下几个环节:

——努力提高教师待遇,改善教师的生活和工作条件,这是建设教师队伍的重要前提。

——建立、健全奖励制度,引入竞争机制,强化激励机制,确定制衡机制,完善评价机制,实行聘任制度,从而促进教师队伍不断优化。

——抓紧培养学科带头人并形成梯队,使学科建设能够持续发展,在教学科研的第一线,让更多的优秀教师脱颖而出。

——大力提高教师队伍的思想道德和业务素质,这是教师队伍建设的重要任务。尤其要注意提高教师的职业神圣感和敬业、奉献精神,树立起为人师表的良好形象。

上述工作,大多是常规性的工作,需要用发展的眼光来认识,用改革创新的办法来推进。

为了建设一支水平高、素质好、有活力的教师队伍,为了全面提升教学和科研工作的层次,为了培养更多的适应社会主义现代化建设需要的青年学生,很多高校开始全面实施教师职务聘任制。

从职称评聘到职务聘任是一次很大的改革。我们知道,从 1956 年开始实施教师职称制到现在已经有 40 多年的历史。当时的教师职称终身制是与国家实施的计划经济的体制相吻合的。近 20 年来,国家正在大力推进经济体制改革,努力建设社会主义的市场经济体制。为适应这么一个经济基础的变化,事业单位的人事管理也应有相应的改革,即逐步实施契约式的管理方式,淡化身份,强化岗位,按需设岗,择优聘任,契约管理。

但是,从过去的终身制到现在实施契约制,不可能一蹴而就。这是因为:教师身份的单位所有还不可能使其马上成为自由职业者,目前与身份挂钩的待遇还有十几种;整个社会的人员流动还没有形成气候,对流动人员的社会偏见还没有完全摈弃;学校之间、行业之间、地域之间的差异仍然存在,有些待遇上还有很大的落差;依法治校的实现也还有一个

过程。

　　根据这些现实,在开展聘任工作的过程中需要注意"坡度",努力做好过细的工作。在科学、合理设置岗位的基础上,择优竞聘时既让中青年优秀教师能够脱颖而出,又让"老人"、即已经有职称的教师,只要能够认真履职、身体健康、师德良好,在同职务聘任时予以优先考虑。对于个别不能认真履职、师德较差,甚至有教学事故的教师,既要坚持标准,予以低聘或者不聘,同时要有详实的材料来应对申诉,并做好说服疏导工作,避免矛盾激化。

　　开展教师职务聘任工作是师资队伍建设的重要内容,其他工作也要跟上。教师的职业道德、政治素质不会自然提高,要加强建设。除了纳入聘任工作程序,还需安排有效的学习和教育内容。教师的待遇需要尽快提高。学校应该积极筹措资金,通过分配制度改革,让广大教职工的待遇普遍有所提高,让担任重点岗位、关键工作的教师待遇有大幅度提高;通过住房货币化分配改革,使教师的住房条件尽快改善,真正做到安居乐业。当然,这些都有赖于学校的发展。

　　总之,回顾这几年的工作,我们深深体会到,发展是硬道理。正如江泽民同志所指出的:"这些年来,我们解决遇到的种种困难和问题,都是用发展的办法。我们强调实现经济增长方式的转变;坚持扩大内需的方针,实施积极的财政政策;推进西部大开发;鼓励科技创新,加快经济结构的战略性调整,都是为了加快发展。坚持以发展为主题,用发展的办法解决前进中的问题,已成为我们推进建设有中国特色社会主义伟大事业的一条基本经验。对此,任何时候都不能动摇。"要稳定教师队伍、建设高素质的教师队伍,要靠学校的发展;要建设一流的特色学校,提高教学质量和办学效益,更要靠加快发展。而要坚持发展,就一定要深化改革,破除一些陈规陋习,在体制、机制上注意创新。同时,在工作开展的过程中把握好节奏,思想领先,友情操作。处理好改革、发展、稳定的关系,就能按照规划加快学校的建设和发展。

　　*此文原载《高等教育管理的研究与探索》,上海交通大学出版社,2002年10月,第1-9页。

加强理论研究,弘扬先进文化,
推进高校思想政治工作

在"七一"来临和党的十六大召开前夕,我们召开第八届思想政治工作研讨会。这次研讨会,规模大、参与人数多、投稿数也多、论文整体质量都比较高,反映了学校思想政治工作不仅在实践中取得了显著成效,而且在理论上也有更高的总结和提升。

一、加强思想政治工作是高等学校的党组织实践"三个代表"的一项重要工作

江泽民同志在"5·31"讲话中指出,"国际形势正在发生深刻的变化,世界多极化和经济全球化的趋势在曲折中发展。形势逼人,不进则退"。应该看到,世界多极化这是个趋势,目前,美国一强、超级大国妄图主宰世界的情况依然存在;经济全球化也是个趋势,目前资源配置的不合理、经济竞争的不公平等等现象仍然存在。近年来,文化渗透和反渗透、冲突与反冲突,以及宗教矛盾已成为世界矛盾中的主角。文明的冲突、最终是利益

的冲突,将会成为未来世界的主要问题。当然,和平与发展仍然是时代的主题。因此,需要经常研究这些问题,适时做好宣传和思想政治工作。

学校是培养人的地方。一个人才只有爱祖国、爱人民、爱中国共产党,那么才是国家建设所需的真正人才。上海不乏这样的事例,有些大学毕业生功课十分优秀,但成了现代洋买办,想方设法为外国公司谋利益甚至置国家和民族的利益于不顾。上海发生过不少这样的案例,给国家造成巨大损失。如果我们培养的人才都是这样的人才,那将十分危险。大学生要成才,首先要具有良好的思想政治觉悟,要有为国家为人民服务的热情。思想觉悟不高,就算不上是真正的人才。

思想政治工作是素质教育的首要内容。素质包括很多素质,但最基本最主要的不外乎两个素质,一个是遵纪守法、遵守社会公德的公民素质,一个是爱国爱中华民族的思想素质。离开这两条,其他素质都是空中楼阁。素质教育不是唱唱歌,跳跳舞,而是培养多方面发展的新型人才。因此,不能把思想政治教育孤立起来,而应把它看作素质教育的基础和根本。素质教育的好坏,归根结底要看思想政治工作做得如何。

二、思想政治工作研究的成绩

1. 理论与实践日益结合

这次研讨会递交的论文,与以往相比,与实践的联系更加紧密。比如课外德育、思想政治工作进网络、宿舍党建、校园文化等,都是上海水产大学近年来思想政治工作的新尝试。既然是新尝试,就会有问题和矛盾,就需要研究解决办法。这些研究都对这些新尝试做了研究和思考,有利于实践的进一步完善。

2. 提出了解决问题的新思路

以往论文多有"破",而少"立",只是就问题谈问题,看完整篇文章也看不到解决方法。这样的研究有价值,但价值不高。一篇好的论文,不仅要谈问题,还应谈设想,谈解决思路。有破有立,破立结合,文章才会丰满,更有参考价值。

3. 参与面越来越广,参与人数越来越多

本次思想政治工作研讨参与人数是历届思想政治工作研讨会最多的

一次,有70多人递交了论文,反映越来越多的同志更加重视和关心思想政治工作。值得一提的是有很多青年教师和思想政治工作者递交了质量比较高、比较有新意的论文。这是一个很好的现象。如果大家都关心思想政治工作,思想政治工作就会不断涌现新局面。

4. 涉及内容越来越广泛

本次论文集共收录了58篇论文,涉及党风廉政建设、干部队伍建设、大学生信用教育、校园网络文化建设、学生管理与教育、依法行政、大学文化、党支部建设、奖惩机制、宣传工作、两课教学、师德师风、就业指导、调研报告等很多领域,研究的题目和内容都十分丰富。说明上海水产大学思想政治理论的研究面越来越宽,越来越深入,每位教师都结合本职工作做了理论上的思考和总结。

三、思想政治工作研究存在的问题

1. 理论深度有所欠缺

在所有递交的论文中,有很多很好的题目和值得深入探讨的研究领域,其理论性似乎欠缺了一些,存在叙述性、描述性、资料性等文字过多的问题,没有在一个较高的理论层面上展开和挖掘。思想政治教育目前有两个倾向,一是世俗化,二是理论化。世俗化一般是针对课堂教学,目的是减少理论性的东西,多契合学生实际。理论化是过度注意把思想政治教育在理论上给以提高,以期进一步巩固两课作为一门学科在社会科学体系中的地位,得到更多理论界认可。在现实教育中,需要两者相互结合。单纯世俗化会降低理论性,减少其科学性;单纯理论化,不利于课堂教学,使青年对思想政治教育敬而远之。强调理论性,不能只是罗列事实和现象,而应从逻辑和内外关联上给予科学的分析和回答。

2. 师生中的热点问题研究不够

当前大学生心理、文化兴趣、就业动机、流行文化与恋爱心理等热点内容触及的都很少,而这些是我们掌握学生思想动态的关键,是做好思想政治工作的基础。当代大学生已经发生了很大变化,独生子女多,经受的挫折少,然而又是伴随着中国改革开放和社会转型而成长起来,面对更多复杂的观念冲突,以至家庭境遇的变化。他们的心理压力不是少了,而是

多了。面对这些心理困惑，当代大学生不能完全依靠自己的力量解决，需要我们引导、帮助，然而怎么做让他们心悦诚服、乐于接受，需要研究。

四、思想政治工作研究的努力方向

1. 作好中央政策、精神的解读性研究

学校有些矛盾实质上是不应该发生的。为什么不该发生的发生了，其原因在于有些工作人员对中央和地方的政策理解不够，阐释得不够清楚，以致使教职工产生误解。中央和上级政策一般是面向全国或地方的指导性意见，不可能涉及各个单位的具体情况和方方面面。如何科学理解中央和地方政策，结合学校实际予以细化，也是思想政治工作研究的重要领域。工作不细致，考虑不周到，就可能使群众产生误解，诱发矛盾。因此，这类解读性研究必不可少。

2. 挖掘富有自身特点的思想政治工作思路和实践途径

水产大学的校情有其独特性，学校是农科高校，学生来自全国各地，如今又是多校区办学，优势专业的学生专业情绪比较严重，热门专业的学生自信心不足，这些都是我校思想政治工作面临的特有特点。思想政治工作要结合这些特点做有针对性，同时也富有自身特色的研究。比如学生党支部进宿舍就是我们学校最先搞起来的一个特色工作。这个工作值得进一步研究和推广。再比如大学生就业，我们学校也有特点，也有很大的研究空间。

3. 强调理论性，但实践性和可操作性也很重要

理论性十分重要，关系思想政治学科的学术地位，也影响教师评职称，但实践性和可操作性同样不容忽视。思想政治工作归根结底是一门实践性很强的学科，单有理论无法实践，无疑是形而上学。青年志愿者服务工作就是一项理论性和实践性结合得比较好的工作。通过理论指导，志愿者服务被提升到一个很高的层次，学生可以从中获得世界观、人生观和价值观的感性认识，同时，只有学生深入街道、市民，办实事，做好事，才能使自己的心灵获得升华，才会对理论本身有更深刻的理解和认识。大学生暑期社会实践也是一个典型，通过走向社会，大学生把在校学习的理论与实际结合起来，对民情、国情的切身体验使他们的思想获得新的

提高。

4. 注意深入学生学习就业实际

高考是中学教育的指挥棒,虽然实际上这并不合理,现在大学生就业慢慢变成了高等教育的指挥棒。有用的课程,学生爱学、爱听,用处不大的课程,学生逃学、旷课严重。就业已深深影响了大学生的学习态度,大学的专业、课程设置,也直接影响着招生数量和质量。因此,就业工作研究值得深入,寻求一些有效的应对方法。目前学生就业存在误区,比如水产养殖专业,用人单位不少,但学生不愿意去,有许多学生甚至说"非上海不去",这种现象需要研究,需要用恰当的方式引导。

江泽民同志在"5·31"讲话中说:"我们党的最大优势是善于组织群众、宣传群众、联系群众,党执政后的最大危险是脱离群众。"思想政治工作研究也一样,只有密切联系群众才会有生命力,才会有新发展。

＊此文系 2002 年 6 月在上海水产大学第八届思想政治工作研讨会上的讲话。

对扩大高校干部工作民主的几点思考

党的十六大报告指出："以建立健全选拔任用和管理监督机制为重点,以科学化、民主化和制度化为目标,改革和完善干部人事制度","努力形成广纳群贤、人尽其才、能上能下、充满活力的用人机制,把优秀人才集聚到党和国家的各项事业中来"。随着改革开放的进一步深入,高校自主权逐步扩大,干部工作中出现了一些新情况、新问题,面临新形势新任务,高校如何扩大民主,把教职工公认是优秀的人才选拔到领导岗位,把对领导干部的监督真正落到实处,就成为高校加强领导班子和干部队伍建设的一个重要课题。

一、抓根本,强化思想教育

党的思想政治工作,是经济工作和其他一切工作的生命线。在高校干部工作中扩大民主,也要充分发挥党的这一重要政治优势。通过思想教育,提高领导干部的思想认识,提高教职员工的民主意识和民主观念,使广大干部和教职工充分认识扩大民主在干部工作中的重要性,并进而把学

校民主建设纳入高校干部工作的重要议事日程。

1. 扩大干部工作民主是高校贯彻"三个代表"的具体体现

人民群众是先进生产力、先进文化的创造主体,也是实现自身利益的根本力量。不断发展先进生产力、先进文化,归根到底都是为了满足人民群众日益增长的物质文化生活需要,不断实现最广大人民的根本利益。实践"三个代表",维护最广大人民群众的根本利益,不仅需要以经济建设为中心,解放和发展生产力,需要大力发展社会主义文化,建设社会主义精神文明,还需要发展社会主义民主政治,建设社会主义政治文明。中央颁布的《党政领导干部选拔任用工作条例》(以下简称《条例》)的一个鲜明特点,就是在干部选拔任用的推荐、考察、酝酿、讨论决定和监督等各个环节坚持了扩大民主的基本方向,保障人民群众充分行使民主选举、民主决策、民主管理、民主监督的权利,体现了扩大民主的要求。而《中华人民共和国高等教育法》(以下简称《高教法》)第四十三条也规定:"高等学校通过以教师为主体的教职工代表大会等组织形式,依法保障教职工参与民主管理和监督,维护教职工合法权益。"党的性质、《条例》的颁布、《高教法》的推行,都要求高校在干部工作中扩大民主,在干部工作中走群众路线,全面知人,公正识人,选拔党性强、业务水平高而教职工又满意和拥护的人才进入领导岗位,增强干部监督实效,最大程度维护教职工根本权益,也只有这样,各级干部才能取得教职工的信任和支持,校领导班子的凝聚力、战斗力才能不断增加,教职工的积极主动性才能更好得发挥,学校才能不断地发展。

2. 扩大干部工作民主是高校建立高素质干部队伍的必然要求

列宁指出:"群众应当有权力为自己选择负责的领导。"(《列宁全集》第 27 卷,523 页)邓小平也多次强调,要充分听取群众意见,体现民意,把人民满意不满意,人民拥护不拥护作为判断我们工作的一条重要原则。《条例》提出了德才兼备和群众公认、注重实绩的原则,提出了党政干部选拔任用应具备的六个基本条件。《高教法》第十一条规定:"高等学校应当面向社会,依法自主办学,实行民主管理。"

在干部工作中推行民主,应是民主管理的应有之意。充分发扬民主,是高校实现任人唯贤的根本保证。对人才的选拔识别受到识人者、被识

者、客观环境的影响,要掌握好六个条件,全面考察和识别干部,并不是一件容易的事情。一方面,深层次的政治立场和政治素质的表现,平时不容易充分暴露出来,或者只有少数人了解。另一方面,人是发展变化的,即使原来比较好的干部,在实践过程中,也可能迷失方向,甚至蜕化变质。再者,领导者自身鉴别能力的高低,会不同程度地影响对考察对象的认识。领导者个人的认识是有限的,任何善于识人的领导都无法识别所有的人。从成长的角度来看,凡是真正团结一致、联系群众的领导骨干,必须是在实践中逐渐形成的,而不是脱离实践能形成的,更不是某个领导凭主观指定出来的。优秀人才在实践斗争中经受锻炼、不断成长的过程,是和人民群众一道进行的。对高校而言,干部的功过是非,教职工最明白,评价最实事求是。在干部工作中,只有扩大民主,悉心听取教职工意见,才能把教职工公认的,经过实践考验的、德才兼备的优秀干部选拔到领导岗位上来。因此,扩大干部工作中的民主是高校选拔德才兼备的干部的必要途径和方法,也是高校扩大干部工作民主的目的。

3. 扩大干部工作民主是高校预防治理用人上不正之风的客观需要

改革开放和发展社会主义市场经济,给高等教育事业发展带来了良好机遇,增强了办学活力,提高了办学的经济效益和社会效益。但市场经济的自身弱点和消极方面,对高校也造成负面影响。由于金钱价值的充分体现,个人利益的被认可,商品经济等价交换原则开始侵入高校政治生活,造成资产阶级拜金主义、享乐主义和极端个人主义,以权谋私等不正之风和消极腐败现象会在高校中滋生和蔓延,少数意志不坚定、党性观念和职业道德观念薄弱的同志,很容易把自己对理想、信念和对事业的追求,转变成对金钱和物质的追求,使自己的党性、人格商品化、市场化。有的奉西方社会的个人主义、享乐主义为圭臬,利用学校条件和手中便利,大肆为小团体和个人谋利,损害全局利益;有的有令不行,有禁不止,官僚主义,失职渎职;有的选人用人分亲疏好恶,任人唯亲,编织关系网,搞势力范围;有的办事讲关系,没有好处难办事,把追逐私利和谋求个人享乐作为人生追求的目标,最终走向腐败。虽然这些不正之风和消极腐败现象只是少数人所为,但由此产生的负面影响却不可低估。它会干扰正常的办学秩序,损害全局利益,破坏党群干群关系,影响教职工的工作热情,

广大教职工对这些不正之风和消极腐败现象都深恶痛绝。面对出现的问题,高校内部管理机制存在一些问题。有些高校基层党组织面对市场经济,重视本单位的经济效益,重视教学科研等业务工作,忽视或没有把主要精力用于党的建设,对党员缺乏经常的思想教育和严格的管理约束。部分高校或制度不健全,或制度和管理规章可操作性不强,监督检查也不力,部分干部作风不实,很少深入到分管部门和单位调查研究,不能及时发现和解决问题。扩大高校干部工作民主,是高校预防和治理用人上不正之风的需要。干部生活、工作在教职工中,干部的是非功过,教职工看得最清楚。只有通过教职工的广泛参与,在干部工作中倾听民声,尊重民意,集中民智,才能选拔出党和人民满意的干部,才能落实教职工对干部的监督。这样,在民主的光辉下,就可以减少或避免消极腐败现象,并在出现问题时及时发现,及时解决。

二、抓基础,强化制度建设

邓小平同志指出:"民主应该法律化、制度化,不以领导人的改变而改变,不以领导人注意力的改变而改变。"(《邓小平文选》第二卷,第146页)高校干部工作要扭转"以领导人的改变而改变"、"以领导人的注意力的改变而改变"的状况,就必须扩大民主,通过制度建设来保证民主建设的推进。高校干部工作中的制度建设一方面是要健全完善原有的民主制度,另一方面又要进行制度创新,促进教职工和各组织机构民主推荐、考察、选拔任用、监督学校领导干部,真正"选作风好的人",规范学校对干部的考察任用,真正做到"用好的作风选人"。这样,在选人用人的各个关口上健全制度,从制度上防止和遏制用人不正之风的滋生,实现由"人选人"向制度选人的转变。

(1)建立健全干部推荐制度,严把选人用人关。一是落实教职工对干部选拔任用工作的知情权、参与权、选择权和监督权。干部来自于教职员工,他们在德、能、勤、绩、廉各方面的表现,教职工看得最清楚,也最有发言权。选拔任用校各级领导干部,必须经过民主推荐提出考察对象。领导班子换届,民主推荐按照领导班子职位的设置全额定向推荐;个别提拔任职,按照拟任职位推荐。凡未经教职工民主推荐的,不能提名;推荐

票达不到要求的,不能列为考察对象。二是要建立健全校领导干部署名推荐制度。如果考察发现领导干部个人所推荐人选有严重问题的,推荐人必须向党组织写出检查,问题严重的要做出相应的党纪政纪处分。三是组织推荐规范化。学校组织部门在教职工民主推荐和领导干部个人推荐后,结合本部门干部培养和群众推荐情况,认真综合分析,集中研究出本校推荐优秀干部人选,按照新提职位1∶2或1∶3的比例将推荐名单和有关材料上报学校党委。

(2)建立健全干部考察制度,严把干部考核考察关。完善干部考察制度,是高校防止因考察失真失实而导致选人用人失误的关键环节,为此,必须建立健全四项制度:一是实行领导班子和领导干部年度考核和工作量考核有机结合,综合评判班子和干部。二是实行干部考察责任制,明确考核班子和考核人的责任,谁考核谁负责,以防止由于考察者失职,导致测评结果不实,了解情况不清,考察结论不准。对因识人不准或决策不当而造成用人失误的,要追究考察者的责任。三是实行干部考察预告制,扩大教职工参与程度。在考察前,提前将考察对象的基本情况、考察时间、考察名单、考察谈话和测评范围、考察纪律,以及座谈的地点和联系方式等,在学校张榜公布,接受群众监督。四是要建立健全差额考察制,扩大考察范围,改变过去呈报考察干部一职一人的作法,实行同一岗位确定2名以上人选进行差额考察,达到强中选强、优中选优。对确定的考察对象,由组织人事部门按照干部管理权限,进行严格考察。一方面考察干部内容、原则等要制度化,另一方面考察程序也要规范化。校党委统一领导,组织考察组,制定考察工作方案,同考察对象呈报单位主要领导成员就考察工作方案沟通情况,征求意见,并根据考察对象的不同情况,通过适当方式在一定范围内发布干部考察预告,采取个别谈话、发放征求意见表、民主测评、实地考察、查阅资料、专项调查、同考察对象面谈等方法,广泛深入地了解情况,综合分析考察情况,研究提出领导班子调整的初步方案,向派出考察组的组织人事部门汇报,经组织人事部门集体研究提出任用建议方案,向校党委报告。

(3)建立健全干部任用制度,严格执行集体讨论决定干部的制度和程序。一是推行公开选拔、竞争上岗制度。在校党委领导下,组织人事部

门组织实施,通过公布职位、报考人员的资格条件、基本程序和方法等,报名与资格审查,统一考试,组织考察,研究提出人选方案。二是坚持校党委集体讨论,按照民主集中制的原则办事。坚持会议讨论决定,坚持少数服从多数,不把个人凌驾于集体之上,搞个人或少数人说了算。对本级管理的干部任用,不符合《条例》规定的不上会;对下级报来的干部任用,不符合《条例》规定的不审批。三是推行干部任用公示制。干部提拔任用之前,通过校报、校园网络、公告等进行公示,接受教职工对拟任干部的监督。对教职工反映的问题及时进行调查核实,确实发现问题的,取消任职资格。四是要实行干部试用期制度。对新提拔任用干部的试用期为半年,试用期满后,对有违法违纪行为的、政绩平平的、工作能力不胜任本职工作的、在民主测评中不称职票数超过一定数量的,免去试用期职务。五是推行辞职制度。对因工作严重失误、失职造成重大损失或者恶劣影响,或者对重大事故负有重要领导责任的干部,不宜再担任现职,实行辞职制度。上海水产大学对干部在任期内就曾做出个别调整,使干部真正能上能下。

(4) 建立健全干部监督制度,严把选人用人监督关。校组织人事部门、纪检机关要切实加强对《条例》贯彻执行情况的监督检查,加大对违反《条例》行为的查处力度。按照权责一致的原则,明确责任主体和责任内容,对选人用人失察失误造成严重后果的,要追究主要责任人以及其他直接责任人的责任。要按照"八个坚持、八个反对"的要求,大力加强校领导干部队伍建设,保证各项制度得到全面贯彻落实。

三、抓关键,完善实施机制

《条例》的颁布为高校干部工作提供了制度保证,《高教法》的实行为高校干部工作提供了法律保障,也对高校党委和组织部门提出了更高更严的要求。高校在干部工作中扩大民主,要以"三个代表"重要思想为指导,全面把握《条例》的基本精神,坚持做到坚持原则不动摇,执行标准不走样,履行程序不变通,遵守纪律不放松。组织人事部门要严格遵守纪律,反对违反干部任用工作纪律的各种行为,制止和纠正"以领导圈阅的形式代替党委会集体讨论决定干部任免"和"临时动议决定干部任免"的

做法,真正落实好教职工对干部选拔任用的知情权、参与权、选择权和监督权,全面考察干部的思想政治素质,考察干部的思想作风、学风、工作作风、领导作风和生活作风等方面的情况。同时各高校在准确把握精神的情况下,要结合具体特点执行。

1. 广辟渠道,确保教职工对干部工作的广泛参与

高校干部工作要扩大民主,最根本的是要扩大教职工的参与范围,更多的接触了解教职工。一方面,要适当增加参与教职工的数量,提高教职工参与干部工作的广度。在推荐、考察、任用、监督过程中,要注意与部门职位联系较密切的部门和单位沟通,和上级部门或领导沟通,和下属单位和业务横向联系密切部门沟通。这些部门或主管领导由于工作上的关系与考察或选拔对象接触较多,对其业务工作情况有一定的了解,能从一个侧面反映考察对象的情况。要注意联系与考察对象曾经一起学习和工作过的人。一个人的学习态度、工作作风、事业心、责任心以及工作能力等,在一起工作过的同学、同事应当说比较了解,反映的情况比较客观,容易把握起本质特征和主要优缺点。联系执纪执法部门。通过与这些部门联系,可以及时了解这些部门工作涉及的干部情况,避免漏查或失察。注意联系与考察对象来往较多的其他人。主要是与被考察者在八小时工作时间以外接触较多的人,通过和这部分人谈话,可以从一个角度了解其生活作风、道德品质和思想水平,这样能够尽可能全面、客观地了解和掌握一个干部的情况。另一方面要优化参与教职工的结构,听取教职工意见注意多层次、多渠道。群众的含义是广泛的,同时又具有相对性和层次性。领导层以下的人是群众,下级领导在上级领导面前也是群众。就一个单位讲,领导干部是一个层次,中层干部是一个层次,一般干部也是一个层次,普通老百姓又是一个层次。各个层次有各个层次的作用,彼此不能忽视,也不能互相代替。因此,要根据拟选任干部的不同要求,确定需接触教职工的层面。特别是选拔处于较重要岗位或层次较高的领导干部,更要重视广大教职工的意见。

要使确定的各层面的代表尽量多一些,分配合理一些,能充分代表民意。同时,为了获取干部的全面情况,还要注意拓宽干部信息来源的渠道。要做到三结合,即把经常性的了解和集中性的考察相结合,教职工评

议和组织评价相结合,组织部门掌握的情况与吸取纪检、监察等部门的意见相结合,以全面了解群众意见,详细掌握干部情况。

2. 注意引导,确保教职工做出准确评价

扩大教职工参与是从量上体现群众公认,提高教职工评价准确度则是从质上保证更好地实现群众公认。为了让教职工对干部的评价有的放矢,符合干部工作的要求,组织部门要为教职工提供必要的条件。要使教职工正确掌握新时期的干部政策,准确把握时代对干部提出的要求,切实增强识别干部的能力,认真坚持实事求是的识人原则,充分发挥群众公论的应有作用,为组织人事部门使用干部提供可靠依据。

首先,要引导教职工珍惜投票权利。教职工投的每一票都是神圣的,它既体现了组织对人民群众民主权利的充分尊重,又反映着群众公论、社会公认,是干部工作走群众路线的具体体现。引导教职工珍惜、用好自己的权利,要促使他们树立两个观念。一是大局观念。即教育教职工把组织选人用人同本校工作开展、党的事业兴旺发达联系起来,以对事业、对大局负责的态度评价和推荐干部,摈弃选人用人与自己无关的错误思想,主动关心本校的人事安排,自觉为组织作好参谋。二是责任观念。要使教职工认识到,民主不仅是一种权利,也是一种责任和义务。推荐干部必须本着客观公正负责的态度,以党和人民的利益为准绳,不因个人好恶、恩怨改变用人标准,严肃认真、郑重谨慎地投下自己神圣的一票,真正把德才兼备、事业心责任感强的同志推荐到领导岗位上来。

其次,引导教职工增强鉴别力。提高教职工对干部的鉴别力,关键是引导他们明悉干部"四化"方针和德才兼备的原则内涵。只有按照这一原则选出的干部,才会是适应社会主义现代化建设需要的优秀人才。因此,要加强宣传指导,把上述原则向教职工解释清楚,真正使干部工作有规可守,有章可循,从而在工作实践中提高教职工对干部的鉴别力,更好地为干部工作服务。

再次,引导群众强化组织纪律观念。干部工作是一项严肃的工作。为此,在发动教职工进行民主测评、推荐、监督时,要强调加强组织纪律性,不该说的不说,不该做的不做,防止感情用事、拉小圈子、搞非组织活动等现象的发生。对违反组织纪律的同志要进行严肃的批评教育乃至纪

律处分,以保证群众评议活动的健康开展。

3. 强调公开,提高干部工作的透明度

公开工作意图。在考察、选拔任用阶段,要公开干部选任的标准条件、考察对象和拟任职位等,该让教职工知道的要让教职工知道。其一公开选人标准条件、任职资格和职位要求。如果标准条件、任职资格、和职位要求不公开,教职工推荐就缺乏针对性,往往造成所选非所用或用人失当问题。其二公示考察对象。公示考察对象的基本状况、工作实绩、奖惩,防止发生虚报成绩的情况。近年来,我校对干部的考察,切实考察他们的工作有无开创性和坚韧性,把凭政绩用干部落到了实处。其三公开拟任职位。每一个职位要确定两名以上人选,让教职工对照比较,才能选出更符合组织意图和职位需要的人才。

公开操作过程。首先,公开参加评议和谈话对象范围。参加谈话、评议人员不仅要包括考察对象所在单位中层干部,更应包括单位基层教职工、服务对象、与考察对象一起学习和工作过的同志等。其次,公升汇总评议结果。最后,反馈考察结果。在综合分析的基础上,要对考察结果进行适度反馈,与校党委主要成员交换意见,向考察对象反馈,向参加评议的同志反馈,校验考察结果的准确性。在考察总结阶段,对研究确定的拟任职对象,在任用前进行公示,真正做到在考核结果的运用上充分体现群众的意愿。

公开工作纪律。教职工作为高校的主人,作为干部工作主体的一部分,不仅要知道干部工作的有关情况,还要按照《条例》要求,积极监督组织人事部门开展干部工作,确保整个工作的客观公正。要公开组织人事处工作人员情况。在每次民主推荐、考察评议和个别谈话之前,要将工作人员名单进行公开,使教职工对工作人员有所了解,减少顾虑,尽可能客观公正评价干部。要公开工作纪律。通过公开工作纪律,自觉接受教职工监督,增加教职工对考察人员的信任度,使他们做到知无不言,言无不尽。要完善监督机制。明确监督部门,建立相关制度,实行干部工作责任制,对干部工作中严重失实,以致出现用人重大失误的要追究有关人员的责任。做好教职工举报的受理工作。实行组织部门干部轮流接访,设立举报电话,并向社会公布,严肃查处教职工举报的干部工作中违反《条例》

的事情。

在进行课题研究时,我们也注意到,高校干部工作在扩大民主的过程中也出现了一些新的问题,如有的干部为得高票做老好人,不敢坚持原则,怕得罪人;有的教职工民主素质还有待进一步提高等。对于这些现象,我们认为随着民主进一步扩大,教育和管理进一步加强,这些问题会得到逐步解决,当然,我们也将做更深层次的研究。

＊此文原载上海《教育党建》,2003 年,第 37 - 38 期。

弘扬优良传统，建设特色大学

上海水产大学是我国现代教育史上唯一的一所具有 90 多年办学历史、水产学科门类齐全、培养层次一应都有的高等学校。为了适应新世纪全面建设小康社会中渔业生产和海洋经济发展的需要，为了适应上海在率先实现现代化的过程中都市型农业的发展和市民生活质量提高的需要，学校应该在弘扬优良传统的基础上，坚持教育创新，加强学科和师资队伍建设，牢固确立以学生为中心的观念，不断提高办学质量和效益，为国家培养更多的优秀人才。

一

上海水产大学的前身是 1912 年建立的江苏省立水产学校。当时的一批民族实业家和有识之士如张謇、黄炎培等，为了国家的海防和渔权，发起成立了水产学校，并在上海城郊吴淞镇原有的炮台基地上建造校舍，用意就是我国既然没有海军和要塞，那就只有依赖培养和训练海事人才，才能抵御帝国主义对沿海的侵略和掠夺。1914 年，

学校确立了"勤朴忠实"的校训。用江苏省立水产学校第一任校长、中国近代第一位赴日学习水产科学的留学生张镠的话说,勤朴忠实的校训对年轻学生的要求就是做到"五事":勤勉、诚朴、戒浮嚣、勿空谈国事、自食其力。在这一校训的影响下,水校在10几年里培养的400多名毕业生为中国的渔业和海防、为中华民族的振兴做出了很大的成绩,其中有中国共产党的早期领导人张闻天、毕生从事于中国水产业的教育家侯朝海等。

在水产学校发展到水产大学的90余年里,几经沉浮,艰难困苦,但是,为国家强盛、民族振兴的精神,学校勤朴忠实的校训,把校友和师生维系起来,克服困难,坚持办学。1937年,战争的炮火把校舍夷为平地,校友们在后方重庆的合川借中学的校舍办起了水产班;光复以后,他们回到上海,又白手起家在复兴岛复校,并在政权更替之际坚守岗位、保护学生,从而使新中国成立以后,很快就在上海成立了第一所本科建制的水产学院。"十年动乱"中,学校被强行迁往厦门,仪器毁损、图书散失,但是,水院的教职工忠于职守,认真工作,也培养了5届毕业生。直至20世纪80年代,世异时移,水院搬回上海原址复校,以后又被批准更名为上海水产大学,才走上了健康发展的正路。这20来年的变化,真是数倍于前70年。

综观这90多年的校史,不管是顺利发展还是遇到曲折,那种为国家强盛、民族振兴的精神、勤朴忠实的校训,始终在教师和校友的身上体现出来,并通过他们得到发扬和延续。勤朴忠实,用现代的话语来说,勤,就是勤奋,学习勤奋,工作勤奋,反对怠惰。"业精于勤,荒于嬉"。唯有勤奋,才能不断进步。朴,就是质朴,做人求真,多做少说,反对奢华。"君子讷于言而敏于行"。唯有求真,才能更有成效。忠,就是忠诚,忠于祖国,忠于职守,反对虚假。"天下为公,社稷为重"。唯有忠诚,才能众志成城。实,就是求实,重视实践,讲求实效,反对空泛。"纸上得来终觉浅,绝知此事须躬行"。唯有务实,才能心想事成。这些年来,水大有相当一批教师勤奋工作、站好讲台、关心学生、为人师表、艰苦攻关、科技创新,取得了出色的成绩;莘莘学子中也有一大批刻苦学习、追求卓越、为人诚信、脚踏实地、胸怀抱负、忠于祖国的佼佼者,毕业以后在各自的岗位上建功立业,为学校赢得了荣誉。因此,不断弘扬学校的优良传统,对于学校的建设和发

展是非常有益的。

二

进入 21 世纪,上海水产大学的管理体制发生了变化。根据国家的统一部署,学校由农业部管理"落地"为中央与地方共建、以地方管理为主,成为上海市管理的唯一的一所农业院校。当我们与上海市的高等学校为伍的时候,我们才猛地发现,办学的综合实力与他们相差甚远:国家下拨的经费明显偏少,教职工的待遇明显偏低,居住条件则问题更多。当然,我们也有学科上无可替代的优势,我们在水产学科和专业上的特色是其他高校都没有的,在国内同类院校和系科中都是领先的。

从学校的优良传统出发,结合"落地"以后碰到的新情况、新问题,我们在师生中展开了一年多的学习和讨论,大家逐渐统一了思想和认识。面对新形势,挑战和机遇并存。唯有团结奋斗、艰苦创业、扬长补短,才能赢来新的发展机遇和空间。作为解决问题的第 步,我们从教职工最关切的住房问题入手,自筹资金,在上海高校中较早推出了住房分配的货币化改革。至今已陆续发放 2 000 余万元的购房补贴,60% 的教职工受惠。现在,学校教职工的住房条件基本已经达到小康的要求:人均一间房,接待、学习有地方。我们常说,安居才能乐业。解决了教职工的后顾之忧,他们就能以更加饱满的精神去投入教学和科研。同时,大家进一步明确了学校的定位和发展目标,写入了学校第六次党代会的工作报告,并且确定了第一阶段的奋斗指标。我们的发展目标是:经过 10 至 20 年的努力,把上海水产大学建设成为一所国内外知名、特色学科优势明显、多学科协调发展、教学科研并重的一流的特色大学。第一阶段,从 2 001 年至2005 年,具体任务是:继续全面推进教学改革,实施创新教学计划和培养模式,提高教育教学质量;继续创建有特色的水产、海洋、食品、渔业经济及其他应用专业高级人才培养基地、知识创新基地和产学研结合基地,取得一批标志性成果;稳妥地推进新老交替,形成适应新世纪需要的高素质的教学、科研、管理队伍;提高办学活力,校、院两级办学自主权得到落实和扩大,办学经费大幅度增长;办学条件和教职工待遇得到显著改善;继续深化劳动人事制度与机关改革,进一步深化后勤社会化改革;加强精神

文明建设,创建市级文明单位。在学科建设、办学规模、科研经费、校园建设和教职工待遇等方面都制订了增长指标。这在当时,对学校的领导班子是直接的自我加压。看到这样的精神状态,广大教职工的积极性被充分调动起来。他们的主观能动性得到发挥,创造性充分涌流出来,学校的各项工作得到很大的推进。现在,离完成这些增长指标的时间接点还有一年多,而指标的数量都已经达到了。简括地说,我们实现了几个翻一番:校园和校舍面积翻了一番,办学经费和科研经费翻了一番,教职工人均年收入翻了一番,在校学生数翻了一番。上海水产大学已经成为一所万人大学,能够争取并主持国家的重大科研项目,水产学科培养的层次从本科到硕士、博士,包括专业硕士学位一应俱全,还建立了博士后流动站。今天的水大正在向一流的特色大学的目标大步迈进。

三

提高教育质量是办好学校永恒的主题,换句话说,为老百姓提供优质的教育服务是学校的举办者和管理者义不容辞的职责。这几年,在办学规模得到拓展的同时,在狠抓教育教学质量上我们采取了很多措施,诸如精品课程建设、教授为本科生上课和答疑、组织高年资教师督学、建立领导听课和巡考制度等等。现在,当我们认真学习和落实科学发展观的时候,从科学发展观的高度来检讨这几年的工作,确有许多需要改进和完善的地方。

科学发展观强调以人为本,要尊重人、理解人、关心人,把不断满足人的全面需求、促进人的全面发展作为工作的根本出发点和归宿。青年学生是高等学校办学的依据和培养的对象,因此,学校工作应该在各个环节上体现以学生为中心。我们要创造条件,逐步增加青年学生在学习上的主动性和选择性。现在通行的大学低年级加强通识或者说通才教育、高年级才进行专业教育的培养模式,一定要有年轻人的积极参与、发挥他们的主观能动性,才能收到预期的效果。这样,在一定的范围内,增加学生选课的自由度;同一门课,让学生有选择授课教师的主动权。长此以往,年轻人的学习积极性会大大增加,学风问题会迎刃而解。从以人为本的要求出发,学校还要加强德育教育。现在,社会各界对近几年高校毕业生

的意见最多的就是敬业精神的欠缺和思想道德素质方面的问题。大学生从全面发展、适应社会的角度也把德育视作自身发展的需要,我们有超过三分之一的学生积极要求入党就是明证。因此,我们要认真检查、落实德育工作的各项举措,包括辅导员和班主任的工作责任制、思想工作和党建工作进入宿舍、加强生产实习和社会实践、任课教师做到为人师表的典型引路、学校和家庭的联系制度等等。我们还要从建设精品课程的高度去研究改进和加强马克思主义理论教育,使现在"两课"的主要课程都成为大学生喜爱的课程,让占总学分十分之一的"两课"真正发挥思想政治教育的主渠道作用。我们更要从东西方德育的比较中进一步明确塑造新人的紧迫性,我们不可能把德育让位于寺庙或教堂,我们必须充分发挥党组织在青年学生中的核心作用。我们要让大多数年轻人确立对共同理想的信念,让其中的优秀分子树立共产主义信仰。经过几年的工作,我校学生党员的比例已经达到了 10%。

科学发展观强调协调发展和可持续发展,坚持速度、结构、质量和效益的统一,处理好长远利益和当前利益的关系。这就要求我们继续下大力提高教学质量,使之与万人大学的规模相吻合。我们要加大学生选课评课的力度,促进教师充分利用讲台讲好讲活知识;进一步重视实践教学,加强生产实习的管理和实验教学的创新;教材的建设再上新台阶,不光是选用内容新、质量高的教材,还要组织教师编撰水产专业的精品教材并提供给同类院校。我们要积极筹措资金建设高标准的图文信息中心,继续推进校内外文化体育设施的资源共享,让学生的全面发展有一定的物质基础加以保证。高校教师开展科学研究或者科技攻关是基本功。我们不仅要重视重大项目的争取或者科研经费的增加,还要让科技创新推动教育创新,给教学提供更加广博的最新成果,启发学生的创新思维,培养学生的创新能力。十年树木,百年树人。要克服急功近利的急躁情绪,舍得下功夫,潜心于专业课程的建设,以海内外同类课程作为参照,努力建设一流的专业和课程,让更多的青年学生享受到优质的教育资源。

有一位校长说过,办一流大学,不在于有几座大楼,关键要有几位大师。要建设一流的特色大学,必须要有几位国内外知名的大师级的教师。而想达此目标,就要从基础抓起,扎扎实实地推进师资队伍建设。在这几

年工作的基础上,根据学校的实际情况,我们还将继续加强这支队伍建设,包括继续注意改善教师的生活和工作条件,这是建设教师队伍的重要前提;建立、健全奖励制度,引入竞争机制,强化激励机制,确定制衡机制,完善评价机制,实行聘任制度,从而促进教师队伍不断优化;抓紧培养学科带头人并形成梯队,使学科建设能够持续发展,在教学科研的第一线,让更多的优秀教师脱颖而出;大力提高教师队伍的思想道德和业务素质,这是教师队伍建设的重要任务。尤其要注意提高教师的职业神圣感和敬业、奉献精神,树立起为人师表的良好形象。

展望未来的几年,随着科教兴国战略的实施,高等学校在全面建设小康社会中提供人才培养和智力支持的作用会日益显现出来。上海水产大学将努力弘扬优良传统,不断提高教育质量和学科水平,建设一流的特色大学,满足人民群众接受优质教育的需要,为国家的渔业生产和上海的都市农业发展做出更大的贡献。

＊此文原载《高等农业教育》,2004 年,第 8 期。

抓住机遇,聚焦目标,狠抓落实,力求突破,为建成高水平特色大学而努力奋斗

各位代表、同志们:

现在,我代表中共上海水产大学第六届委员会向大会作报告,请各位代表审议。

中共上海水产大学第七次代表大会,是在谋划学校中长期发展,深化学校改革的新形势下召开的,必将对我校各项事业的发展产生重要影响。

大会的主题是:高举邓小平理论和"三个代表"重要思想伟大旗帜,全面落实科学发展观,深入贯彻党的十六届五中全会和全国科技大会精神,认真总结学校近5年来的工作,提出今后5年学校改革与发展的奋斗目标和工作思路,不断加强党的建设,动员全校各级党组织,团结和带领广大师生员工,抓住机遇、聚焦目标、狠抓落实、力求突破,深化内涵建设,为把我校建成高水平特色大学而努力奋斗。

一、近5年的工作

2001年9月我校召开了第六次党代会。5年

来,校党委团结带领广大师生员工,以邓小平理论和"三个代表"重要思想为指导,认真学习贯彻科学发展观,团结一心,艰苦奋斗,努力拼搏,圆满完成了第六次党代会提出的主要任务。

过去5年是我校办学规模迅速发展的5年,是教学质量不断提高的5年,是学科建设全面推进的5年,是办学条件明显改善的5年,是改革创新日益深化的5年,是学校综合实力稳步提升的5年,是学校各项工作全面发展的五年。这5年的成绩为把我校建设成为高水平特色大学奠定了重要的基础。

······

5年来我们的经验和体会是:

(一) 发展是治校兴校的第一要务

学校的工作千头万绪,但核心只有一个,那就是发展。发展是硬道理。这几年中,我们治校图兴校,兴校谋发展,对发展的目标和内容、方法和措施、规划和计划、组织和实施无不详尽论证,周密权衡,科学决策。我们已经欣喜地看到,发展使我们这所有90多年历史的老校焕发青春,与时俱进。问题在发展中解决,人心在发展中凝聚,地位在发展中提高,实力在发展中增强。发展是治校之本、兴校之基、强校之源,是我们永远要掌握和珍惜的法宝。

(二) 社会主义办学方向和科学发展观是学校发展的指南

学校的发展必须坚持社会主义办学方向,务必要遵循科学发展观。社会主义办学方向首先体现在认真贯彻执行党和国家的教育方针,切实保证邓小平理论和"三个代表"重要思想在学校各项工作中的指导地位,并具体融入到学校各项工作的定位、目标、制度、方案和实践中去。我们渴望发展,但发展什么,如何发展,却须求真务实、统筹兼顾。唯有贯彻落实以人为本,全面、协调、可持续的科学发展观,发展才能聚人心、出实绩、有后劲。

(三) 培养人才、服务社会、提升特色、增强实力是学校发展的主题

学生数量反映了学校的规模和层次,而学生的培养质量体现了学校的内涵和实力。因此,学校坚定不移、千方百计地谋求学生在德智体美诸

方面的全面发展,注重学生创新精神与实践能力的培养锻炼。我们深知,只有为地方经济和社会发展提供更多更好的服务,为之作出更多更大的贡献,学校才会赢得社会地位与广泛认可。因此,我们坚持不懈、热情满怀地把知识、技术贡献给社会,特别是贡献给广大农村和农民。如果说培养人才、服务社会是学校发展的要务,那么提升特色、增强实力就是学校发展的精髓。对学校在学科专业、精神品格等方面的传统和优势,包括"勤朴忠实"的校训,我们既要真诚而执着地继承、巩固,更要适时地加以弘扬、重塑。这几年我们为提升特色下了苦功、付了心血,也取得了成功,获得了认同。坚持引领高等水产教育不动摇、把学问做在江河湖海上就是其中的代表。特色是学校实力的关键,还必须拓展实力的外延、丰富实力的内涵。学校这几年在众多领域和不同层次上都新增了实力,丰富内涵、发展壮大也已成为广大师生员工的共识。

(四)深化改革、锐意创新、艰苦奋斗、自强不息是学校发展的动力

发展既是进步,更是突破,而改革是发展之路,创新是发展之源。改革、创新越全面越深入,发展之路就越宽广,发展之获就越辉煌。这几年我们因改革而激发出的创新智慧时有迸发,创新作为不断涌现,学校在改革、创新中变强变大,师生在改革、创新中受惠受益。改革、创新的内在动力来自于广大师生员工爱校荣校的觉悟和开拓进取的精神。学校广大师生顾大局、识大体、直面艰难、不畏曲折、自觉奉献、追求卓越,既为学校的发展提供了充足的动力,创造了精彩的业绩,也为学校的发展留下了宝贵的精神财富。

(五)加强党建、营造和谐是学校发展的保证

党组织的作用,干部的素质、能力和党员的觉悟、形象是保证学校全面、协调、可持续发展的关键。党的先进性是党的生命,保持先进性是党的建设的核心和灵魂。通过开展保持共产党员先进性教育活动,使我们进一步明确保持先进性的目标和方向、关键和要点、措施和方法。党的先进性的保持、发挥和发扬,从根本上保证了学校发展朝着正确的方向、沿着正确的道路不断前进。稳定是发展的前提。营造和谐氛围、创建和谐校园是保持稳定的关键,是党的凝聚力工程的重点。只有把"实现人民的

愿望、满足人民的需要、维护人民的利益"作为根本出发点和落脚点,才能得到广大师生员工的赞成和拥护,才能形成合力、取得成功。

二、今后 5 年的目标和任务

未来 5 年在我校发展史上具有承前启后的重要地位,我们要以邓小平理论和"三个代表"重要思想为指导,用科学发展观统领学校各项工作,围绕创新型国家建设目标,坚持"发展是第一要务",转变发展观念、创新发展模式、提高发展质量,争取在 2012 年建校一百周年时,把学校建设成为水产、海洋、食品等学科优势明显,农、理、工、经、文、管等多学科协调发展,科研教学并重,在国际上有重要影响的高水平特色大学。

根据这一目标,我们将切实推进党的建设,围绕学校的发展目标和各项任务,一如既往地坚持用发展和改革的办法解决前进中的问题,在继承各项工作成果的基础上,实事求是地确定新时期学校的各项主要任务:

——建设一个优势学科、特色学科和培育学科层次鲜明,多学科交叉、协调发展的学科体系;

——建设一个为国家和社会培养、输送高层次专门人才和高素质劳动者的教育高地;

——建设一个面向国家战略和上海市科教兴市需求、富有创新活力、产学研一体的科研基地;

——建设一支以领军人物为核心,结构优化、实力雄厚的师资队伍;

——建设一个布局合理、设施完备、环境优美、管理科学的文明和谐校园。

未来 5 年,我校面临着前所未有的发展机遇。全国科技大会的召开,把建设创新型国家提高到了战略地位,为高校科技创新提供了重大机遇;十六届五中全会和中央农村工作会议的召开,提出了建设社会主义新农村的目标,为农业院校的发展带来了前所未有的新机遇;我国中长期科技发展规划、国家与上海科教兴市战略规划部署,为我校学科的建设创造了良好的条件。我们广大党员要认清形势、统一思想,抓住机遇,齐心协力,实现学校新的跨越式发展,把我校建设成为高级专业技术人才和高素质应用型人才培养的摇篮,成为我国水产、海洋、食品等领域科技创新的重

要基地。

（一）完善学科体系建设，大力提升科学研究水平

强化水产学科优势、拓展海洋学科布局、聚焦食品学科发展、凝练经管学科方向，夯实工程、信息、人文、外语等学科基础，瞄准国际前沿，促进学科交叉，提高我校教育教学水平和科技创新能力，进一步整合资源，优化布局，协调发展；强化创新，突出重点，打造一流；分层建设，分类指导，目标管理，加快学科体系的建设与发展。

着力建设水产、海洋、食品、经管等优势学科，在新的更高起点上扩大优势学科群和优势学科覆盖面，确立优势学科的学术权威性和在国内外同类学科中的领先地位；建设一批特色学科，推进交叉学科的发展；构建服务优势学科群发展的基础平台，加快基础培育学科的发展。

加快与学科建设相对应的基地建设和实验室平台建设，在新校区建设中要高起点规划、高标准要求、高质量建设、高效率运作，建设功能齐全、设施先进、布局合理的实验室基地群，探索和完善校级专业实验室运行机制，合理配置资源，提高管理和使用效率，实现有限资源的充分共享和规范化的专业管理。

努力争取科研项目新的突破。整合校内资源，形成组合优势，积极争取和承担国家与上海市的重大科技战略任务；拓展863项目，突破973项目、国家自然基金重大项目、国家社科基金重大项目和国家科技专项，使我校未来几年承担国家级和省(部)级重大项目数、科研成果和论文水平再上新台阶。加强对科研项目的过程管理，督查科研项目进度及经费使用。加强学术道德，建立和完善学术研究的制度，健全工作机制，形成良好的政策导向。

面向经济建设主战场，推进科技成果转化和推广工作，大力加强产学研合作。拓展与政府主管部门、企业和科研院所及其他单位的合作，进一步拓宽产学研合作渠道；主动参加和融入创新型国家的建设，积极参与社会主义新农村(新郊区)建设、中西部联动发展和科技入户工程等战略，不断推进知识创新和科技成果向现实生产力转化，推进科技产业化进程。

到2012年，努力争取新增1个国家级重点学科，5～8个省(部)级重

点学科;争取建设1～2个国家级重点实验室,4～5个省部级重点实验室和工程研究中心;科研与开发经费争取过亿元。

(二) 坚持教学中心地位,显著提高教育教学质量

全面贯彻党的教育方针,坚持以学生的全面发展为本,深入实施素质教育,大力培养创新人才和高素质劳动者。积极推进本科教育人才培养的改革与发展,理顺通才教育与专才教育、基础性专业与应用性专业、理论教学与实践教学、教学规范与自主创新等关系,实施"稳定规模,优化结构,提高质量,突出特色,协调发展"的战略方针。

全面实施我校的精品课程建设工程,促进教授上讲台并参与课程建设,改进教学内容、课程体系、教学方法与教学手段,加强精品教材与特色教材建设,全面提高教育教学质量。到2012年课程总数增加到1 000门以上,其中建成1～2门国家级精品课程,8～10门市级精品课程,40～50门校级精品课程;主持编著50部特色教材及主要教学辅助材料,其中10部建设成省市级以上优秀教材。

加强实验实践教学建设。以教育部、市教委的实验教学示范中心建设为契机,整合、优化实验实践教学资源,加强实验实践教学队伍及设施建设,规范实验实践教学管理,继续完善实验实践教学课程体系,使我校的实验实践教学水平与我校知识型高级应用人才和复合型高级水产人才培养目标相吻合。到2012年争取建成1～2个上海市级实验教学示范中心,学生毕业设计(论文)总体达到教育部高校本科教学工作水平评价指标体系中的优良水平。

加强教学评价制度和教学质量保障体系建设。完善校院两级教学督导组织,深入开展基层教育教学组织活动,督促、帮助教师特别是青年教师提高教育教学能力;制订和完善学院评价、系部(教研室)评价、督导组织评价、学生评价、就业率评价等质量评价体系;提供设施先进、运作合理、服务到位和管理严格的教育教学保障。

加快专业建设和结构调整的改革力度,促进专业外延与内涵的协调发展。在继续改造和优化传统专业的基础上,努力建设一批适应学科发展、社会需求的新兴专业和交叉专业,到2012年本科专业及方向数达到

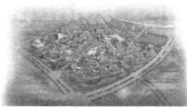

40～45 个。抓住教育高地建设机遇,引领学校其他专业的发展,提升学校各专业的层次和影响力,努力创建品牌专业和上海市市级示范专业。加强招生工作,切实提高生源质量,努力发展留学生教育,巩固和发展成人教育,探索和创新我校多层次教育互动发展的体制、机制和运行模式。到 2012 年,我校在校本科生规模稳定在 15 000 人左右。

加快发展研究生教育。在不断提高生源质量的前提下,稳步扩大研究生教育的规模。继续做好硕、博士点的申报工作,到 2012 年,争取新增 2 个一级学科博士点、4 个二级学科博士点;新增 4 个一级学科硕士点、15 个左右二级学科硕士学位点;研究生规模达到 2 000 人以上。加强研究生导师、特别是博士生导师队伍建设,提高研究生培养质量,重点是提高研究生的论文质量,使我校进入上海市优秀硕士论文的数量有较大幅度的提高;并争取有博士论文入选全国百篇优秀博士论文。

(三)完善引进培养模式,加快优化师资队伍结构

要充分认识人才是我校发展的第一资源,充分认识加强和提高师资队伍建设的重要性,加大高层次人才的引进力度,通过特殊政策,吸引国内外具有高学历、高素质、高水平的高层次人才来我校工作,不断改善师资队伍结构,提高师资队伍质量。每个学科都要有结构合理的学术梯队;优势学科拥有享誉国内外的一流专家学者;特色学科拥有较高学术水平的中青年学科带头人;培育学科拥有一批优秀骨干教师。

加强青年教师和新进教师的培训与培养,尽快提高他们的业务水平。要继续有计划地选拔中青年骨干教师攻读研究生学位,特别要加大在职博士研究生的培养力度;通过开办教育教学能力研修班以及开展教学示范比赛等措施,组织中青年骨干和新进教师集中学习高等教育理论、教学方法、讲授艺术和教育心理学;加强实践教育和培养,鼓励青年教师下基层锻炼,支持他们承担和参与国家级和省部级重大科研项目,努力造就一支高水平、年轻化的专家队伍。

加强教师管理制度建设,继续深化专业技术职务聘任、分配与考核制度改革,不断提高教师的业务水平与思想政治素质。加强编制管理,控制非教学人员编制,提高人员使用效益。争取到 2012 年,全校教职工 1 200

名左右,其中教学科研管理等专业技术人员达到 1 100 名。专业技术人员中,副高以上专业技术职务人员达到 50％。45 岁以下专任教师具有博士学位的达到 50％以上。

(四)加强思想政治教育,积极实施素质拓展计划

按照《中共中央、国务院关于进一步加强和改进大学生思想政治教育的意见》和胡锦涛同志提出的树立"八荣八耻"的社会主义荣辱观要求,落实《上海市德育十一五发展规划》,积极开展"树魂立根"教育、形势与政策教育和爱国荣校教育,发挥思想政治理论课的主渠道作用,同时要主导网上德育阵地。

进一步加强辅导员队伍建设,不断提高他们的思想道德修养和政治理论水平,加强相关知识培训,增强心理咨询、就业指导、思政教育与学生事务管理的能力,成为大学生健康成长的指导者和引路人。完善辅导员专业技术职务聘任办法和激励机制,稳定辅导员队伍,努力建设一支政治坚定、结构合理、素质过硬、专兼结合的专业化、专家化辅导员队伍。

切实加强学风建设。要从学风建设入手,推进优良教风和校风建设。要设计和形成优良学风校风的长效管理体制和机制。全力做好就业指导工作,动员全校各方面力量,运用必要手段和有力措施,拓宽就业渠道,鼓励学生自主创业,千方百计提高学生就业率。

继续开展好社会实践活动,推进志愿服务及各种课余活动的蓬勃开展。继续鼓励和规范学生社团发展,引导学生积极参加志愿服务、社团活动、社会工作与文化艺术体育活动,培养学生的奉献精神、团队意识和自我管理能力,提高学生的人文精神、审美情趣和身体素质。注重发挥实践、研究、培训等形式的育人作用。鼓励大学生科技创新,培养学生的实践能力、创新意识、创新精神和创新能力,全面增强适应社会的本领和社会竞争力。

(五)创新自主办学模式,着力提高整体办学效益

多渠道争取办学资金。在充分挖掘和利用自身资源的基础上,努力争取更多社会资源,更大的资金支持、资助力度。随着各项工作的不断发展和学校整体实力的增强,积极争取政府更多更大的支持,解决学校发展

过程中的资金瓶颈。

拓展办学模式,继续开展合作办学,完善已有的合作办学模式,探寻新的合作方式;适度扩大成人教育招生规模,开办各种适应市场需求的培训班,形成教育品牌;在充分调查研究的基础上,创建上海水产大学资产经营有限公司,增强学校自筹经费的能力。

积极转变办学观念,进一步加强财务管理,完善财务预、决算制度,严格执行收支两条线,加强经济和成本核算,密切注意投入和产出、成本和效益的关系,减少浪费,力争以较少的财政投入办更多的事情,培养更多更好的人才,全面提高办学效益,建设资源节约型、环境友好型学校。

(六)完成校区建设搬迁,努力拓展学校发展空间

顺利完成新校区建设和搬迁,是学校在今后五年内的一项十分艰巨的任务,也是新一届党委班子的一副重担。要充分估计搬迁中的困难和风险,千方百计为教职工的工作和学习创造良好的条件,尽最大努力帮助广大教职工克服因搬迁带来的困难,最大限度地解除教职工的后顾之忧;主动与市委、市政府、市教委以及南汇区沟通,积极争取各方支持;要满腔热情地做好教职工的思想工作,为顺利搬迁营造良好的舆论氛围。

要继续发扬艰苦奋斗的精神,克服各种困难,在 2008 年 8 月前全面完成新校区一、二期建设任务,确保满足教学、科研、生活的基本需要。在短时间内完成新校区建设的重任,既要加强对工程、项目和单位的监管,严把工程质量关,又要认真落实有关廉政建设的制度和措施,把好干部廉洁关。争取到 2012 年全面建成布局科学、设施齐全、环境优美的新校园,为学校进一步发展奠定良好的基础。

新校区管理和运行是学校搬迁后面临的一个新课题。要提前研究和制定新校区的运行机制、管理体制和教职工住房选购政策。要切实做好搬迁后的管理和后勤保障工作,尽快适应教学、科研、生活需要,为广大师生提供一个硬件设施更加齐全,工作、学习、生活更加舒适,数字化校园初具规模的现代化大学。

同时,要全面融入临港新城区和"海洋南汇"建设,主动参与上海海洋产业发展战略,积极服务长三角南汇区域经济社会发展大局,努力拓展学

校的办学空间。

（七）增强校院综合实力，稳步提高教职工待遇

进一步加大二级学院自主权，理顺校院两级管理体制，不断完善学院管理目标责任制。调整管理模式，实现管理重心下移，逐步增大学院自主权，充分调动二级学院的积极性、主动性和创造性，增强学院的活力和学校的综合实力。

稳步增加资金投入，提高教职工收入水平。要在综合实力不断增强的基础上，让教职工切实得到实惠，共享学校改革发展的成果，努力实现教职工个人事业与学校事业同步发展，教职工福利待遇与学校实力同步提高。

改革收入分配制度，按贡献大小和岗位实绩取酬。在学校增加投入的基础上，各个学院要根据自身情况，制定灵活的分配政策，通过提高科研成果奖励、教学质量奖励、管理效益奖励力度，增加福利待遇等多种途径，提高教职工的收入水平。同时关心好退休教职工，为他们提供活动场所和经费，丰富退休教职工的文化娱乐生活。

通过校院两级投入，保证全体教职工的收入水平呈逐年稳步增长的趋势。到2012年，使我校教职工以工资福利为主体的各种收入总额有较大幅度增加，争取在2005年的基础上再翻一番，生活质量进一步提高。

（八）深化体制机制改革，不断提高学校管理水平

进一步推行综合改革，完善人员聘用制度。在专业技术职务聘任改革的基础上，不断调整和优化岗位设置方案，强化岗位目标管理和责任意识，破除论资排辈现象，不拘一格选拔人才，形成"人才能进能出、岗位能上能下、待遇能高能低"的体制与机制，努力创建有利于优秀人才脱颖而出、人尽其才、才尽其用的环境和氛围。

探索建立以岗位绩效为依据的分配机制，形成学校、学院（部门）、受聘人员三位一体的管理体系。坚持原则性与灵活性相统一，既要坚持按岗取酬原则，又要根据岗位的考核结果发放绩效津贴，不断完善考核方案，制定合理的、量化的考核指标体系和考核办法，探索网上考核模式。坚持考核的公开、公正、透明，使考核制度化、规范化、科学化，同时又要进一步完善奖、惩制度，并把奖励先进与鞭策后进作为促进各项工作的重要抓手。

继续完善目标责任制,不断深化在管理、服务和后勤保障等方面的改革,努力构建"市场提供服务、学校自主选择、政府宏观调控、行业自律管理、职能部门监管"的新型后勤保障体系。通过科学的设计、有效的管理和积极的组织引导,提高管理水平、服务水平和决策能力,使学校管理工作上新台阶,达到与高水平特色大学相称的管理水平。通过深化体制机制改革,实现体制和机制的重大转变,使得各种瓶颈问题得以有效解决和缓解,为学校各项事业的发展奠定坚实的基础,营造良好的氛围。

(九)营造和谐人文环境,全面深化精神文明建设

大力推进民主政治建设,推进校务公开,倡导政治参与,充分发挥两级教代会的作用,提高师生员工参与管理的水平和能力。

深入开展校史研究,继承和发扬"勤朴忠实"的校训精神,大力发掘、宣传和弘扬百年老校的爱国荣校、艰苦奋斗的优良传统,积淀文化底蕴,营造和谐的人文环境,提升学校的文化内涵。引导师生承继大学精神,建设优良校风,营造良好学风,提高校园文明程度。

深入开展文明单位创建活动,充分调动各学院、各部门和广大师生的积极性、主动性、创造性,把精神文明创建活动与学习、工作结合起来,秉承创新理念,不断创造精神文明建设的新形式、新内容、新载体,进一步提升文明单位内涵建设,加强综合治理、卫生和绿化工作,建设"健康校园"和"安全文明校园"。

三、加强和改进党的建设

各位代表、同志们,实现学校中长期规划目标,推进高水平特色大学建设进程,更好地完成培养社会主义建设者和接班人的根本任务,在推进科教兴市主战略中更好地发挥作用,关键在于加强和改进党的领导。在未来的几年里学校将经历校名更改、校园整体搬迁等重大变化,将迎接学校的百年华诞,所有这些任务的完成,都有赖于全校党员的先锋模范作用和基层党组织的战斗堡垒作用的发挥。因此,我们要继续巩固和扩大先进性教育的成果,以先进性教育长效机制建设为核心,进一步加强校院两级领导班子建设、基层党组织建设和干部队伍建设。

（一）以制度建设为抓手，进一步加强校院两级领导班子建设

坚持和完善党委领导下的校长负责制，增强班子的活力。完善集体领导和个人分工负责相结合的制度，加强班子成员之间的交流与沟通，增进理解，既充分发挥集体智慧，又最大限度调动个人的积极性，形成带领学校改革发展的合力。积极开展校院两级班子内部的民主生活，经常开展批评与自我批评，增强班子的活力。

健全和完善校院两级领导班子理论学习制度，提高班子成员的综合能力。积极贯彻落实加强校院党委中心组学习的相关措施，切实加强两级领导班子的思想政治建设，使之成为政治坚定、求真务实、开拓创新、勤政廉政的坚强领导集体，不断提高班子成员把握全局的能力、创新能力、破解难题的能力和驾驭学校、学院改革发展的能力。

落实三个议事规则，推行民主科学决策。坚持民主集中制，按照先进性教育活动中制定的我校党委常委会、校长办公会和校长专题办公会议的三个《议事规则》，进一步完善决策机制，积极推进校务公开、院务公开，实行民主决策、科学决策，加快依法治校进程。

进一步密切干群关系，坚持和完善校党政领导班子成员联系点制度、下基层制度和校领导接待日制度，拓宽班子成员与师生员工的沟通渠道，深入教学科研管理第一线，认真听取群众的意见，切实解决群众的困难。

此外，还要按照有关规定，加强对统战工作、群众团体的领导，做好老干部工作。帮助和支持民主党派加强自身建设，充分发挥各民主党派在学校改革发展中的积极作用；加强对工会、妇委会、共青团、学生会等群众团体的领导，充分发挥它们的桥梁和纽带作用；坚持落实离退休老同志的政治待遇和生活待遇，切实关心他们的思想、生活和身体健康，提供个性化的优质服务，充分发挥他们在学校改革发展稳定中的重要作用。

（二）以先进性建设为核心，进一步加强基层党组织建设

配齐配强班子，提高班子成员的素质和能力。要按照党章要求，选配好基层党组织班子。要以上级党校和学校党校为阵地，积极开展基层党支部书记培训，同时依托学校分党校和机关、学院党委（党总支）开展基层党支部委员培训，不断提高他们的思想政治素质和业务素质。

创新思路和方法,增强基层党组织生活的实效性。完善"三会一课"制度和基层党委的民主生活会制度,使民主评议党员制度固定下来,形成长效机制,深入开展"高兴、放心、凝聚"主题实践活动和"双结对"活动。同时积极探索新的形式和内容,切实提高基层党支部的组织生活质量。把基层党委(党总支、直属党支部)和基层党支部建设成为贯彻"三个代表"重要思想的组织者、推动者和实践者,不断提高党组织的创造力、凝聚力和战斗力,更好地巩固党执政的组织基础。积极推进学习型支部建设,组织学习党章,学习理论,强化党员意识,提升党员能力。

拓展工作领域,扩大党建工作的覆盖面。继续推进学生党建进社区工作,同时积极探索新形势下学生党建工作进社团等模式,探讨在校院两级管理体制下,基层党委(党总支、直属党支部)如何切实将政治核心和监督保证作用渗透到教学、科研、管理、服务和育人等各项工作中。按照与行政、教学、科研组织相对应的原则,合理调整和设置基层党组织,增强党在学校各级工会、教代会、学术委员会、妇委会、共青团等专业团体和群众团体中的影响力、渗透力,把党的工作向学科团队、重大项目、重点实验室等最活跃、最具创新能力的组织单元拓展和覆盖。

继续做好组织发展工作,提高教师的党员比重。特别要做好在中青年教师和大学生中发展党员的工作,进一步增强党在高知识群体中的凝聚力和影响力,不断巩固党的阶级基础、扩大党的群众基础。学生党员的数量和比例要稳中有升,达到低年级班中有党员、高年级班中有支部。要严把党员"入口关",切实保证党员发展的质量。同时,畅通党员"出口关",对于失去先进性、不符合党员条件的,要及时做出处理。

(三)以作风建设为纽带,进一步加强干部队伍建设

坚持党管人才的原则,进一步推行公开、公平、竞争、择优的用人制度。继续按照规定选拔任用领导干部,坚持走群众路线,切实保证群众的知情权、参与权、选择权和监督权,恪守任用程序,坚持和完善干部任期制度,建立健全科学的干部选拔任用机制,进一步推进干部工作的科学化、民主化、制度化,坚决摒弃干部任用工作中的不正之风。

进一步加强干部的教育培训,建立健全运转有效的干部教育培训体

系。继续举办中层干部岗前培训班,通过学习理论,宣讲法规、分析案例、考察调研、座谈讨论等形式,使他们提高理论修养,增强开拓创新精神和拒腐防变能力,掌握科学的领导方法;认真贯彻落实《干部教育培训工作条例》,以党校为阵地,加强对中层干部的岗中教育和培训,提高领导干部的治校本领和管理能力,引导他们进一步坚定全心全意为人民服务的宗旨,正确对待手中的权力,树立正确的权利观和地位观,做到"权为民所用,情为民所系,利为民所谋",对党负责,对广大师生负责。

加强对中层干部的考核与监督,推行干部辞职制度。完善组织监督、领导监督、群众监督三位一体的监督体系,坚持岗中谈话制度,通过谈话,肯定成绩,指出不足,提示方向,如有违规违纪的反映,视情节对其进行诫勉谈话;完善干部考核制度,对任期内考核不合格或对工作不力、一心多用的干部,要动员其自愿辞职,或引咎辞职,或责令辞职。

继续做好年轻后备干部的选拔和培养工作,为学校发展提供组织保障。要把发现、推荐、培养优秀青年干部作为一项重要工作来抓,学校在党校中开办青年教学、科研、管理骨干培训班,紧密结合国际国内形势和社会主义现代化建设对领导人才的素质、能力要求,科学设置课程和培训环节,全面提高青年后备干部的素质、能力和领导方法与艺术,切实提高青年后备干部的培养质量。

党的建设是我校各项工作顺利发展的政治保证,在党的建设全面加强和改进的基础上,在注重外延建设的同时,切实把工作的重点转到内涵建设的轨道上来,以党的建设为纽带,促进我校各项工作全面、协调、可持续发展。

各位代表、同志们,我们正处于一个机遇与挑战并存的时代。未来5年是我校深化改革、积极进取的5年,是同舟共济、艰苦奋斗的5年,是大力发展、成就百年辉煌伟业的关键5年,任重而道远! 全校党员和师生员工要进一步深入学习和实践"三个代表"重要思想,贯彻落实科学发展观,抓住机遇、聚焦目标、狠抓落实、力求突破,认真完成学校中长期发展的各项任务,为把我校建成高水平特色大学而努力奋斗。

＊本文是2006年6月在上海水产大学第七次党代会上作的报告。

对高校党外干部工作的几点思考

党的十七大提出,要"加强同民主党派合作共事,支持民主党派和无党派人士更好履行参政议政、民主监督职能,选拔和推荐更多优秀党外干部担任领导职务"。高校党外知识分子密集,党外人才资源丰富,认真贯彻党的十七大关于党外干部工作的文件精神,积极落实《中共中央关于进一步加强中国共产党领导的多党合作和政治协商制度建设的意见》(以下简称《意见》),加强党外干部的培养选拔,对高校推进民主管理,加强内涵建设,构建社会主义和谐校园具有重要意义。

一、充分认识高校党外干部工作的重要性

(1)加强高校党外干部工作是加强和改善高校党的领导的客观需要。构建社会主义和谐社会,对提高党的执政能力,加强统一战线工作提出了新要求。《意见》提出,各级党委要从提高党的执政能力、发展社会主义民主、构建社会主义和谐社会、推进改革开放和现代化建设胜利发展的战略高度,进一步提高认识,加强和改善对多党合作

和政治协商的领导,充分发挥民主党派在国家政治生活中的作用。《意见》的制定为高校统战工作指明了工作的重点和努力的方向。高校党外干部工作是统战工作的一个重要方面,也是干部队伍建设的重要内容。做好党外干部工作,进一步发挥民主党派作用,加强高校党外干部队伍建设,是贯彻《意见》的重要举措,对发展社会主义民主,维护学校大局稳定,调动高校各方面的积极性,建设社会主义和谐校园具有重要意义。

(2)加强高校党外干部工作是推进高校民主政治建设的必然要求。加强高校党外干部队伍建设,把党外人士的代表人物和优秀分子选拔到学校各级班子中来,一方面可以保证民主党派活力,进一步提高民主党派成员的综合素质;另一方面有利于加速高校干部队伍年轻化、知识化、专业化的步伐,有利于推进干部人事制度改革,提高决策的科学化、民主化,优化领导班子结构,使领导班子工作更有效率,更富有代表性。

(3)加强高校党外干部工作是高校持续健康发展的现实选择。各高校民主党派成员人数较多,层次较高。以上海水产大学为例,学校高职称、高学历的党外人士数量较多,增长较快。学校涉及民主党派5个,成员190人,其中在职91名,退休99名,有3个民主党派建立了基层组织。在专业技术方面,一些民主党派成员已经成为本单位教学与科研前沿的骨干和学科带头人,具有中高级专业技术职称的约占总数的98%。

同时,民主党派成员参政议政能力强、社会联系面广、社会影响大。他们中有的担任着各级人大代表、政协委员等职务,有的则成为各党派开展工作和参政议政社会活动的主要力量,社会影响力往往超出了校园。以上海水产大学为例,学校民主党派成员担任市人大代表2人,市政协委员1人,区人大代表2人,区政协委员3人。民主党派成员中有学校领导1名,中层干部6名(另有无党派人士3名),还有很多是学校学科带头人和教研室负责人等。在教职工代表大会中党外人士的比例达到了40%。学校民主党派出现的新特点和新变化,既拓宽了党外人才工程的内容,又给培养选拔党外干部工作提出了新要求,如何进一步加强高校党外干部工作就成为摆在高校各级党组织面前的一项十分紧迫而又重要的政治任务。

二、准确把握高校党外干部工作中遇到的主要问题

无论是党员干部还是党外干部,都是党和国家的宝贵财富,是推进改革与发展的骨干力量。当前,在高校党外干部工作中面临的新问题主要包括在党外干部选拔过程中、任用过程中以及从事党外干部工作人员自身建设中遇到的问题,这中间既有高校干部队伍建设工作中的共性问题,也有党外干部工作中的个性问题。

1. 在党外干部选拔过程中遇到的问题

一是高校党外知识分子面临的主要工作是教学和科研,他们虽然具有很强的管理能力,但或者因为要承担国家和省市科研教学重点项目,教学科研任务较重,或者出于对业务偏好的价值取向,造成部分高校党外知识分子对干部工作的"不愿为"情况。

二是高校经过管理体制改革后,机构精简,领导干部职位减少。特别是部分高校经历了合并重组,干部"超员"现象更加突出,造成了党外干部的安排"不能为"情况。

三是党外知识分子自身存在的问题,造成了党外干部的安排"不可为"情况。目前,中青年教师在高校民主党派中发展很快,但中青年教师党外代表人士的影响力与老一辈代表人士相差甚远。老一代党外代表人士在我国革命和建设实践中与共产党同心同德,同舟共济,共同经历艰难困苦,具有很强的凝聚力。新一代党外代表人士往往缺少艰苦环境和复杂条件下的工作锻炼,社会影响力有限,与共产党风雨同舟的坚定性有待提高。部分新生代民主党派基层组织负责人虽然是高校的科研、教学、管理骨干,但对民主党派工作的特殊性缺乏全面深刻的了解,加上大量的业务工作和繁忙的社会工作,很难对民主党派的工作特点和方法投入思考,在工作中往往还不能达到得心应手的理想程度。新一代民主党派要真正继承老一辈在长期革命和建设实践中形成的优良传统,弘扬与党同心同德的高尚风尚,还有大量的工作要做。同时,随着市场经济的深入发展,价值取向走向多元化和功利化,个别党外知识分子集体意识、奉献意识淡薄,甚至还受到西方政治思潮的影响,对民主政治建设的认识脱离中国国情,思想认识上也产生偏差,也不可能胜任干部工作。

2. 在党外干部任用过程中遇到的问题

一是在处理管理工作和业务工作关系过程中出现矛盾。教学科研是学校工作的主体,是高校教师的主业,民主党派成员如果不能在教学科研上取得突出成就,很难成为培养选拔的对象;优秀的党外人士,又很难为了管理工作而放弃业务工作。从事管理工作和从事业务工作在时间与精力的分配上往往会产生矛盾。在科学技术飞速发展,知识更新加快的时代,只有不断地学习、刻苦的钻研,才能保持业务工作的先进,在高校担任干部管理工作,就意味着在时间和精力上比一般教师要付出更多。

二是在处理业务工作和参政议政工作关系过程中产生的矛盾。在高校,做好教学科研管理等业务工作是基础,是本职工作,在实践中参政议政是党外知识分子代表人物的基本职责。本职业务工作是党外知识分子代表人物的经常性工作,只有本职业务工作成就突出才能充分显示知识分子的特性;只有参政议政工作成绩显著,才能充分体现代表性。因此,党外代表人物在成长过程中必须正确处理参政议政工作与本职业务工作的关系。对与本职业务工作相关问题越深入研究,就越能提出高质量的提案,越能充分发挥自己参政议政的潜能,提高参政议政的能力。如果被推荐为党外代表人物后,仅热衷于出头露面,从而荒疏业务工作,或仅热衷于社会事务活动而很少或不参与学术活动,久而久之必将失去代表性。

三是在处理党外干部和党委(组织)的关系过程中出现矛盾。在高校,学校层面实行的党委领导下的校长负责制,学院层面实行的是院长负责制。如何做到既实现党委领导,发挥党组织政治核心堡垒作用,又尊重民主党派领导班子成员,充分发挥参与民主党派领导班子成员的智慧,也是高校管理工作中一个新的课题。

3. 从事党外干部工作人员自身建设中存在的问题

民主党派党外干部工作有其特殊的理论、方针、政策和特殊的工作规律和工作方法,政治性、政策性很强。近年来,部分高校统战部门和组织部门等其他部门合并,高校从事党委统战工作领导干部和统战干部流动很快,一些新的统战工作人员往往缺乏对民主党派工作特殊性的了解,缺乏与民主党派长期合作共事的经验,这就需要我们认真领会中央有关民主党派工作的新精神,结合本单位工作实际,研究贯彻落实文件的工作思

路与工作抓手,切实推进本单位的党外干部工作。

三、切实加强党委对党外干部工作的领导

加强高校党委对党外干部工作的领导,既是新时期新阶段党中央的要求,也是高校自身改革发展的需要。根据《中国共产党普通高等学校基层组织工作暂行条例》规定,高校党委按照干部管理权限,负责干部的选拔、教育、培养、考核和监督。同时,《条例》还规定高校党委对学校内民主党派的基层组织实行政治领导,要经常向民主党派和无党派人士通报情况,听取意见,发挥他们在学校工作中的民主参政和民主监督作用;要帮助民主党派加强自身建设,提高民主党派成员的思想政治素质。这充分说明,培养选拔党外干部工作是党的干部工作的重要组成部分,是统一战线的一项基础性工作,在新世纪新阶段党和国家事业全局中具有特殊的重要作用。

加强高校党委对党外干部工作的领导,关键在党政主要领导和分管领导。党委书记作为党外干部培养选拔的第一责任人,要形成党委书记亲自过问,党委副书记直接抓,组织部、统战部协调配合,基层党组织积极支持的工作机制。要不断增强做好培养选拔党外干部工作的责任感和使命感,把培养选拔党外干部和中共党员干部工作一样放到同等重要的位置,列入党委工作的重要议事日程,把培养选拔党外干部工作纳入学校干部队伍建设和人才工作的总体规划,统一研究,统一部署;要把党外干部的培养和选拔纳入人才计划和干部培养计划,经常分析研究,掌握党外知识分子的情况,结合实际制定有关政策,为党外人才的成长提供适宜的环境,针对人才的特点,营造一种尊重特点、鼓励创新、信任理解的良好环境。

加强高校党委对党外干部工作的领导,要强化组织部、统战部作为学校党委工作部门的职能,统筹做好党外人事安排。在党外干部队伍建设中,组织部作为党委分管干部工作的职能部门,要积极主动与统战部加强联系,做好综合协调工作;统战部作为党委分管统战工作的职能部门,负责联系党外人士,比较熟悉党外人士的情况,要积极主动向组织部提出建议,推荐人选。另一方面两个部门要在培养选拔党外干部问题上建立工

作联系制度,加强沟通和交流,这样,有利于工作的落实。特别是要做到在目标上有机衔接,政策上统筹考虑,责任上同步落实,工作上协调推进。同时,组织部、统战部要加强与宣传部的协调,加强对党外人士进行党和国家方针政策的宣传教育,开展社会主义理论知识的学习和培训;加强与纪监审的协调,对党外人士出任干部的也要加强监督,加强党风廉政建设;与基层党委、党总支、直属党支部加强协调,要掌握民主党派成员的情况,了解党外知识分子的情况。要与基层单位联系,对党外代表人士的政治安排、实职安排,除了要和组织部协调外,也要与党外代表人士所在单位联系,要和相关的党总支、直属党支部沟通情况,通报信息,征求意见。当党外代表人物在处理参政议政工作与本职业务工作的关系出现矛盾时,统战部要协调好各级党组织,为党外代表人物的参政议政活动创造条件,配备助手,协助做好资料查询等工作,为党外代表人物解决工作、学习和生活等方面存在的实际问题等。

加强高校党委对党外干部工作的领导,要积极采取有效措施,保持党外干部队伍的生命力。《中国共产党章程》第六章第三十五条规定:"党员干部要善于同党外干部合作共事,尊重他们,虚心学习他们的长处。""党的各级组织要善于发现和推荐有真才实学的党外干部担任领导工作,保证他们有职有权,充分发挥他们的作用。"在党外干部工作中,在干部任命前党委要加强党外人士优秀人才的考察力度,在干部任命后,要大胆任用,关心帮助。对担任副职的党外干部,党员干部要充分尊重,积极支持,对担任正职的党外干部,党组织要发挥政治核心作用,积极配合。同时,在工作中,对党外干部也要严格要求,帮助他们实现共同提高,把学校党委对党外干部工作的领导落到实处,为统战工作的开展提供坚实的政治保证、组织保证和物质条件保障。

上海水产大学坚持党外人士干部工作党委领导制度,统战工作按需要列入常委会议题,常委会每年听取统战部门工作汇报,确定部署全校统战工作。建立民主党派成员参加重要会议制度,向民主党派基层组织负责人、无党派代表人士以及党外中层干部、专家教授及时传达中央和上级党委有关文件和会议精神,及时通报党和国家的大政方针及社会生活中的重大事项,如"三讲"、保持共产党员先进性教育、各级领导班子座谈会、

新校区规划建设,重要外宾接待等。建立联系交友制度,校院党政主要领导都与相对固定的党外代表人士保持经常联系,听取意见,商讨问题,沟通思想,增进共识,坚持在节日、春节期间走访和看望党外代表人士,取得了良好效果。

四、积极推进高校党外干部工作机制建设

《意见》提出:"要改进和完善选拔任用方式,逐步形成有利于优秀党外干部脱颖而出的机制。"各高校必须不断加强党外干部队伍建设工作机制,使高校成为培养党外代表人士重要基地,成为输送党外干部的人才资源库。

健全教育培养机制。首先,要梳理学校党外人士的基本状况,建立党外后备干部数据库。要通过基层党组织推荐和组织考察等形式遴选一批在政治上过硬,业务上突出,在群众中影响力强的民主党派或无党派代表人士,将他们的政治表现、业务成就、特殊身份等基本情况上报党委,组建数据库,掌握一批需要重点培养的党外干部名单。其次,要明确党外干部教育培养明确的目标和具体规划。要结合学校的实际情况,根据对学校干部职数、部门岗位进行核定,确定在哪些岗位配备党外干部、什么时候配备,哪些可安排到各级人大、政协以及政府部门等。这样制定出符合学校实际的近期和远期的培养规划,使培养选拔党外干部工作有计划、有步骤地开展,做到工作的规范化、制度化、经常化。再次,做好教育培养工作。在培训的形式上要实现多样化,做到请进来走出去,通过学校党校办班,通过分期分批选送党外干部参加省市党校、社会主义学院学习,加大对党外干部的培训力度。在培训的内容上要着重政治理论培训。系统学习邓小平理论和"三个代表"重要思想、学习党统一战线理论、方针和政策、学习多党合作的历史及其优良传统,学习市场经济、依法行政、领导科学等方面的知识,提高综合素质和管理水平。要做到理论培训和实践锻炼相结合,为党外干部的成长搭建平台,让他们在实践中不断积累经验,增长才干,锻炼提高等。上海水产大学在党外干部培训上进行了有益探索,每两年举办一次民主党派骨干培训班,每年都协助民主党派基层组织选拔有培养前途的年轻成员参加校青年干部培训班,每年都按上级要求

选拔党外代表人士参加党外干部培训班等。

完善选拔任用机制。在选拔任用党外干部工作上,既要参照执行《党政领导干部选拔任用工作条例》,又要充分考虑贯彻党的统战政策和改善领导班子结构的需要,在坚持原则性的基础上,注重灵活性,通过规范选拔条件、推荐途径、考察内容和任用方式,选拔那些在政治上与党同心同德,品行端正,业务突出,学术造诣比较深,有本事的优秀党外干部。针对在处理业务发展和学校管理工作、参政议政关系中出现的矛盾,做好分层次培养、分阶段选拔,把业务成绩突出、管理能力强的人才及时提拔到领导岗位,对业务负担重,承担大项目较多的教师,即便管理能力较强,也暂时列入第二梯队,避免因为过多从事管理和参政议政影响了教学科研。

严格监督检查机制。对选拔任用党外干部的各个环节进行监督,保证选拔任用的党外干部政治坚定、业务突出、品行端正、群众公认;保证选拔任用的党外干部的过程公开、公平、公正。同时,严格检查落实工作责任制,实行一级抓一级,一级带一级,上下联动,层层落实,保证党中央关于党外干部工作的文件精神的贯彻执行。

*本文系 2007 年市科教党委党建课题"高校党外代表人士的培养、选拔和使用机制研究"的结题论文。

责任　义务　约束

——"讲党性、重品行、作表率"党课教案

今年以来,全党上下都在认真学习党的十七大精神。党的十七大报告,总结了过去5年所取得的伟大成就,并结合世情、国情、党情,向全党和全国人民提出,高举中国特色社会主义伟大旗帜,为夺取全面建设小康社会新胜利而奋斗的重大历史任务。毛泽东同志曾经指出,"政治路线确定之后,干部就是决定的因素"。如果我们的干部,尤其是党员领导干部都能身先士卒,时时、事事、处处贯彻落实十七大精神,党的各项任务就能顺利完成。因此,胡锦涛同志在十七大报告"以改革创新精神全面推进党的建设新的伟大工程"中专门提出,"全党同志特别是领导干部都要讲党性、重品行、作表率。深入开展党风党纪教育,积极进行批评和自我批评,使领导干部模范遵守党纪国法,继承优良传统,弘扬新风正气,以优良的党风促政风带民风。"

根据市科教党委的部署,学校党委认真研究决定,从今天起到7月中旬,在全校党员干部尤其

是党员领导干部中开展"讲党性、重品行、作表率"主题教育活动。这次主题教育活动的目的是,在十七大精神的指引下,进一步加强各级领导班子的思想政治建设和作风建设;进一步教育和督促党员干部尤其是党员领导干部始终保持政治上的坚定性、品德上的纯洁性和行为上的先进性。重点解决好党员干部的理想信念、工作作风和清正廉洁等影响和制约科学发展的突出问题,努力建设"政治坚定、品行高尚、作风优良、群众满意"的党员干部队伍,着力在党性、品行、表率等方面收到实际效果。

一、把握"讲党性、重品行、作表率"的内涵,明确党员干部的责任

之所以要从党性、品行和表率三个方面对党员干部提出要求,是因为这三个方面既切合当前党员干部的实际情况,又涵盖了对党员干部要求的主要内容。

(1)讲党性。讲党性是党的宗旨的必然需要,是党员干部政治觉悟、责任意识、精神状态的集中体现。我们知道,党性是一个政党所固有的本质特性,是阶级性的最高、最集中的表现。中国共产党是中国工人阶级的先锋队,同时是中国人民和中华民族的先锋队,是中国特色社会主义事业的领导核心,代表中国先进生产力的发展要求,代表中国先进文化的前进方向,代表中国最广大人民的根本利益。党的这一性质及其在中国革命和建设的长期实践中形成的区别于其他政党的特点,就构成了中国共产党的党性。

刘少奇同志在《论共产党员的修养》中曾经指出,"共产党员的党性就是无产阶级性最高而集中的表现,就是无产者本质的最高表现,就是无产阶级利益最高而集中的表现"。在不同的历史时期,党员的党性有其不同的内涵和表现。在革命战争年代,共产党员的党性具体表现是为广大劳苦大众的翻身解放,而英勇奋斗,不怕牺牲;在改革开放的新时期,共产党员的党性应主要体现为爱岗敬业,全心全意为人民服务,为建设中国特色社会主义而奋斗。而在抗震救灾的危难时刻,中国共产党人就要发挥中流砥柱的作用,以不怕困难、不怕牺牲的实际行动抒写伟大的忠诚,用特别能吃苦、特别能战斗、特别能奉献的英雄本色来体现共产党员的党性。

总之,共产党的党性需要全体党员共同维护和坚守,需要每一个党员的努力实践。这个努力实践的过程就是思想上升华的过程,就是每个共产党员按照党的宗旨,克己奉公的过程。

另外,哲学上讲的党性又指哲学的党派性或派别性,即在世界观上是坚持辩证唯物主义和历史唯物主义还是搞唯心主义和形而上学,因此,讲党性又必须始终用马克思主义的科学世界观来观察问题和解决问题。新时期共产党员的党性主要表现在"五性"上,即政治立场的坚定性、为民服务的一贯性、改革创新的积极性、抵制歪风邪气的自觉性、顾全大局的主动性。党性具有的鲜明时代特征,是千百万共产党员为了完成党在各个时期的任务,与时俱进、团结奋斗、开拓进取的伟大实践的理性升华。今年以来,我国遇到了许多考验:冰冻雪灾、迎奥运圣火过程中的干扰和破坏、四川汶川大地震等,党中央高屋建瓴、不畏艰险、团结一致,带领全国各族人民战胜一个一个的困难。尤其是在这次抗震救灾的战斗中,党和国家领导人亲临一线指挥、部署和慰问,给人民群众极大地安慰和鼓舞。今天,我们讲党性就要非常强调政治上的坚定性,与党中央保持高度的一致,这是共产党员特别是各级领导干部党性原则的表现。我们要以实际行动与党中央同心、同德,排除万难战胜灾害,要成功举办奥运会,给世界人民交上一份满意的答卷。

(2)重品行。品行是一个人的道德水准、立身做人的综合体现。品行不是建立在职位、权力的基础之上,而是在德育的教化和熏陶、法纪的约束、工作和生活的磨砺中逐步形成的。品行也会随着环境的变化而变化。历史的事实表明,清官不是做了官之后才清廉,而是具备了清廉的品行,然后为官,使之清廉为政。而有些人由于经不起"阿谀奉承"和"糖衣炮弹"的袭击,在飘飘然中私欲膨胀,在官帽子下贪得无厌,以权位压人谋私获利。还有些人的是说一套做一套,欺骗组织,欺骗群众……因此,重品行就要加强思想修养,陶冶道德情操。"慎独"是加强修养的最高境界。胡锦涛同志提出的"八荣八耻"是党员干部最起码的道德底线,要以"八荣八耻"来规范个人的言行。还有人概括当前领导干部要有新八耻,即"以买官鬻爵为耻、以贪污受贿为耻、以输赢赌博为耻、以浮夸造假为耻、以公款吃喝为耻、以铺张浪费为耻、以专横骄狂为耻、以贪图享受为耻"。因

此,党员干部只有"重品行",才会牢记使命,牢记入党誓言,坚持修身立德,保持正直、善良、诚信的道德品质,坚持公平公正、公道正派的行为方式;树立社会主义荣辱观,模范遵守社会公德、职业道德和家庭美德,自觉履行法定义务、社会责任和家庭责任;筑牢思想道德防线,注重防微杜渐,坚决抵制腐朽没落思想观念和生活方式的侵蚀,积极培养健康的生活情趣和生活作风。在"一日三省吾身"中升华思想境界,做到俯仰无愧,成为一个高尚的人,一个脱离低级趣味的人,一个有益于人民的人,就会在重要关头、关键时刻的锻炼和考验中坚定信念,在处理各种复杂问题中经受考验,不断铸就政治品行;就会模范遵守各项规章制度,诚恳接受群众的监督,以"如履薄冰,如临深渊"的心态去锻造自己,磨炼自己,从而真正树立共产党人高尚的人格品格。

(3) 作表率。作表率是党的先进性的客观要求,是党员干部以身作则,率先垂范的突出体现。党员干部要带头弘扬胡锦涛同志提出的"八个方面"的良好风气,努力争当加强学习、勤于思考的表率;践行宗旨、一心为民的表率;求实创新、推动发展的表率;维护团结、促进和谐的表率;艰苦奋斗、勤俭节约的表率;严守法纪、清正廉洁的表率,为基层群众作出榜样,以优良的党风促政风带民风。中国有句古话,叫作"上行下效",说的是领导者的一言一行都被人们看在眼里,对社会风气会产生这样或那样的影响。人们常说"榜样的力量是无穷的"。作为党员干部,不仅要在工作和学习中当模范,而且要在精神文明建设和日常社会生活中作表率,以自己的表率影响群众、带动群众、服务群众,把方方面面的力量动员起来,努力创造出经得起实践、人民、历史检验的业绩。只有这样,我们党才有感召力和凝聚力,我们的事业才会无往而不胜。

"讲党性、重品行、作表率"不仅是一种高尚的情操,一种忘我的境界,一种无私的品格,更是一种责任,一种义务,一种约束。我们的党员干部都要以"讲党性、重品行、作表率"为座右铭,并内化在各自的学习、工作和生活中,维护党的形象,用自己的血汗和生命浇铸党的千秋大业。

这次,中共中央总书记胡锦涛到四川特大地震灾区看望慰问受灾群众和救援人员,同受灾群众促膝交谈,表示党和政府一定会帮助灾区人民渡过难关。当群众激动地表示感谢党,感谢政府时,胡锦涛说,党和政府

就是为人民服务的，为人民办事是我们应该做的！"为人民办事是应该的"。这句话非常朴实和普通，但它却是和总书记在十七大报告中宣示的"党和腐败水火不相容"一样，是历史的强音！这两句话可以说是我们的党和政府在执政理念上的精辟而朴实的概括！

温家宝同志在视察民情时说，"老百姓的事就是国家大事"。老百姓的柴米油盐、衣食住行、安危冷暖，看起来是些不起眼的小事，但小事之中有大局，小事见证每一个共产党人的党性。我们常说人民的根本利益是一切工作的出发点和归宿，如果对老百姓的切身利益和实际困难都漠不关心，怎么能说明你这个党员干部是在维护人民的利益呢？因此，各级党员干部都要真正领会"老百姓的事就是国家大事"的深刻内涵，增强对老百姓切身利益的敏感度，一件一件地做好为群众排忧解难的好事、实事，实现和维护并发展好其利益。

二、加强反腐倡廉建设，做"讲党性、重品行、作表率"的党员干部

中国的快速发展是世人瞩目的。中国进一步的改革发展，面临的困难和挑战更严峻。其中反腐倡廉的任务仍很繁重。

（一）充分认识新形势下加强反腐倡廉建设的重要性和紧迫性

十七大报告指出，"中国共产党的性质和宗旨，决定了党同各种消极腐败现象是水火不相容的。坚决惩治和有效预防腐败，关系人心向背和党的生死存亡，是党必须始终抓好的重大政治任务。全党同志一定要充分认识反腐败斗争的长期性、复杂性、艰巨性，把反腐倡廉建设放在更加突出的位置，旗帜鲜明地反对腐败。"党的十七大第一次把反腐倡廉建设同思想建设、组织建设、作风建设、制度建设一起确定为党的建设的基本任务，这是从提高党的执政能力、保持和发展党的先进性的全局高度作出的重大决策。

我们党历来高度重视反腐倡廉工作，特别是在革命、建设、改革的重要历史关头和关键发展阶段，更是高度自觉地把反腐倡廉工作摆在非常重要的位置。早在大革命时期（1926 年 8 月 4 日），中国共产党就发布了

第一个反贪污腐化的文件——《坚决清洗贪污腐化分子》。文件指出："一个革命的党若是容留这些腐化分子在内,必定会使他的党陷于腐化,不但不能执行革命的工作,且将为群众所厌弃。所以应该很坚决的清洗这些不良分子,和这些不良倾向奋斗,才能巩固我们的营垒,才能树立党在群众中的威望。"新中国成立前夕,我们党郑重地提出"两个务必"。改革开放一开始,我们党郑重地提出,执政党的党风问题是有关党的生死存亡的问题。随着改革开放的深入,我们党郑重地提出,治国必先治党、治党务必从严,把提高拒腐防变和抵御风险能力作为党必须解决好的两大历史性课题之一,加大了反腐败斗争的力度。进入新世纪新阶段,我们党又郑重地指出,要坚持立党为公、执政为民,建立健全惩治和预防腐败体系,加大从源头上防止腐败工作的力度,使党员同志做到为民、务实、清廉。这充分表明,我们党对马克思主义政党取得执政地位尤其是长期执政的条件下必须抓好反腐倡廉工作的认识是十分清醒的、态度是一以贯之的。当前,我们的党员干部要从开创中国特色社会主义事业新局面的战略高度出发,深刻认识加强反腐倡廉建设的重要性和紧迫性。

1. 加强反腐倡廉建设是发展中国特色社会主义的必然要求

各种腐败现象和不正之风对中国特色社会主义伟大事业会造成五大不利影响:一是干扰社会主义市场经济的正常运行,对经济又好又快发展造成不利影响;二是违背社会主义民主法制的原则,对民主政治发展造成不利影响;三是动摇理想信念,对精神文明建设和先进文化发展造成不利影响;四是违背社会公平正义,对保持社会和谐稳定造成不利影响;五是违背党的全心全意为人民服务的宗旨,对提高党的执政能力和保持党的先进性造成不利影响。如不加以重视,最终将导致经济衰退、政治动荡、文化颓废、社会混乱,亡党亡国。

2. 加强反腐倡廉建设是推进党的建设新的伟大工程的必然要求

党的建设新的伟大工程是一个有机的整体,思想建设、组织建设、作风建设、制度建设和反腐倡廉建设是相互促进的,只要有一个方面没抓好,就会影响党的建设新的伟大工程的全局。思想建设、组织建设、作风建设、制度建设抓好了,反腐倡廉建设就有了基础;反腐倡廉建设抓好了,思想建设、组织建设、作风建设、制度建设就有了重要保障。因此,加强反

腐倡廉建设,全面推进党的建设新的伟大工程,才能确保党始终成为中国特色社会主义事业的坚强领导核心。

3. 加强反腐倡廉建设是适应反腐败斗争形势发展的必然要求

在严格教育、完善制度、强化监督下,反腐倡廉建设取得了明显的成效。但同时,反腐倡廉建设又面临不少新情况新问题。一是有的领域的案发率仍在上升。如基建工程、土地管理等领域;二是出现案件多发新领域。如高校、医院等单位,还有环保、安全生产检查等领域也有上升态势。三是涉及高官的案件居高不下。目前反腐倡廉斗争形势仍然严峻,十七大报告提出,要充分认识反腐败斗争的长期性、复杂性、艰巨性,坚持反腐倡廉常抓不懈。

(二)党员干部的党性、品行和表率集中反映在党风廉政上

优良的党风是凝聚党心民心的巨大力量。人民对切实端正党风寄予殷切期待。当前党风廉政建设应注重抓好"五头"。

(1)抓龙头,严格落实党风廉政建设责任制。党风廉政建设责任制是加强党的领导、深入推进反腐倡廉工作的重要制度保障。各部门要把党风廉政建设责任制度作为一项严肃的政治纪律来执行,抓好落实。纪检监察部门要加大党风廉政建设责任制的检查考核力度,进一步改进责任制检查考评办法,突出抓好责任追究。各部门党政"一把手"实行述职述廉评议,并把考核和评议结果作为领导干部实绩评定、奖励惩罚、选拔任用的重要依据。

(2)抓拳头,坚决查处违纪违法案件。要坚持有案必查,执纪必严,继续加大力度。只有惩治有力,才能威慑腐败分子,才能更好地教育保护党员干部。坚持惩前毖后、治病救人的方针,做到惩处与教育相结合。开展廉政文化建设,加强发案分析,做到以查促教、以查促管、以查促建,发挥好查办案件的治本功能。

(3)抓"头头",努力促进领导干部廉洁从政。要紧密结合这次主题教育活动,加强对各部门主要领导的监督,执行"三重一大"规定,落实各级领导干部的"一岗双责"制。关口前移,加强正反典型教育和纪律教育。弘扬艰苦奋斗、勤俭节约的作风,严禁铺张浪费,营造廉洁、勤政、节俭、守

业的良好社会风尚。继续狠刹违反规定收送现金、有价证券和支付凭证，教育好配偶、子女及身边工作人员，不要谋取非法利益，党员领导干部应在这方面切实作出表率。

（4）抓源头，建立健全惩治和预防腐败体系。中共中央政治局4月28日召开会议，审议并通过《建立健全惩治和预防腐败体系2008—2012年工作规划》。这是加强以完善惩治和预防腐败体系为重点的反腐倡廉建设，是从提高党的执政能力、保持和发展党的先进性的全局高度作出的重大决策，是发展中国特色社会主义、推进党的建设新的伟大工程的必然要求。《建立健全惩治和预防腐败体系2008—2012年工作规划》是今后5年推进惩治和预防腐败体系建设的指导性文件。体现了坚持党要管党、从严治党，全面坚持标本兼治、综合治理、惩防并举、注重预防的方针，把反腐倡廉建设放在更加突出的位置，扎实推进惩治和预防腐败体系建设。在坚决惩治腐败的同时，更加注重治本，更加注重预防，更加注重制度建设，做到惩治和预防两手抓、两手都要硬，形成有利于反腐倡廉建设的思想观念、文化氛围、体制条件、法制保证。

（5）抓苗头，坚决纠正违反纪律，损害群众利益的不正之风。要坚持以民为本，着力解决发生在老百姓身边、严重损害群众利益的行为，维护群众的切身利益，促进社会和谐稳定。坚持"谁主管谁负责"和"管行业必须管行风"的原则，切实担负起行风建设的职责。要结合主题教育活动中查找出的问题和群众反映的问题举一反三，进行整改。对重要部门和重点岗位的人和事，必须纳入重点监控的范围，重点督促整改，务求实效。积极开展领导干部上岗前谈话和诫勉谈话。实践表明，对干部严是爱、松是害，"一事失严，百端效尤"，做到"警钟长鸣"，关心爱护干部的成长，使其发挥更大的作用。

俞正声在上海市纪委九届二次全会上指出，上海作为我国改革开放的前沿，经济比较发达、要素比较集中、市场比较活跃，领导干部可利用的资源较多、面临的诱惑较大。如果疏于教育、管理、监督，就可能发生权力"寻租"现象。据统计，上海窝案串案现象明显增多，去年市纪检监察机关立案查处的窝案串案占到立案总数的9.7%，特别是有的领导干部以权谋私，带坏了整个单位的风气，一旦案发，一个单位就有多人被查处，而且

涉案金额大,造成损失大。一个人到了没有机会的时候,才开始说"对不起党,对不起人民,对不起家人",确实晚了一点。假如他当初能想一想养育他的父辈是怎样为人和教育他怎样做人的;想一想培养他的党组织怎样教育他立党为公、执政为民的;想一想投他神圣一票的代表们是如何希望他廉洁从政、不辱使命的;想一想社会上还有那么多弱势群体尚未解决温饱,他就不会这么不择手段地受贿、滥用职权和玩忽职守,至少不至于在腐败的泥沼中越陷越深而不能自拔。但遗憾的是,"马近悬崖收缰晚,船到江心补漏迟"。因此,对那些曾经伸过手还没有被发现的人,或者现在正伸手、将来想伸手的人来说,应该警钟长鸣,一定要悬崖勒马,不要在同一个问题上跌倒,不要再犯同一个错误,不要"明知山有虎、偏向虎山行"。否则,后果是很严重的。在去年,时任市委书记习近平曾经语重心长地指出,在新的历史条件下,干部面临的诱惑和考验太多,只有保持清醒的头脑,才能拒腐防变。领导干部反腐倡廉,首先要过好思想关。思想上的开关是总开关,思想意志不坚定,必然在考验面前败下阵来。要把好思想关,应当仔细算好"三笔账",始终坚持"三原则"。一是算好"利益账",坚持正确的利益原则。共产党人始终把人民利益放在首位。即便从个人而言,现在领导干部都有一份稳定收入,还有必要的工作和生活待遇,有医疗、养老等保障,应十分知足、十分珍惜。如果经不起诱惑,到头来锒铛入狱,前程尽毁,声名扫地,实在得不偿失。反之,以德润身,一身正气,就可给继任者、给子孙留下比金钱更宝贵的财富,这实质上也是对自己的真正负责。二是算好"法纪账",坚持法纪原则。特别是在对待人、财、物,对待个人和家庭利益问题时,更要自觉遵纪守法。张口时要想一想这句话该不该说,迈腿时要想一想这个地方该不该去,伸手时要想一想这些东西该不该拿。千万不能以为吃一点、玩一下、拿一些没关系,千万不能存有侥幸心理。三是算好"良心账",坚持良知原则。孔子之"仁"、孟子之"诚"、颜渊之"乐"、曾参之"孝",无不具良心的含意。讲官德首先要讲良心,组织上培养一个干部很不容易,如果干部自己把自己打倒,既对不起组织、人民,也对不起家人;不仅丧失为官之德,也违背了做人的良心。腐败分子时刻受到道德审判和良心谴责,这样活着又有何价值和意义可言?!近日,他在宁夏考察工作时又强调,在新的历史条件下,面对新

情况新考验,各级领导干部一定要加强党性修养,干干净净干事,始终做到秉公用权、不以权谋私,依法用权、不假公济私,廉洁用权、不贪污腐败,始终保持共产党人的政治本色。

三、巩固主题教育成果,推进学校又好又快发展

围绕"讲党性、重品行、作表率",加强源头治本工作,以推进党风廉政教育、完善各项规章制度、加强监督检查为重点,优化办学环境,为学校的稳定与发展提供有力保障。

(一)把主题教育的成效体现在确保学校的政治稳定上

当前的四川汶川大地震,牵动亿万人的心,近日来,学校广大师生纷纷捐款献爱心。我校四川籍在校生共 100 多人,有部分学生家庭房屋倒塌,亲人受伤,受通信中断影响,尚有少数学生未与家里取得联系。我们各级领导干部,相关部门、学院和教师要继续积极主动热情地关心家庭受灾害的同学,帮助他们过好情感关和生活关,尽快恢复正常的学习生活。

8月8日,亿万中国人民魂牵梦绕的第二十九届奥林匹克运动会将在北京隆重开幕(北京残奥会将随后在 9 月 6 日举行)。"同一个世界、同一个梦想!"是北京奥运会的主题。通过奥运会的举办,一个更加开放、更加和谐的中国将展现给世界。然而,西方敌对势力、恐怖分子、"藏独"、"法轮功"都纷纷进行干扰和破坏。奥运会准备已进入关键阶段,敏感时期事情较多,做好学校稳定工作责任重大。我们的党员干部要以高度的政治责任心和政治敏锐感,增强抵御各种风险的能力。

当前,我校的稳定工作要做到"四要四确保":

一要,深化思想认识,确保做好高校稳定工作的责任感和使命感入耳、入脑。做到:对当前形势的复杂性、多变性要有清醒的认识;对国内外的各种敌对势力、一些别有用心的人的险恶用心要有清醒的认识;对做好高校稳定工作的重要性和紧迫性要有清醒的认识。从现在到奥运会结束,要以非比寻常的工作状态和工作力度抓好稳定工作。

二要,明确当前维护高校稳定工作的对象,找准重点,突破难点,以清晰的思路、有力的措施,确保做好师生的思想政治工作。

三要，重新审视，全面覆盖，强化预案，明确责任，确保学校各项工作的稳定。

四要，充分发挥各种优势和特色，在校园内开展一些丰富多彩的活动，引导学生将爱国热情转化为努力学习、团结奋进的动力，确保学生的思想政治素质有明显提高。

学校在全体干部、教师和学生的共同努力下成功地更名为上海海洋大学。在喜庆之时，我们还共同面临两项重要任务。一是9月底前完成两个校区向新校区整体搬迁的艰巨任务；二是从10月份开始的新学期，学校将进入新校区运转与管理的适应期和磨合期阶段。要顺利完成这两大任务，首先要确保学校的稳定。

（二）把主题教育的成效体现在坚持抓好教学质量上

我们的党员干部要全面确立"以学生为本"的教育观念，为促进教学质量的不断提高，进一步提升我校办学的综合竞争力而努力。目前学校正在进行教育教学工作的调研，积极准备召开2008年教学工作会议。新校区将为广大师生员工提供一个校园更加优美、条件更加优越的环境，要抓住机遇，充分认识本科教学工作的重要地位，强化质量意识，努力提高教育教学质量。

第一，要把本科教学工作始终列为学校各级领导班子的重要工作。高等学校的根本任务是培养人才，本科教育是人才培养的主体和基础。要始终牢固树立"教学工作是学校的中心工作，教学改革是学校改革的核心，提高教育教学质量是学校永恒的主题，人才培养质量是我校发展生命线"的思想观念。学校各级党政一把手都是教学质量的第一责任人，要坚持领导干部听课制度，亲自抓教学质量。各单位出台的各项改革措施以及资源配置都要优先保证本科教学的需要。

第二，各学院、各处(室)在安排人力、财力、物力时应坚持"全日制本专科教学优先"和"教学不可侵犯"的原则，确保教学秩序的稳定，确保完成我校的主体办学任务。校机关各部门要改进工作作风，增强为教学、教师和学生服务的意识，努力提高管理效率和服务质量。教务处要真正成为学校教学工作的质量监管中心。

第三,适应21世纪经济、科技、社会发展的需要,调整专业结构。根据学校更名后提出的"继承、错位、前瞻"的发展思路和定位,以适应经济结构调整和人才市场需求、提高国际竞争能力的需要为出发点,进一步调整本科专业结构。

（三）把主题教育的成效体现在重点解决好教职工最关心、最直接、最现实的困难与问题上

（1）党员干部要高度重视在远郊办学条件下给学校发展带来的暂时困难,例如,在教学方面,有部分专业的生产、教学和毕业实习将增加新的难度,部分学生在外校选修课程和寻找工作的困难也会随之加大;在教职工生活方面,一定时间内,临港社会配套还跟不上,买菜、看病、孩子上学、照顾老人等都还有诸多不便。正是由于这些情况,特别需要党员干部发挥骨干和表率作用,加强思想政治工作,关心解决实际问题,一起把各项工作做好。

（2）在搬迁准备和新校区管理上,要以新的理念推进整个工作。

① 以人为本的理念。我们要充分认识到,新校区的建设为广大师生员工提供了一个更为舒适、更优美的学习、工作和生活空间与环境,而新校区的科学高效管理是能否充分发挥这种优势的关键,在整个政策设计和实施过程中,我们要以广大师生员工的满意度为基本原则,以克服和解决客观存在的各种困难与问题为重要抓手,科学合理地制定政策和措施。

② 统筹协调的理念。我们要充分认识到,搬迁和管理是一个庞大复杂的系统工程,统筹协调是做好这项工作的基础。在资源配置上,要科学安排、合理使用、留足发展空间;在方案制定上,要精心策划,周密安排;在实施过程上,要忙而不乱,有条不紊,新校区的搬迁和管理是对我们管理能力和攻坚克难能力的重大考验,我们一定要打好这一仗,打赢这一仗。

③ 勤俭办学的理念。我们要充分认识到,资金不够仍然是我们的一大困难,尽管学校经费状况逐年好转,但勤俭办学始终是我们要长期坚持的一个方向,在新校区建设中,我们是精打细算,在搬迁中我们要力求节约,在管理上我们要严格控制运行成本。花小钱办大事、办好事、办成事应该成为"勤朴忠实"校训在现阶段的一种重要体现。

④ 同心协力的理念。我们要充分认识到,新校区的搬迁与管理需要全体师生员工的共同支持与参与,需要全校各学院、各部门的配合与合作,要在顾全大局、服从指挥的前提下,统一部署,统一行动,发挥学校集中力量办大事的优势,动员全校师生员工共同来克服面临的困难。要树立服从大局和全校一盘棋的精神,圆满完成搬迁的艰巨任务。

通过主题教育活动,我们的领导干部要以"为民、务实、清廉"的形象带领广大干部群众积极投身上海海洋大学的建设。让我们高举中国特色社会主义伟大旗帜,深入贯彻落实科学发展观,求真务实、改革创新、锐意进取、扎实工作,完成时代赋予的崇高使命,努力去争取新的更大的成绩。

＊此党课讲稿作为 2007 年优秀党课被市科教党委向全系统推荐。

融入学校搬迁大局,拓展主题教育成果

上海海洋大学主题教育活动内容丰富,形式多样,尤其是把主题教育活动融入学校搬迁的大局中,激发了党员干部、党员领导干部的热情,带动了广大党员和教工,有效地推进了学校的工作,增强了主题教育活动的生命力。

一、联系实际,明确党员职责,体现主题教育的作用

5 月 20 日,我校召开了"讲党性、重品性、作表率"主题教育动员大会。校党委提出,把搬迁工作作为对主题教育活动成效的检验,作为对党员干部能力的考验。

期间,我校召开全体党代表大会。会议提出要充分发挥党委的领导核心作用,充分发挥基层党组织的战斗堡垒作用,充分发挥广大党员的模范带头作用,积极投入搬迁工作,为顺利开学而不断努力。

会议的召开,统一了广大党员的思想认识,明确了主题教育活动的抓手。在主题教育活动中,

广大党员把搬迁工作列入专题讨论,客观分析搬迁工作中存在的困难,主动提出解决困难的建议,为搬迁工作打下了坚实的基础。

二、攻坚克难,确保按期开学,巩固主题教育的成果

新校区建设时间紧,任务重,压力大。由于社保基金案的影响,我校新校区二期工程延迟了 8 个月;建材价格高涨,资金流出现缺口;2008 年新的用工制度实施,工资上涨,建设成本不断提升。我们遇到的困难比我们预料的困难更加大,遇到的问题比我们预料的问题更复杂,新校区建设工期面临严峻局面。

在巨大的压力和时空的限制面前,学校没有退路,只能坚持一个选择,那就是无论压力多大,困难多大,一定要确保顺利搬迁和新校区顺利运转。为此,校党委在开展主题教育活动的过程中,要求各单位对广大党员和教职员工讲清困难,并制定了 5 个板块,29 项内容的搬迁方案,同时要求党员领导干部在各个战场靠前指挥,以讲改革创新的党性、重身先士卒的品行、做协调合作的表率,开展好每项工作。

在学校开辟的三个战场上,广大党员干部工作在前,学校搬迁工作正有序推进:

第一个战场是新校区建设战场,由新建办这个特殊的团队,在特定的时间内、在特定的环境中开展。在这个战场上,学校分管基建工作的校领导会同基建和采购部门的同志,冒高温,战酷暑,工作在建设第一线,出现了很多感人事迹。有的党员干部尽管在发高烧,但由于工作的需要,拔了吊针就上工地。

第二个战场是以搬迁和新校区运转为主要任务,由全校师生参与。历经 96 个春秋的万人大学搬迁,资产分搬迁、移交和报废三类,自上而下,自下而上,各单位教职员工一遍一遍地填写资产清理、物资登记、账物核对等各种报表,工作量之大,事情之繁琐,可想而知。但我们很多党员同志自家搬家都不太插手,却在炎热的假期认真地清点,没有一丝怨言,为广大教师做出了表率。

第三个战场是思想政治工作战场,以统一教职员工思想,攻坚克难为主要任务。校党委确定了 10 月 13 日为新校区上课时间,在校园网主页

上滚动播出,向全校师生告知。同时,远郊办学,教职工思想波动较大,2005—2006年学校有近40人调离学校,教师队伍中出现了不稳定征兆,校党委未雨绸缪,把深入细致的思想工作和解决实际困难相结合,做好了教师骨干的稳定工作。针对个别教工提出学校搬迁可按年级搬,分3~4年搬完的思想,校党委及时在相关会议上进行宣传讲解,指出学校搬迁是三校连动的工程,必须顾全大局等。

通过全校师生和建设者的共同努力,10月12日,我校将在临港新城举办新校区落成典礼。

三、以人为本,关心教工生活,展示主题教育的魅力

占地1 600亩的临港新校区有优美的校园环境、宽敞明亮的教室、崭新的办公设备、先进完善的教学和实验室设施等,这为我们创造了良好的工作和生活条件。

但我们也不得不正视,学校毕竟是在远郊办学,城区发展不成熟,社会配套不完善,大家一定会面临各种各样的困难:搬迁后的2~3年内,临港社会配套的矛盾较突出,买菜难、看病难、孩子上学难的困难会持续存在;部分教工存在照顾老人、小孩在市区上学和夫妻两地生活的实际困难;由于路途较远,路上耗时较多,进出临港新城的交通还是很不方便,特别是家庭和个人有急事时来往困难较多;由于临港新城人气不旺,活动范围和社交圈较小,生活相对单调。

针对这些情况,我们在主题教育活动中要求广大党员干部树立"领导就是服务"的思想,一方面通过党组织、工会教代会等途径,深入了解师生,反映他们的所思所想;另一方面,为教工安心在新校区工作创造更为便利的教育、医疗、交通、生活服务等条件,解决教职工的现实困难:如科学安排工作时间;实行郊区工作津贴;妥善安排交通车辆;与周边单位联合共同争取更多、更好、更及时的社会配套资源;为教职工装修新房做好服务;制定有关应急预案;多次与当地政府联系为部分青年教师的爱人解决临时工作、帮助他们解决小孩的入学入托问题等。

通过主题教育活动,广大党员和党员干部懂得了,学校搬迁有些物资可以不带走,但"勤朴忠实"校训必须保持,讲党性、重品行、作表率的要求

必须落实。2008年学校整体搬迁,将掀开学校发展的崭新一页,从现在起到2012年(建校100周年)的5年,是学校发展承前启后的关键5年,是学校学科转型和发展提升的重要5年,是学校艰苦奋斗、建设高水平特色大学的关键5年。作为上海海洋大学的一员,我们每一位党员都会把事业发展与学校命运紧密相连,为新海大做出新贡献,也为上海市经济社会发展贡献自己的力量!

＊此文为2008年9月在市科教党委召开的主题教育活动总结大会上的发言,市科教党委纪工委还将此稿件上报给中纪委驻教育部纪检组,并被收入汇编材料。

关于在高校推广网球运动的思考

高等学校是培养人的地方,是年轻人学习本领、增长才干、走向社会的始发场所。因此,如何使大学生全面发展、健康地为祖国工作几十年是高等学校的重要任务之一。养成良好的体育锻炼习惯、让体育活动成为生活之必需是其中的重要内容,而积极推广网球运动又是吸引师生的、卓有成效的活动方式。

一、现代社会的生活节奏给高校师生的健康与发展带来了不少问题

随着国家社会主义现代化水平的提高,人们的生活,尤其是城里人的生活发生了很大的变化。按理说,生活水平提高了,人们的身体应该更加健康了。但是,现实状况并非如此。长期在学校工作的人常常慨叹,现在青少年的体质还不如几十年以前,有点像温室里的花朵,好看而经不起风雨。

数据显示,全国城市青少年的体质在下降,突出的问题是近视眼和肥胖症。以上海为例,近 5

年来,近视率仍在增加。现在,11 至 12 岁的学生近视检出率为 47.77％;13 至 15 岁(初中生)为 66.32％;16 至 18 岁(高中生)为 75.83％。过去我们常常嘲笑日本人中戴眼镜的人数众多,现在我们的近视率已经超过了日本。还有就是超重,学生肥胖率近 5 年内迅速增加,上海中小学的学生中超重肥胖率已达 19.4％,也就是说,差不多 5 名学生中就有 1 人超重。此外,学生的身高、胸围等形态发育指标持续增长,而肺活量、速度、力量等体能素质持续下降。

这种状况也影响到大学生。不少体质检测报告显示,依据国家教育部和体育总局颁布实施的《学生体质健康标准》,大学生的不及格率竟然高达 10％。高校教师的健康也不尽如人意,不少中青年处于亚健康状态,高血压、糖尿病等在中青年教师中的检出率也在提高。

究其原因,一是应试教育严重损害了莘莘学子的健康。现在各级政府和教育主管部门都在要求学校"减负",可是学校不敢"减负";有些学校想"减负",可是家长不让"减负"。因为我国优质教育资源还不能充分满足广大老百姓的实际需要,"望子成龙"的理念还在影响着相当部分的家长,社会风气的不理想没法改变"分数面前人人平等"的消极想法。这样,追求分数的高考指挥棒牵制着学生一直围着课桌转,读书、读书、再读书,忽视活动和运动,从而影响身体素质的提高。二是传统的观念影响了人们生活方式的转变。历来中华民族喜静不爱动。孔子说,"知者乐水,仁者乐山;知者动,仁者静;知者乐,仁者寿"。仁是孔子追求的最高境界。由于中华民族长期是食用植物及其果实,热量不是非常高,静心养性、宁静致远是可以的。现在,人们的饮食习惯已经悄悄发生了变化,高脂肪、高蛋白的食品大量增加,食物的"西化"如果不能及时配上活动的"西化",就会影响身体的健康。

另外,对高校教职工来讲,工作压力的增加、生活负担的加重、体育锻炼习惯的缺失都是造成身体状况不太理想的原因;同样,作为高校的领导干部,繁忙的工作、紧张的神经、难以推托的应酬、总嫌不够的时间……诸多因素也在吞噬健康的体质。

总之,上述情况已不是危言耸听,也不是无稽之谈,而是要求我们认真思考改变某些生活方式,以更积极的姿态让我们的师生能够健康地享

受生活。

二、通过有吸引力的体育活动让高校师生更多地运动起来

上述问题的产生，不是一朝一夕，是较长时间的累积所致；这些问题的解决，也不可能一蹴而就，需要经过较长时间坚持不懈的努力。大学生已经没有过去那么大的升学压力了，就业的压力也不是单纯在考试分数的高低上。这样，我们就有可能在大学生、包括大学教师中把体育活动很好地开展起来。

观念是行动的先导。要在高校的师生中，尤其是领导干部中进一步强化体育的重要地位。近百年来，我国许多志士仁人都反复强调、并身体力行地积极推进学校体育。毛泽东同志年轻时在湖南第一师范读书期间，为了实现人生的理想，与同学少年一起，早晚常在湘江水边、岳麓山下进行强筋健骨的锻炼，给以后几十年的革命生涯奠定了扎实的身体基础。不仅如此，他还写下了著名的篇章《体育之研究》，留下了必须重视体育的许多格言和论断。他说到，"体育于吾人实占第一之位置。体强壮而后学问道德之进修勇而收效远"。"体育一道，配德育之智育，而德智皆寄于体。无体是无德智也"。可见，德、智、体三方面，体应该是放在第一位的，现在又是到了应该强调的时候了。著名教育家蔡元培也发出了同样的呼吁："殊不知有健全之身体，始有健全之精神；若身体柔弱，则思想精神何由发达？"陶行知先生说得更白了："健康是生活的出发点，也就是教育的出发点"。当我们还在为学校体育设施的投入反复讨论时，看看这些先辈的论述应该早就有结论了。著名校长张伯苓说得更加精辟："体育比什么都重要。我觉得不懂体育的，不应当当校长……民主精神亦即是体育精神。体验过体育中的竞争、团结、合作以后，推行民主政治要有力得多"。总之，学校体育之重要，在当今的形势下，无论怎么强调都不会过分。

思想认识的提高，还需要有积极有效的措施。现实社会中，活动方式越来越多，要能够坚持并自觉参加，能够有益于身心健康，活动的形式及其吸引力显得十分重要。从我们坚持 10 年的体会，网球是一项值得在高校师生中积极推广并逐步普及的十分有益的体育运动。

应该承认,网球运动是最富魅力的体育活动之一,它既是一种增进健康的方式,也是一种艺术追求和享受,更是一种扣人心弦的竞赛项目。网球比赛具有很强的观赏性,比赛中展示的技术与技巧、力量与速度是那么惊心动魄,运动员的服饰、形体,刚柔相济的动作又给人一种艺术美的感官冲击。网球又有其独特的健身功能,一场高水平的网球比赛,运动员的奔跑路程可以达到 5 000 米,再加上对动作的敏锐性、判断的准确性、速度的快捷性、力量的综合性等方面的锻炼,健身效果是很强的。可以这么说,网球运动是非常值得在具有一定文化修养的人群中推荐和推广的活动项目。只要投身其中,就会为网球的魅力所吸引,就会主动、自觉地挤时间去参加锻炼和活动,长此以往,健身强体的功效一定会显现。

在高等学校推广网球运动是非常适宜的。目前,我国高等学校在一、二年级仍然安排了体育课,大学生都集中在校园里住宿,给网球的教学和活动提供了时间的保证;近 10 年来,随着扩招,大多数高校的硬件设施都得到了改善,不少高校新建、改建或扩建了网球场地(馆),使网球活动的开展有了物质的基础;网球的自身魅力吸引着大学生去参与、去观赏,大学生把参加网球活动不仅视为锻炼健身,更是作为年轻人之间互相交往的一个有效手段。因此,通过推广网球运动去促进大学生体质乃至综合素质的提高确实是一个相当好的措施。同样道理,我们也应该积极关注在高校教职工中间的网球运动的开展。

三、高校网球运动的开展可以从领导干部中先开始

高校在推广网球运动的过程中还存在一些困难,比较普遍的是这么几项:首先是场地。由于较长时间我们把网球等同于高尔夫等都被视为是贵族的运动,高等学校几乎都没有网球场。其次是教练缺乏。我国的体育院校在体育师资的培养上较长时间来都没有把网球教学作为球类教学的必修课,因此,目前我国高校体育教师中能够从事网球教学或研究的教师(教练)数量都较少,优秀的更少。再就是网球教学经费的不足。有了场地,有了教师,还需要一定的经费。网球运动是有物质消耗的活动,要有费用的支撑;场地的保养和有关设施的维护,也需要有经费的保证。总之,这些问题在我国十分之一的高校中已经得到解决,这些学校的网球

运动在蓬蓬勃勃地开展起来。还有一些学校正在解决之中。

总结这些学校的经验，可以有许多内容，但领导重视是其中很重要的并取得成功的一条经验。我们常说，老大难、老大难，老大一抓就不难。只要高校的领导重视网球运动的开展，经费就能够"挤"进预算，还能够多渠道进行筹措。这个难题一解决，场地的修建问题、网球教学师资的配备问题都能迎刃而解。

怎样让高校的领导们重视网球运动的推广呢？除了讲道理，进行必要的宣传，很重要的就是吸引他们也来参加网球活动。别忘了，高校的领导也是我们推广网球运动的对象，而且是重要的对象。现在高校的领导班子，平均年龄大约在50岁左右。处于这一年龄段的中年人，工作压力大，他们不光要担负高校领导和管理的一些职责，有些仍有繁重的教学和科研任务，常常看到不少高校领导白天忙学校的事情，晚上或周末还要忙做课题或指导研究生的事情；家里事情多，他们是上有老，下有小，常常有老人的看病问题、孩子的入学问题会影响他们的精力；生活无规律，常常是忙得午饭不能准时吃，晚饭不能回家吃，为了争取上级部门或协作单位的支持，他们不得不经常参加一些应酬，无情的酒精在慢慢吞噬着他们的健康。如果检查一下，高校的领导中有相当数量的人员处于亚健康状态，部分人已经逐渐染上了"高血脂、高血糖、高尿酸"等老年病。

因此，吸引高校的领导来参加网球活动，不是仅仅为了让他们支持学校网球运动的推广，更重要的是为了他们的身体健康。他们都是高等学校办学的骨干和精英。"磨刀不误砍柴工"，参加网球活动损耗的时间和精力，能够换回更健康的身体，更充沛的精力，何乐而不为呢？参加网球活动的过程，也是密切和师生联系的过程，活动中的交往、球艺间的切磋，往往是平等无瑕的，干群之间、长幼之间、师生之间的隔阂与距离统统都没有了。当我们现在正在努力学习并实践党的群众路线的时候，这项活动不是显得更加有意义了么？参加网球活动的过程，更是展现高校领导的很好时机，不少领导都有一定的体育和身材基础，经过一段时间的学习和锻炼，他们常常能较快地掌握网球的基本打法，他们在学校网球场上的活动，一招一式常常引来师生的喝彩，这些影响会支持他们在学校教育和管理中的工作，有时会起到事半功倍的作用。

以上海为例,上海高校的网球运动开展是比较早的,在上海市网球协会之下专门有高校网球分会,"校长杯"的比赛也很经常,这些活动有力地促进了上海高校领导们的网球活动。他们参加网球活动,首先是健身,然后才是提高技艺。一位校长深有感触地说,参加了几年网球锻炼,"三高"问题都解决了,现在药也不吃了。以我们学校为例,学校班子有 8 位成员,5 位参加网球活动。几年下来,不光是身体素质有了提高,班子的团结和凝聚力也都得到了增强,而且教职工中间、学生中间,网球活动都得到了很好的普及和推广。

国家体育总局前些年曾经在中年以上的人群,尤其是领导干部中积极推广三项运动:打网球以健体,打桥牌以健脑,钓鱼以健心。如果我们能够把网球运动在高校师生中、包括在高校领导干部中很好地推广并开展起来,高校师生包括领导们的体质一定会增强。至于另两项运动,有条件的可以积极推行。"一张一弛,文武之道"。在紧张繁忙之余,让各种有效的活动来进行调适,是非常有益于身心和健康的。

总之,高校师生身体的现状、网球运动的锻炼及魅力,促使我们应该下决心,以更加积极的举措、更加有效的手段做好高校网球活动的推广工作。

＊此文原载《中国高等学校体育教育研究》,北京体育大学出版社,2011 年 7 月,第 160－165 页。

以科学发展观指导领导班子建设,促进学校持续健康发展

当前高等教育发展正面临着深刻的变革,高等教育面临着各种新情况、新问题,办学环境也在发生变化,高校办学也逐步开始面向社会,面向市场。高等教育发展正在由精英教育向大众化教育转变,高校也正在由规模发展转变为内涵建设,这些变化对学校领导班子提出了更高的要求。上海海洋大学领导班子根据高等教育形势发展与变化,结合学校自身情况,积极谋划学校发展战略,明确学校发展目标、发展定位与发展思路,促进学校全面、协调、健康发展。

学校新一届党政领导班子,坚持以马列主义、毛泽东思想、邓小平理论和"三个代表"重要思想为指导,认真学习和贯彻科学发展观,从管全局、谋大事、出思路、抓战略、创和谐等方面着手,不断提高领导班子的思想政治素质和驾驭全局、科学决策的能力。经过几年的努力,学校领导班子素质提高、能力增强、团结协作,积极研究学校发展中的突出问题和瓶颈问题,以班子建设推动学校

事业发展,完善学校管理水平,深化体制机制改革,不断推进学校的内涵建设。

一、坚持和贯彻科学发展观,加强班子思想政治素质建设

学校领导班子执政能力事关学校稳定与发展大局。必须按照科学发展的要求,不断加强领导班子的思想政治建设、组织建设和能力建设,把学校领导班子建设成为坚定贯彻党的理论和路线方针政策、善于领导科学发展的坚强领导集体,以学校班子带动和影响学校发展,办好让人民满意的高等教育。

(一)加强理论学习,把握学校的办学方向

加强学校领导班子理论学习,就是要认真学习马克思列宁主义、毛泽东思想、邓小平理论和"三个代表"重要思想,开展深入学习实践科学发展观活动,增强政治意识和责任感,不断提高领导班子和干部的政治素质,不断提高学校领导班子成员运用理论指导学校发展实践的能力。学校的根本任务是培养人,中国特色社会主义建设需要千万计的专门人才和高素质劳动者,这就要求学校领导班子从办好教育关系国家兴亡的高度,深入思考如何办好人民满意的教育这个课题。同时要深入研究学校发展中的矛盾和问题,研究高等教育发展规律和办学规律,创新教育思想、教育目标、教育制度和教育管理,丰富和发展高等教育理论,使学校班子成为高等教育的行家里手。

加强学校领导班子的理论学习,是班子每位成员思想政治建设的核心内容。学校坚持深入贯彻科学发展观,把培养人才、贡献知识和服务社会的任务同社会进步紧密地结合起来,把学校自身的发展与社会的发展紧密联系起来,为构建和谐社会,夺取全面建设小康社会新胜利做出人才和智力贡献。把学生培养成为社会主义事业合格的建设者和可靠的接班人,需要从领导班子到任课教师都要重视思想理论的建设和学习,保证各级干部的思想政治建设,就保证了学校的办学方向,保障了学校人才培养目标的实现。

(二)重视德育教育,把握人才培养的目标

通过学习,学校领导班子深刻认识到,大学一定要把德育工作放在首

位,进一步强化德育和思想政治工作的全员意识,切实坚持社会主义办学方向。学校认真贯彻教育部关于思想政治理论课的改革,积极落实各项课程的教学方案,通过第一课堂确保党的理论、方针和政策在大学生中得到贯彻,同时积极推进思想理论课实践环节的教学,使第一课堂和第二课堂形成良好的互动。

学校领导班子还十分重视辅导员队伍建设,大力推进辅导员队伍的专业化、专家化建设,通过思想政治专业技术职务聘任制度实施、心理健康教育与咨询区域示范中心建设、思想政治教育研究平台的搭建、加强职业素质、能力和资质培训等政策和措施,为辅导员队伍建设工作提供了体制和机制保障,营造了各级领导重视辅导员队伍建设的良好氛围,使辅导员队伍建设工作收到了良好成效。学校经过几年的努力,已形成了一支素质优良、结构合理、专兼结合、专职为主的辅导员队伍。在 2007 年市科教党委、市教委的辅导员队伍建设工作专项督查中,经过督察组专家综合评定,学校辅导员队伍建设工作各项督查指标都达到了要求。

(三) 推进全员育人,营造人才培养良好环境

学校积极推进全员育人工作,在全校教师和干部中推行师生联系制度,要求每位教师和干部联系 2～3 名大学生,关心指导大学生成长,帮助大学生解决各种学习、生活和就业中存在的困难。通过师生联系制度的实施,在全校教师上下形成了育人为中心的良好氛围,在就业形势十分严峻的情况下,学校毕业生受到社会和企业的欢迎,连续多年保持了较好的就业率。

二、以破解学校发展难题为重点,加强领导班子能力建设

学校领导班子能力建设主要体现在提高驾驭全局、科学决策的能力,化解矛盾、解决自身问题的能力,经营学校、领导发展的能力以及应对突发事件、处理危机的能力。

(一) 加强科学决策,提高班子驾驭全局的能力

一是重视班子的民主决策程序,实行重大问题由领导班子集体决策,提高决策效率。决策中遵循教育教学规律,以师生为本,以教学为中心,

以科研为先导,以学科建设为龙头,正确处理好工作重心与工作中心的关系,处理好人才培养、教学工作与其他工作的关系;二是针对学校发展的难点和焦点问题,经常深入教学第一线,深入实际,倾听呼声,了解师生意愿,集中师生智慧,理清工作思路,把握工作重点,创造性地开展工作;三是切实重视师生的利益。凡是涉及教职工与学生利益和实际困难的事情,竭尽全力办好。要积极排查化解学校中存在的矛盾和不稳定因素,把握师生思想动态和热点问题,主动出击,及时化解各类矛盾和不稳定因素。四是充分发挥教代会、工会和各种教师团体、学生团体在决策中的作用,充分听取他们的意见,使学校班子的决策更加民主、更加科学和合理。

(二) 明确工作重点,提高领导学校发展的能力

当前学校正处于发展的关键时期,也正处于一个重要的转型期。一是学校面临着整体搬迁,不仅有校园建设资金的压力,更有大量的思想政治工作要做;二是学校正在大力拓展学科建设,多学科协调发展还需要进一步巩固和提升;三是学校人才队伍建设和人事制度改革还需要不断深化,尽管学校的师资总量已有所增长,但质量和结构的提升与转变仍然是一个非常艰巨的任务;四是过去长期由农业部领导,学校发展与上海经济和社会发展的结合和融合还很不够。提高学校领导班子驾驭学校、领导学校发展的能力显得十分紧迫。

面对这些问题,学校领导班子逐一进行研究,制定相应举措。一是大兴调研之风,班子成员每学期都要到学院进行一轮调研,参与学院中心组的学习和讨论,针对各学院发展中的突出和关键问题,指导各学院开展工作;二是在全校各个层面中,开展各种形式的研讨和座谈会,针对教学、科研、人才队伍建设、职务聘任与考核、服务社会等多个专题,集中全校教师和干部的智慧和力量,推进各项工作的深入开展;三是针对各项重大工作,如搬迁工作、校庆工作等制定专门方案,成立专门机构,确保顺利实施;四是在重大问题的决策过程中,注意充分发挥各级工会、共青团组织和离退休教师的作用,充分调动和凝聚各方的力量,形成推动学校发展的重要合力。同时学校根据社会发展的需要,不断调整专业与学科结构,积极服务社会,主动融入上海经济和社会建设,在服务社会中积极争取政

府、企业和社会各界对学校发展的支持。

（三）抓住发展主题，提高处理解决复杂问题的能力

学校正处在快速发展时期，发展中的矛盾也不断出现，在学校改革中，有很多涉及教师和学生切身利益的事情，如果解决不好，也会对学校的稳定和发展造成影响。

为强化发展意识，在全校树立这样的理念：一是不进则退，慢进也是退；二是要用发展的眼光看待发展中的矛盾，用发展的办法解决学校发展中的问题；三是要解放思想，实事求是，与时俱进，开拓创新，抢抓机遇。明确发展内涵，坚持全面、协调、可持续的科学发展观，强调学校发展由外延扩展转向加强内涵建设。要保持规模、质量、结构、效益相协调，保持人才培养、科学研究、服务社会三大功能相互促进。四是理清发展思路，明确发展方向，通过集思广益，科学合理地确定各阶段发展的主要任务。学校推行了新一轮教学改革、人事制度改革、考核与分配改革，并在全校推行任期目标责任制，通过不断深入推进综合改革，充分调动了广大教职工的积极性和主观能动性，使各种深层次的问题和矛盾得以有效解决或缓解，为学校发展营造一个良好的外部环境和氛围。

三、以制度建设为抓手，完善领导班子决策机制建设

坚持民主集中制，坚持集体领导、民主集中、个别酝酿、会议决定，这是领导班子制度建设的核心。学校坚持和完善党委领导下的校长负责制，坚持党委统一领导，书记"统揽不包揽，放手不撒手"，支持校长依法行政，相互支持，团结共事；切实发扬民主，让每位班子成员充分发表自己的意见，正确处理好正职与副职之间的关系，注意发挥副职的作用，支持副职大胆工作，使领导班子成为既有分工、又有合作的整体；学校不断建立和完善科学、民主、高效的内部议事规则和决策机制等民主集中制的各项领导制度和工作制度，从制度体系上有效地保证民主集中制的正确执行，提高学校领导班子的科学决策水平。其次，以民主生活会为重点，严格学校领导班子内部的政治生活。坚持学校领导班子民主生活会制度，不断提高民主生活会质量，通过严格的批评与自我批评，不断增强班子解决自

身问题的能力,形成"心齐、劲足、气顺"的良好局面,促进班子的团结和整体效应的发挥。

完善领导班子决策机制,必须要有制度来保证。为此,学校先后制定了《校党政领导的八项工作制度》、《关于贯彻党内民主集中制的若干意见》、《关于推行党建工作责任制的意见》等一系列文件,使各项工作制度化、规范化。先进性教育活动中又进一步完善了党委常委会、校长办公会和专题办公会议事规则,以进一步规范议事程序,保证决策的科学性、准确性,并积极推进校务公开,形成了重大事情向教职工报告制度,自觉接受群众监督,增加工作的透明度。

在实际工作中,学校还主要抓了三方面的制度建设:一是坚持重大问题由校领导集体讨论的制度,健全党内组织生活制度和民主生活会制度;二是加强班子的团结协调,正确处理好贯彻民主集中制原则中的各种关系,在制度中要求班子成员做到相互补台不拆台、相互支持不扯皮。三是大力推进校务公开、政务公开,制定信息公开制度,明确公开内容、程序和方案,重点推进干部任命、职务聘任、考核分配等各项政策、制度实施程序及其结果的公开;四是加强民主管理、科学管理,不断推进校院二级管理体制建设,充分调动二级学院自我管理、自我发展的办学积极性和主动性,不断提高二级学院的办学活力。同时学校还通过定期举行党代会、教代会和学代会等形式,保证了广大党员、教职工和学生对学校的重要决策和管理行为的知情权和话语权。

四、完善班子监督和约束机制,提高领导班子拒腐防变能力

学校当前正在推进新校区的建设,工程建设任务重大。学校班子特别重视廉政建设。党委认真组织班子成员学习《高等教育法》、《教师法》、新《宪法》等有关法规,不断提高班子成员依法治校的意识;认真贯彻《党政领导干部选拔任用工作条例》,积极推行公开选拔、竞争上岗的新机制,使干部选拔任用工作在规范化上有了明显的改进;积极结合学校实际,建立健全各项规章制度,涉及学科建设、教学管理、科研管理、人才和师资队伍建设、财务和国有资产管理、干部人事管理、党建和思想政治工作、精神文明建设、安全稳定、后勤服务与管理、文件处理和档案管理、校园网络管

216

理等各个方面,使学校各项工作基本做到了有章可循,有规可依。认真贯彻有关规定,在基建中班子成员不得插手招投标等项目,确保工程有序推进。同时,在学校领导班子中认真开展党风廉政建设教育,提高领导干部拒腐防变的能力,明确责任制,落实《建立健全教育、制度、监督并重的惩治和预防腐败体系实施纲要》,不断加强干部队伍思想作风、工作作风建设,不断解放思想,为学校快速健康发展提供强有力的保障。

学校自 2000 年由农业部划转到地方后,在全校师生的共同努力下,学校事业取得了长足的发展。学校已经成为一所办学特色鲜明、多学科协调发展的现代化大学。2000 年以来,学校实现了三个重要的转变:一是实现了由单科性高校向多科性高校的转变。学校已从一所以水产为主的单科类高校,逐步发展成为以水产、海洋、食品等特色学科为主,农、理、工、经、文、管等学科协调发展的多科性大学;学校具有从博士后流动站到本专科教育完备的学位体系,形成了以国家重点学科、农业部、上海市重点学科和上海市教育高地为主体的特色学科体系;二是实现了由千人大学向万人大学的转变,学校目前拥有 12 个学院,在校各类本专科生12 000 余人,成教学生 5 000 余人,研究生 1 000 余人。三是实现了由教学型大学向教学研究型大学的转变。目前学校承担了近百项国家和地方重大科研项目,获得了一批国家和省部级重大科研成果。学校的三个转变,为今后的健康发展提供了良好的基础。特别是学校始终坚持以产学研合作为抓手,以服务社会和服务"三农"为宗旨,走出了一条地方院校依靠特色求发展的路子。现在学校的教学科研水平显著提高,办学层次和综合实力不断提升,社会知名度和影响力日益扩大。

＊此文原载《腾飞的引擎》,华东理工大学出版社,2008 年 10 月,第100 - 105 页。

按照高水平特色大学的建设目标，促进大学生的全面发展

在这次"学实"活动中，我们提出了四句话：以建设高水平特色大学为目标，进一步统一思想；以解决远郊办学的困难为抓手，进一步提高凝聚力；以党员中的先进事迹为示范，进一步弘扬典型；以国家需求为导向，进一步推进学科和人才队伍建设。应该说，这四句话比较好地概括了我校学实活动的要求与做法。

在学习调研的过程中，我非常深切地感受到，以科学发展观为统领，扎实建设高水平特色大学，其中仍有不少问题值得思考与研究，有些不适应的观念要转变，思想认识需要进一步解放与提高。

一、高水平特色大学培养出来的学生规格需要进行深入研究

我们的目标是在 2012 年建校 100 周年时，把学校基本建设成为一所高水平特色大学。我们对高水平特色大学的学科状况作了比较充分的研究，提出了建设水产、海洋、食品三个主干学科，其

他学科协调发展,并且对每个主干学科的建设目标又进行了细化的研究,从学科基础、实验设施与重点、科研项目的层次等都有具体的要求;同时对师资队伍的发展状况也作了比较详尽的描述,这些都是需要的,我们的工作将按照这些要求来逐步推进。

但是,我们的学生将有哪些更明确的培养目标与要求呢? 在这次座谈调研中,不少退休的老教授、老领导提了这么一个尖锐的问题:你们讲高水平特色大学的奋斗目标,那么,你们培养出来的大学生怎样体现高水平和特色? 尽管问题不一定完整和确切,但确实提得很有见地。打一个不恰当的比方,我们到市场去买商品,名牌、优质的企业肯定把质量与文化体现在它的产品上。

因此,我们需要静下心来对学生的培养规格作一些思考和研究,他们不仅应该符合国家与社会对一个大学生的基本要求,还应该把学校的水平与特色反映出来;正如我们对学科建设与师资发展都有许多具体的措施一样,我们在学生培养上也应落实具体、细致的培养措施,这样才能使广大师生在我们的建设目标中都能受益。

二、借鉴发达国家的经验,建立有益的参照系统

他山之石,可以攻玉。为了打开思路,我查看了国际通行的对大学评价的 7 项指标:

(1) 同行评议,由大学的校长、教务长、招办主任对各校打分,占评价总分的 25%。

(2) 新生留校率,主要看新生一年级升二年级时留在本校的比例,占评价总分的 20%。目前,每年我校有近 10%左右的新生在进入二年级时申请外校的插班生考试,并有 1%左右的学生考上、转到其他学校。

(3) 毕业率,主要看 6 年内完成本科学习并毕业的学生人数比例,占评价总分的 5%。

(4) 教师资源,占评价总分的 20%。其中主要包括了 6 项参数:每班学生小于 20 人的比例;每班学生大于 50 人的比例;教授的薪水和福利;教授最高学位的比例;教授与学生的比例;全职教授的比例。其中有一半参数与学生有关。

（5）学生的选拔性，占评价总分的 15%，主要包括 3 项指标：被录取学生的 SAT 或 ACT 成绩；学生在高中的年级排名；录取率。这些都是关于学生的。

（6）校友捐赠率，占评价总分的 5%，主要是关于学生毕业后的情况，作为校友对学校的关心程度。

（7）财政资源，占评价总分的 10%，主要包括各校在每个学生身上所花费的聘请教授进行教学、研究、学生服务及相关的年度教育开支等。

7 项指标中，6 项与学生有关，这难道不值得引起我们思考吗？当然，国情有所不一样，就好比我们大学的选拔方式只能通过高考。但是以学生为中心来思考学校的发展与提升，确实值得引起我们更多关注的。

三、解放思想，实事求是，围绕高水平特色大学的建设目标，稳步推进学生培养质量的提高

胡锦涛总书记提出："坚持以人为本，就是要以实现人的全面发展为目标"。当前，实用主义、急功近利的状况对学校的影响不小，师生中有相当部分人有比较多的浮躁情绪。特别是面临就业的压力，有很多的教育内容和培养措施都在打折扣进行。但是，学校总是有自己的办学规律，我们应该尽我们最大的努力去促进大学生的全面发展，并把学校的校训、学科的特色和水平反映出来。

因此，我们在高水平特色大学的建设过程中，也应该在学生培养质量上进行积极的探索。

（1）要十分重视抓好本科教学质量。

质量是高等学校永恒的主题，也是近年来政府对高校提出的重要要求。我们在推进高水平特色大学建设的过程中，一定要十分重视本科生培养的质量。一个年轻人完成社会化的过程基本上就是在大学本科教育阶段。因此，只要本科抓好了，对学生的发展是受益匪浅的，我们应该重视把我们的水平与特色在本科生的培养上反映出来。

（2）认认真真研究提高教学质量的有效措施。

① 教学班的规模。思想政治理论课在进行中班小班试点方面作了有益的探索，是否可以在主干学科的主要专业中推行小班教学呢？这里

牵涉到许多改革的内容,包括招生人数、师资配备、教学管理方式、教学方法改进等。

② 因材施教。为什么本科生考研的比例低,有一位老师做了一些调研,也很有说服力。但是如果我们注意了对这些优势专业学生中的优秀学生进行重点培养,采取一些措施,这种现象是否会有改观呢? 推而广之,因材施教,各得其所,人尽其才,就能使培养效益实现最大化。

③ 通识教学。作为海洋大学的学生应该掌握的基本知识和技能有哪些,我们的宽基础、小学期制,这些改革的效果怎样体现在大学生身上? 对大学生怎样加强人文精神的教育,这些教育又怎样与我们的办学目标相结合?

(3) 积极研究政策,使我们的毕业生能更多地在水产、食品、海洋等产业领域工作。过去几十年,我们曾经以水产行业校友们的卓越成绩而感到自豪,他们的表现确实提高了学校的地位与声誉。但现在存在着很大的危机感。如果我们的高水平特色专业的学生都很少在这些领域就业,校友的影响就越来越弱了。长此下去,我们的所谓高水平和特色又怎样得到社会与经济产业的认同呢?

总之,可以探索的领域很多,只要我们注意了学生培养质量的同步提升,高水平特色大学的建设目标就更加全面,更加扎实。

　＊本文是 2009 年 4 月在学校中层干部会议上的讲话。

建设学习型领导班子，提高办学治校的能力

    党的十七届四中全会提出，把建设马克思主义学习型政党作为重大而紧迫的战略任务抓紧抓好。这是党中央从当前世情、国情、党情出发，进一步加强和改进党的建设的重大举措，是巩固党的执政地位、实现党的执政使命、永葆党的生机活力的重要保证。建设学习型政党的关键就是要有与时俱进的领导班子。

    对于高等学校来说，建设学习型领导班子是提高高校党组织领导能力和决策水平的基础，这是一项事关高等教育全局的长期的艰巨任务。通过学习文件，联系学校实际，我感到，首先要提高对建设学习型领导班子的认识，明确建设学习型领导班子的目标，同时通过建立健全学习制度，创新学习方法，不断规范学习，做到四个"紧密结合"，就能取得比较明显的成效。

一、深刻认识建设学习型领导班子的重要意义

    建设学习型党组织是建设马克思主义学习型

政党的基础工程。党的十七届四中全会从建设马克思主义学习型政党的战略高度部署学习型党组织建设,是在新的历史起点上对我们党优良传统的继承和发展,体现了我们党对马克思主义执政党建设规律的深刻认识和把握,实现了新的时代条件下党在学习上的创新发展。

(1) 重视学习、善于学习是我们党的优良传统。从一定意义上说,我们党发展壮大的过程,就是学习、研究马克思主义并用以解决中国实际问题的过程。早在新中国成立前夕,毛泽东同志就号召全党重新学习。新中国成立以后,又要求学习经济建设。"社会主义建设,从我们全党来说,知识都非常不够。我们应当在今后一段时间内,积累经验,努力学习,在实践中间逐步地加深对它的认识,弄清楚它的规律"。(《毛泽东著作选读》第 829 页)改革开放之初,邓小平同志倡导全党解放思想、实事求是,重新进行一次学习。党的十三届四中全会以后,江泽民同志号召全党学习、学习、再学习,强调讲学习、讲政治、讲正气。"希望从领导干部做起,来一个脚踏实地、讲求实效的学习竞赛,看谁学得更多一点,更好一点,收获更大一点"。(《江泽民论党的建设》第 147 页)党的十六大以来,以胡锦涛同志为总书记的党中央把集体学习作为一项制度长期坚持下来,使以学兴党、以学资政成为我们党治党治国的鲜明特色,对建设学习型政党起到了重要的推动和示范作用。

(2) 进入 21 世纪,世界发生了很大的变化。科技创新、科技革命极大地推动了经济发展的速度,经济全球化的趋势象把"双刃剑",既促进发展,又带来了许多新问题;恐怖主义对人类安全的影响、突发大范围的传染病对人类生存的威胁、高碳排放的温室效应已经危及子孙后代,这些都需要我们去学习、研究去解决。不仅如此,长期执政以后所面临的一系列新情况,也需要我们认真对待。譬如,群众观点,这在过去不是问题,我们党成功的经验就是善于发动和依靠群众。但是,现在情况不一样了。正如市委书记俞正声同志所说,"现在与战争时期不同,虽然敌对势力还存在,但不存在'一个阶级推翻另一个阶级'的问题,不可能也不应该简单套用战争时期发动群众的办法。而利益主体的多元化、贫富差距的扩大,使得追求公平、正义和法治的群众工作主题与过去有着不同的含义。"因此,必须努力学习,必须善于学习。

（3）我们的党员队伍，尤其是党员干部队伍正在新老交替。现在，全国7 600多万党员中，年轻党员的数量越来越多。以上海为例，全市共有160多万党员，45岁以下的党员有57万多名，占35％多一点，60岁以上的党员54万多名，占党员总数的33％多一点，这就是说，在职党员中，一半是年轻同志。而党员干部中，年轻同志的比例也越来越高。在我们学校中，年轻人的骨干作用更加明显。现在，全校教职工中45岁以下的人数高达85％，全校中层干部的平均年龄不到43岁。可以这么认为，我校的中层干部已经完成了新老交替，他们可以为学校的建设和发展稳定地工作10几年。他们是学校的宝贵财富，是学校的重要基础。但是，与年长的干部相比，他们也有些弱项。他们中的绝大多数是改革开放年代成长起来的，"三门干部"多，缺少基层或艰苦环境的锻炼，马列主义理论的功底不够深，原著的攻读不够多。因此，除了在实践中不断提高办学治校的能力，非常需要加强思想政治理论的学习。

二、真正明确学习型领导班子的建设目标

要研究学习型领导班子的建设，先要明确一个概念，那就是学习型组织。那么，什么是学习型组织呢？

（1）学习型组织是学习型社会的基本单位，是学习型社会的基础，而学习型政党是一种特殊的学习型组织。学习型组织问题提出的背景是信息化、全球化。在这个时代里，包括企业在内的各种组织都要不断学习，才能应对变化和竞争。于是，学习型组织成了这个时代一个重要的概念，成为这个时代一个重要的组织形式与特征。10几年前，有一本书非常畅销，那就是学习型组织的倡导者、美国学者彼得·圣吉的著作《第五项修炼——学习型组织的艺术与实务》。这本书提出的"五项修炼"是：自我超越、改善心智模式、共同愿景、团队学习、系统思考。书名之所以叫作《第五项修炼》，是因为彼得·圣吉认为系统思考是贯穿于其他四项之中的，是灵魂。他提出了学习型组织的概念，但不是只有做到第五项修炼的组织才是学习型组织。情况是在不断地变化，我们应该在借鉴《第五项修炼》和把握学习型组织实质的基础上，寻求学习型组织更有效的模式，实现学习型组织理论和模式的创新。

(2) 并非重视学习的组织就是学习型组织。我们说的学习型组织,不光是其成员能够自觉地进行学习,而且能够组织进行一种组织化的、互动式、研讨式的学习,以及具有相应的组织结构,在学习上实行科学化的管理方式,并且具有较高的团队智商,能够激发每一个成员学习和创新的活力。

从这两点出发,我们建设学习型领导班子的目标应该是,在信息化、全球化时代,一个单位的领导班子应该经常关心形势和环境的变化,主动去学习和研究相关的理论和知识,主动去思考应对的措施;这个班子应该在每个成员自学的基础上,经常并及时地组织研讨式的学习交流,集中大家的智慧,前瞻性地提出科学发展的思路,创造性地推出改革与建设的举措。

三、联系实际来扎实推进学习型领导班子的建设

(1) 做到学习和学校面临的新形势、新情况和新问题紧密结合。在学校更名为上海海洋大学后,内涵建设面临着新的机遇和挑战。怎样成为名符其实的海洋大学,必须要创新发展的思路。校领导班子集思广益,认真研讨,大家认为,面对"变","勤朴忠实"的校训传统不能变,坚持水产高等教育的传统不能丢,坚持产学研合作的传统不能变;面对"变",学校需要在改革中创新,拓宽学科建设领域,加强海洋学科建设,实施错位发展策略,以海洋生物、海洋资源与环境为重点,推动海洋科技创新,促进海洋经济发展。通过学习,统一认识,大家更清楚地看到与标杆学校的差距,要有一种"笨鸟先飞"的精神,抓紧推进海洋学科的建设。同时,我们在坚持水产学科优势的基础上,积极推进国家海洋局和上海市政府共建上海海洋大学的工作,加强和海洋学科行业系统的合作,多方面来促进海洋学科的发展。

(2) 做到学习和调查研究紧密结合。调查研究是深入了解事物本质的前提。开展调查研究,一方面要以开展主题教育、学习实践科学发展观等活动为契机,集中开展调查研究。另一方面,调查研究又要机制化、常态化。在学实活动中,我们曾经成立了多个调研组,由校党委常委牵头,分别围绕学科建设、教育质量、德育工作、民主管理、办学效益及调动二级

学院积极性等问题,采用问卷调查、个别访谈、召开座谈会等多种形式进行集中调研,形成了分析报告。这些调研的成果,在学实活动的深入中都起了积极的作用。在学校日常管理中,我们也需要经常开展调查研究。现在的学校管理中,重心下移和空间的拓展,给各基层单位有更大的发展余地。我们有校领导班子成员联系点制度,要求班子成员对口相关学院和部门,定期到基层调研,帮助解决实际问题,并把有些共性问题带上来研究。在搬迁临港新城后,远郊办学给新校区运行管理带来一些新的问题。为及时倾听师生心声,了解师生思想,校领导班子要拓展调研渠道,除了班子成员每月和师生进行在线交流,还应该深入教研室或者宿舍,及时了解、研究,解决师生员工面临的困难和问题。

(3)做到学习和攻坚克难、解决问题紧密结合。我们的学习研讨要结合国际国内形势,要结合领导班子的实际问题,更要结合本单位工作中存在的突出问题、难点问题有重点地开展。在学习中,我们认识到,学校面对国家经济建设和社会发展主战场,学科建设还存在不少薄弱环节;而对教育质量工程要求,改革措施还不够扎实有效;面对社会需求,服务大学生成长成才的途径还不够宽阔;面对远郊办学的困难,应对方法还比较欠缺等。针对学习中提出的问题,我们采取了一些措施,譬如开展了市教委085工程先行先试工作,引进了包括"双聘院士""东方学者"在内的一批专家学者,深化了短学期教育、"二二分段"等教育教学改革,推进了科技创新,实施了就业八大工程等,理论学习取得了一些实际效果。但是,怎样使学风进一步好转,怎样在大众化教育的环境下抓好拔尖人才的培养,怎样推进学校的国际化水平,怎样使我们的优势学科尽快在国内名列前茅,都还需要我们发挥班子的整体合力去攻坚克难,有步骤地逐个去解决。

(4)做到学习和提高班子成员自身修养紧密结合。建设学习型领导班子,必须充分发挥"一把手"在学习中的组织和表率作用。在学习活动中,我们党政一把手要认真贯彻全国高校第18次党建会议精神,认真落实上海干部在线等各项学习任务,响应上级党委的号召,少一点应酬、多一点学习,做到带头学、带头讲,并组织好领导班子成员的学习与讨论,不断增强领导班子成员的学习内驱力和使命感,提高学习的积极性、主动

性。通过学习,增强班子成员的宗旨意识、群众观点,加强作风建设;通过学习,增强班子成员的大局意识,坚定理想信念;通过学习,提高班子成员的理论素养,坚持社会主义办学方向。

＊本文是 2010 年 1 月在市教卫党委有关会议上的发言。

教育研究与思考

貌似与神似

　　同样是舍己救人,为什么在美国不能称之为"雷锋",在我们国家却要宣传为雷锋精神,称为闪耀着共产主义思想火花的行为呢?

　　这里,我们先要搞清雷锋精神的内涵。周恩来同志曾用四句话作了精确的概括:"憎爱分明的阶级立场、言行一致的革命精神、公而忘私的共产主义风格、奋不顾身的无产阶级斗志"。如果缩成一句话,雷锋精神就是在共产主义思想指导下完全彻底为人民献身的精神。上海市汽车出租公司的驾驶员冯海根为保护国家财产,同劫车的两名歹徒英勇搏斗而牺牲;第四军医大学的学生张华明知有危险,却毅然奔下粪池,为抢救一位老农献出了自己年轻的生命;煤场女工赵春娥,在生命走向终点,体重降到只有八十几斤时,对组织的唯一要求仍是"让我上班"。她带着满身煤粉,揣着值班钥匙,为人民服务到最后一息……他们的言行都是雷锋生命的延续,是雷锋精神的体现。

　　对某一行为评价,要从指导思想与具体行为的综合上来说明问题。麦克唐纳的牺牲精神确实

是惊心动魄、十分感人的。其实,文艺作品中讴歌这种舍己救人的精神并非自《冰峰抢险队》开始。我国元杂剧《赵氏孤儿》,就热情歌颂了晋国的草泽医生程婴为救赵氏孤儿,用"换包"的方法,献出了自己降生才几月的儿子。这种舍孤救孤的高尚品德,在我国历史上传为美谈。狄更斯《双城记》中的英国青年卡登,为救一位法国人达尔纳,利用两人面貌酷似,只身入狱换出达尔纳,代他走上断头台。这些故事难道不更惊心动魄,这些人物难道不更值得称颂么? 但是,我们总不能称他们为雷锋吧。

显然,不同的思想指导可以做出某些相同的事情。促使麦克唐纳上山救人,他的思想可以说是一种拜山教和资产阶级人道主义的混合物。在宗教的指导下,可以做出自我牺牲。在资产阶级人道主义指导下,也会做出自我牺牲,只能是貌似,不能说是神似。

正如马克思主义是批判继承了资产阶级研究成果而诞生的真理一样,共产主义道德也包含着前人优良道德的遗产,是前人所不及的最高尚的道德。雷锋精神就是共产主义道德的具体体现。对于人类所共有的美德,应该学习和继承,但仅仅停留在这上面是不够的。麦克唐纳身上的舍己救人精神,是值得学习的,但我们更应该"为人类的解放事业——共产主义贡献自己的一切"。只有这样,才能在建设精神文明的过程中,造就一代新人。

因此,自我牺牲是雷锋精神内涵的一部分,不是雷锋精神内涵的全部;正如做好事是雷锋精神内涵的一部分,但不能说做好事就等于雷锋精神。否则,社会中的一些救济行善者不是都等于"雷锋"了么?

＊本文原载《青年报》,1982 年 11 月 12 日。

找到思想工作的入门处

　　有一位政治辅导员告诉我这么一段经历：他刚担任辅导员工作时，接手的是一个比较散漫的年级。经过几天调查，他发现不少学生对学习信心不足。于是，在一次全年级大会上，他一方面要求大家端正学习目的，互相帮助，同时表示愿意在学习上与大家一起探讨，学生们在学习中遇到什么疑难问题可以找他谈谈。果然，两天以后，有几个学生拿着习题来请教了。他不仅耐心地一一帮助他们解决了困难，还介绍了自己过去学习这门课的体会。事后，他又主动与任课老师联系，反映学生在学习方面的要求。这一下，找他请教学习方面问题的学生也越来越多。他便顺水推舟，由学习方法谈到学习目的，再说到一个大学生应该有的理想与抱负。学生们也向他讲了自己在学习、工作、生活等方面的情况。就这样，学生的思想之门被打开了。经过一段时间的努力，这个年级不光学习成绩跃上去了，纪律、风气也都改变了旧貌。

　　这位政治辅导员的经历使我想到，要有成效

地做好大学生的思想政治工作,看来,能否有的放矢地找到思想工作的入门处,是至关重要的。我们有些搞思想教育的同志,工作也很辛苦,但往往收效不大,甚至事倍功半,究其原因,就是因为没有找到思想工作的入门处。由于尚未入门,隔靴搔痒,所以教育效果甚微。上面提到的那位政治辅导员就是研究了本年级学生想把学习搞好,以改变落后面貌的情况,在指导学生学习专业方面得到了他们的称赞,于是,师生间思想上的共同点越来越多了,由此及彼,其他工作也就上去了。我也曾看到,有的政治辅导员精心组织学生到郊外春游野餐,载歌载舞,使学生非常满意;有的政治辅导员专门搜集了文学作品中所塑造的当代青年与大学生的形象,给学生进行讲解分析,进行人生观的教育,得到大家的欢迎与好评。这些做法,乍看起来,似乎与思想政治工作没有直接的关系,可是,通过这些活动,打开了学生的思想之门后,就能把思想工作落到实处。

要打开学生的思想之门,既难又不难。说难,是因为大学生喜欢追求一种"独立的人格",所以,自己的看法不愿轻易暴露出来,真实思想也不易捉摸。说不难,是由于大学生毕竟还是青年,只要把工作做到他们的心里,引起他们思想上的共鸣,并取得他们的信任,他们是很乐意畅怀的。我们做学生思想政治工作的同志,如能打开学生的思想之门,使你的教育内容犹如甘泉汩汩流入他们的心田,那就一定能帮助大学生们健康地成长。

＊本文原载《文汇报》,1983 年 3 月 31 日。

美德——当代人应有的推动枢纽

　　我认识这么一位青年,他酷爱理论物理专业。正当他积极准备迎接研究生考试时,班上一位同学因病拉下了一截子课。作为同年级学生中的第一号学习"尖子",大家的目光都注视着他。要帮助同学,得花费不少时间,对他来说,这时候的时间真比金子还宝贵呢! 可他接受了任务。事后他说过这么一段话:"我认为,一个人的道德修养和专业学习的关系,好比是乘法关系,无论其中哪一方为零,结果只能是零。"因此,他花了 10 几天时间帮这位同学补课,自己则早起晚睡地"挤出时间"坚持完成自己的学习计划。结果,这位同学没掉队,他也以卓越的成绩考上了研究生。不久,他又被美国普林斯顿大学录取为研究生,现正在那儿学习深造。

　　我钦佩这位青年的学习成就,更称赞这位青年的道德风尚。法国 18 世纪的启蒙思想家孟德斯鸠说过:"在一个人民的国家中还要有一种推动的枢纽,这就是美德。"这位青年正是具有这么一种推动枢纽,才有高尚的举动、巨大的学习动

力,才能一步步朝理想的境界登攀。

作为一个当代人所应该具备的美德是多方面的,例如诚实、谦和、节俭、互谅、互助等等,其中最主要的是尊重和理解别人,舍得为他人的利益做出牺牲。正如马克思所指出的:"人类本性是这样确定的:人只有为自己同时代人的完善、为他们的幸福而工作,他才能达到自身的完美"。只考虑自我的人,不能达到自我完善和全面发展;同样,个人的成功,也离不开他人的帮助和牺牲。

有些青年学习也很刻苦,但妒忌心较强,不讲互助而搞"保密",个别的甚至窃书为个人独用;有的工作也很努力,愿意加班加点,可是到月底却为几元钱奖金而争吵,锱铢必较;有的娱乐活动也很起劲,可是,踢足球打碎了玻璃窗却不肯承认,观看体育比赛或文艺演出中不合自己心愿时就乱叫乱哄……这样的人,乍一看时使人感到在学习、工作和娱乐中似乎都有点"拼命"的气势,可那不是当代人应有的风姿,因为他们缺少了一种相当重要的德和识。他们不懂得,一个人离开了集体和社会就将一事无成。不是么,中国乒乓球队夺得这么多金牌,每一块上都凝聚着国内许多放弃自己专长,苦练欧洲型打法、日本型打法等各种技术进行陪练的"无名英雄"的汗水;胡晓平在布达佩斯的声乐比赛中力盖群芳、首次夺魁时,她想到的是该把鲜花献给亲爱的为她呕心沥血的教师;张海迪的成长处处受到党和人民的关心,而她更是以病残的身躯竭力为社会尽责,"把一切奉献给人民",从而赢得了全国青年的尊敬。苏联教育家苏霍姆林斯基说过:"理解别人,精神上需要别人,在我看来,这是未来的人的最主要的特征。"认识到这一点,一个当代人就不能仅仅考虑到个人,而应该经常想到别人;不应当只是索取,更多地应是奉献。这就是当代人的推动枢纽中的主要点,是当代人应具备的美德。

*本文原载《青年报》,1983 年 6 月 24 日。

试论青年知识分子的道路

知识分子是我们党和国家的宝贵财富,是我国社会主义四化建设中的一支十分重要的队伍。在全面开创我国社会主义现代化建设新局面的过程中,党中央一再强调要"尊重知识、尊重人才","要造成尊重知识和知识分子的社会风气,并且采取切实措施,改善他们的工作条件和生活条件",这些都是非常重要的战略决策。而这支队伍本身的建设,尤其是这支队伍中的青年,他们作为新生力量,"最积极最有生气","最肯学习,最少保守思想",怎样使他们迅速成长起来,成为四化建设中的栋梁之材,成为各行各业的中坚骨干,成为党的事业的可靠接班人,确是我党思想政治工作的重要课题。毛泽东同志生前在这方面曾有过许多精辟的论述,当前怎样结合现状坚持和发展毛泽东思想,是摆在思想政治工作者面前的光荣任务。

一

知识分子这个概念,在不同的国家、不同的时代所指称的对象是不一样的。根据我国的现状,

知识分子应该具备两个条件：一是通过系统教育或自学而获得了一定水平的文化科学知识和专业知识；二是从事脑力劳动。这样，知识分子可以定义为达到中等专业学校以上毕业标准的脑力劳动者。大、中专学校的学生，尽管他们还没参加脑力劳动的工作，但是，他们是脑力劳动队伍的直接后备军，他们的状况如何直接影响到知识分子队伍的素质。尤其是大学生，正如列宁所指出的："大学生是一部分最敏感的知识分子，而知识分子之所以叫作知识分子，就是因为他们最有意识、最彻底、最准确地反映了和表现了整个社会的阶级利益的发展和政治派别的发展……社会上有哪些派别，大学生中也必然而且不可避免地会有哪些派别"。因此，培养出什么样的大学毕业生与知识分子队伍建设的关系十分密切；反过来，青年知识分子走什么样的道路又会影响到大学生的培养方向。两者是相辅相成，密切相关的。基于这一观点，我认为在论述青年知识分子道路问题的时候，就应当把大学生包括在内。

党的十一届三中全会以后，经过拨乱反正，我党明确宣布，剥削阶级作为一个阶级在我国已经不存在了，国内人民的主体是由工人、农民、知识分子三部分构成的。按照年龄来划分，每一部分又可分为老年、中年和青年三个层次。这样，目前我国人民的主体可以说是由三大部分九个层次来构成的，他们是老年工人、中年工人、青年工人、老年农民、中年农民、青年农民、老年知识分子、中年知识分子、青年知识分子。每个层次都有其特点，目前也正在有区别地开展工作。当着我们大力宣传尊重知识和知识分子的时候，当着我们大力加强青年工作使之适应社会生活要求的时候，分析和研究青年知识分子的道路问题，以求更有效地做好思想政治工作，是十分必要的。

二

青年知识分子的道路是什么？我们提出的标准既要考虑到青年知识分子的特点——兼有年轻人与知识分子的长处和弱点，又要考虑到阶级的、历史的与社会的因素。40多年前，毛泽东同志根据他对中国社会的阶级分析，对中国革命道路的科学研究以及本人参加革命的切身感受，运用马克思列宁主义的基本原理，提出了一条"与工农相结合"的道路："革

命的或不革命的或反革命的知识分子的最后的分界,看其是否愿意并且实行和工农民众相结合。他们的最后分界仅仅在这一点,而不在乎只讲什么三民主义或马克思主义"。青年也一样,"看一个青年是不是革命的,拿什么做标准呢?拿什么去辨别他呢?只有一个标准,这就是看他愿意不愿意,并且实行不实行和广大的工农群众结合在一块"。这条道路的提出,是以当时的社会历史条件和革命任务为根据的:

(1)青年知识分子的阶级属性大部分尚在小资产阶级之列。小资产阶级的摇摆性、革命不彻底性在他们身上也会严重地反映出来。青年知识分子只有在深入工农兵群众,深入实际斗争的过程中,在学习马克思主义和学习社会的过程中,才能克服自己身上的弱点,把立足点"移到工农兵这方面来,移到无产阶级这方面来"。

(2)新民主主义革命的任务是推翻帝国主义、封建主义和官僚资本主义的统治。在革命过程中,工人、农民、知识分子、进步的资产阶级是四种可以依靠的社会势力,但是革命的根本力量是工农,革命的领导阶级是工人阶级。青年知识分子在革命之中可以发挥某种先锋队的作用,因为他们往往是首先觉悟的一部分。但是,他们只是一个方面军,主力军仍是工农大众。因此,"中国的知识青年们和学生青年们,一定要到工农群众中去,把占全国人口百分之九十的工农大众,动员起来,组织起来","这是一支几万万人的军队啊!有了这支大军,才能攻破敌人的坚固阵地,才能攻破敌人的最后堡垒"。

(3)当时的青年知识分子都是资产阶级、地主阶级的旧学校培养出来的。在这种学校里浸透了阶级精神,青年在那里受资产阶级的奴化;在这种学校里书本与实际生活完全脱节,死读书,强迫人们学一大堆无用的、累赘的、死的知识,企图把青年变成一个模子里倒出来的官吏。从这些学校里出来的青年知识分子,只有在与工农结合的过程中进行长期的、艰苦的磨炼,来个脱胎换骨的改造,才能实现从一个阶级到另一个阶级的转变,成为坚强的革命战士。毛泽东同志就谈过他自己的切身感受。他说:"我是个学生出身的人,在学校养成了一种学生习惯,在一大群肩不能挑手不能提的学生面前做一点劳动的事,比如自己挑行李吧,也觉得不像样子。那时,我觉得世界上干净的人只有知识分子,工人农民总是比较

脏的。……革命了,同工人农民和革命军的战士在一起了,我逐渐熟悉他们,他们也逐渐熟悉了我。这时,只是在这时,我才根本地改变了资产阶级学校所教给我的那种资产阶级的和小资产阶级的感情。这时,拿未曾改造的知识分子和工人农民比较,就觉得知识分子不干净了,最干净的还是工人农民……这就叫作感情起了变化,由一个阶级变到另一个阶级"。另外,青年知识分子在与工农民众结合之前,就知识的角度来讲,他们也是不完全的。恩格斯早就说过:"他们(指大学生——引者注)还应当发现,他们在工人面前所极力炫耀的学说,还是差得很远的。而工人们本能地、'直接地'(用黑格尔的话来说)掌握了的东西,他们这些大学生要费很大力气才能获得"。因为知识都是由两个阶段构成的,感性知识和理性知识。只有像马克思那样把书本知识和革命实际结合起来,进行理论创造,才能成为完全的知识分子。因此,青年知识分子应该在与工农斗争实际结合的同时充实自己、丰富自己,才能成为一个完全的革命的无产阶级的知识分子,即恩格斯所说的"脑力劳动无产阶级"。

在毛泽东思想的指引下,许多青年知识分子脱下学生装,穿上粗布衣,奔赴革命斗争第一线,走上了与工农相结合的革命道路,从中成长起了一批无产阶级的知识分子,成为我们党和国家的第一代和第二代的领导中坚。

新中国成立以后,全国人民面临着建设一个社会主义新世界的艰巨任务。在这种情况下,从50年代到60年代初,又有一批又一批的青年知识分子,响应党的号召,奔赴工农业生产第一线,到祖国最需要的地方去,到最艰苦的地方去,以革命青年的豪情壮志,开拓创业、奋发图强,将书本知识用于为人民服务之中,在与工农相结合的道路上做出了新成绩,为振兴中华作出了新贡献。事实证明,在新民主主义革命时期以及在社会主义革命之初的一段历史时期,当无产阶级与资产阶级斗争尚处激烈状态的情况下,毛泽东同志所指出的"与工农相结合"的道路,确实使广大青年知识分子得到了锻炼成长,从中培养出了数以百万计的工人阶级知识分子。

三

党的十一届三中全会明确宣布党的工作重点转移以后,我国进入了社会主义建设的新时期。一个人从小学到大学、中专,读了十几年书毕业以后,还要不要坚持与工农相结合的道路? 当代的青年知识分子的道路是什么? 回答这个问题之前应该先注意一下以下几个情况:

(1) 经过拨乱反正,推翻了"两个估计",知识分子已经明确是工人阶级的一部分。邓小平同志在全国科学大会上代表党中央明确宣布:"在社会主义历史时期中,只要还存在着阶级矛盾和阶级斗争,知识分子就需要注意解决是否坚持工人阶级立场的问题。但总的来说,他们的绝大多数已经是工人阶级和劳动人民自己的知识分子,因此也可以说,已经是工人阶级自己的一部分。他们与体力劳动者的区别,只是社会分工的不同"。这样,从职业来看,我国人民可分为工人、农民和知识分子三部分;而从阶级结构来看,剥削阶级作为一个阶级不存在以后,社会上只剩下了两大阶级——工人阶级和农民阶级,这就是阶级关系变化的现实。

(2) 我们的各级各类学校已经建设成为社会主义的新型学校。建国34 年来,除了"十年动乱"时期,学校里都坚持了社会主义方向,坚持用马列主义、毛泽东思想和文化科学知识来武装教育下一代。在这样的学校里培养出来的青年知识分子,尽管还存在一些弱点,但已经是工人阶级的新一代了。

(3) 现在,在新的历史时期,党的政治路线,"就是一心一意地搞四个现代化",社会上除极少数反对、破坏四化建设的敌对分子外,敌对阶级已经不存在了。因此,只要是拥护、赞成和参加社会主义四化建设的人,就应该是革命的。对四化的态度应该是衡量一个人革命与否的标准。

综观这三方面的状况,我们要寻求的青年知识分子的道路,就是要去解决青年知识分子怎样迅速成为各行各业的骨干,成为社会主义建设事业的可靠接班人。十月革命以后,面对缺乏技术的状况,苏联共产党提出了"技术决定一切"的口号,在一切工作部门里建立了极其广泛的技术基础;不久,人才的矛盾就上升了,他们又及时用"干部决定一切"的新口号来取而代之,要求重视人才,重视干部,下决心培养更多的优秀干部。从

重视技术到重视人才,这是社会发展的必然趋势。现在,我们从重视知识和知识分子入手,提倡全社会要努力学习文化科学知识,可以预料,在物质文明和精神文明建设水平日益提高的情况下,干部会越来越需要。"政治路线确定之后,干部就是决定的因素。"青年知识分子应该通过什么道路成长为国家的栋梁、各个工作领域的干部,这是我们应该探讨的。

作为知识分子,怎样处理好理论与实际、红与专的关系,是他们的特殊矛盾;作为青年,由于缺乏社会生活经验,怎样看待自我,摆正工作、事业与个人幸福的位置,是他们要着重解决的问题。一个青年知识分子,需要把上述两个问题妥善地解决好。怎样才能解决这些问题呢? 我认为,对青年知识分子来说,"走与工农相结合的道路"的精神并没过时,这是因为:①理论要联系实际,当前最大的实际就是社会主义现代化建设,其中主要是工农业生产的实际;②红专关系,主要就是要解决为谁服务的问题。历史唯物主义认为,人民群众是历史的创造者,知识分子就应该树立为人民服务、为工农服务的世界观。而在为工农服务之中,当然也为知识分子本身服务了;③青年人崇尚的所谓自我价值和自身完善,也只有在为工农服务中、在投身四化建设的实践中才能真正实现。

然而,在青年知识分子已经作为工人阶级的一部分的新的历史条件下,关于道路问题,似乎应该有更加切合现状的提法。邓小平同志坚持和发展了毛泽东思想,为青年知识分子提出了一条明确的道路。他说:"为社会主义中国的前途而奋斗是当代青年的最崇高的使命和荣誉";"我们向科学技术现代化进军,要有一支浩浩荡荡的工人阶级的又红又专的科学技术大军";"又红又专,那个红是绝对不能丢的";要"培养一种好的学风,形成生动活泼的局面,使我国的科学教育事业兴旺发达起来"。归纳起来,可以这样认为,当代青年知识分子就应该走献身事业、又红又专、理论与实际相结合的道路。这是一条成才之路,是培养更多的专门家和指挥官的科学道路。

但是,现在在部分青年知识分子中,尤其是在部分大学生中,由于受到非无产阶级思想的影响,还存在与这条道路背道而驰的情况。他们讲求"实惠",追求生活上的吃好、穿好,胸无大志,贪图安逸,毕业时不服从分配,不愿离开大城市,不愿到艰苦的地方去,更谈不上要为事业而献身

了;他们不关心政治,不爱学习马列主义、毛泽东思想,甚至连专业学习也非常放松;他们轻视体力劳动,诅咒体力劳动,要求"废除体力劳动吧,用体育活动、游艺活动、学习活动代替吧",平时,对工人农民创造的劳动果实很不珍惜,浪费粮食,浪费水电,不爱护公物,嘲笑勤工俭学的学生;有个别学生甚至由于受到资产阶级思想的严重腐蚀而走上违法犯罪的道路。因此,要引导青年知识分子走上那条道路还不是轻而易举的事,必须根据毛泽东同志的一贯论述和邓小平同志的指示,有针对性地做好思想政治工作:

(1) 反复"宣传为社会主义中国的前途而奋斗是当代青年的最崇高的使命和荣誉",从爱国主义教育入手,帮助青年知识分子确立使命感和荣誉感,逐步确立共产主义人生观,做有理想、有道德、有文化、有纪律的社会主义新人,做到好儿女志在四方,在党和国家所需要的每一个工作岗位上勤奋工作,为振兴中华而献身。

(2) 加强劳动教育,克服轻视体力劳动的恶习。毛泽东同志说:"社会主义制度的建立给我们开辟了一条到达理想境界的道路,而理想境界的实现还要靠我们的辛勤劳动"。社会主义社会不可能消灭体力劳动,即使到了共产主义,也会在某些困难的场合需要进行体力劳动。轻视体力劳动是封建社会遗留下来的恶习,不仅要教育,而且要通过亲自实践来解决。没有体力劳动,哪有那么多的物质财富?"劳动可以在中小学就注意。从青少年起教育他们热爱劳动有好处。到大学以后,重点是结合学习搞对口劳动。到农村劳动也可以搞一些,但不能太多"。

(3) 自觉抵制精神污染。"应该明确提出继续肃清思想政治方面的封建主义残余影响的任务","同时,决不能丝毫放松和忽视对资产阶级思想和小资产阶级思想的批判,对极端个人主义和无政府主义的批判"。青年知识分子由于午龄的关系,思想比较敏感,接受新东西快,但是,需要用马列主义,毛泽东思想为镜子进行对照识辨,否则就会良莠混淆,甚至黑白颠倒。

(4) 要让他们接触社会,在社会大课堂里接触工农,接触实际。"我们提倡知识分子到群众中去,到工厂去,到农村去","'走马看花',总比不走不看好"。"知识分子从书本上得来的知识在没有同实践结合的时候,

他们的知识是不完全的,或者很不完全的"。现在,很多大学利用假期组织学生进行社会考察,都收到了良好的效果。有些省,如广东省,省委专门选择优秀大学毕业生到基层农村或工矿企业培养锻炼,让他们接触实际,培养理论联系实际的好作风,这都是很有效的措施。

总之,创造各种条件、利用多种手段、加强思想教育、注重理想道德的培养,就能让更多的青年知识分子通过献身事业、又红又专、理论与实际结合的道路成长为社会主义现代化建设中的骨干、专家和领导力量。

胡耀邦同志在今年纪念马克思逝世一百周年的大会上,运用毛泽东思想、结合邓小平同志的有关论述,对知识分子提出了语重心长的希望,可以作为全文的最好总结:

"我们希望我国知识分子,以马克思、恩格斯这样的最完全的知识分子作为自己的崇高典范,继承和发扬'五四'运动和'一二九'运动以来中国革命知识分子的光荣传统,学习彭加木、栾弗、蒋筑英、罗健夫、雷雨顺、孙冶芳等同志的献身精神,更加努力地学习马克思主义,精益求精地掌握新的知识,脚踏实地到群众中去,到实践中去,自觉地增强组织性和纪律性,在改造客观世界的伟大斗争中,努力改造自己的主观世界,做到又红又专……只有同工人、农民更好地结合起来,全心全意地为人民服务,才能真正施展自己的才干,充分发挥出自己的光和热,才能把自己掌握的知识真正转化为造福人民的巨大力量。"

＊本文原载《上海青少年研究》,1983 年第 12 期。

对待知识,不能太"实用"

小张同学:

你的信实际上提出了这么一个问题:怎样看待知识的价值。

我觉得知识的价值可从两方面去认识。一方面,我们要用文化科学知识去发展生产技术,创造琳琅满目的物质世界;另一方面,我们更要用文化科学知识去充实和丰富精神世界。对于学生来说,后者的任务更为重要,因为你们不处于准劳动者的状态,需要把自己培养成合格的全面发展的各行各业的接班人。

苏联当代教育家苏霍姆林斯基说过:"不管他们将从事何种劳动,他们应该抱有一种强烈的愿望去学习,去认识世界,以不断丰富自己的精神世界。倘若学生只是以将来是否有用这种观点来对待知识,他就没有激情,计较个人利益,动机不纯,甚至情操低下。"这段话是说得很深刻的。我们不能以非常"实用"的观点来对待知识。我认为,一个人有了丰富的精神世界,他观察社会、认识世界的眼光就不一样了,就会变得敏锐与深刻;

他处理问题、待人接物的能力也不一样了,会更加文明与高尚。这些都会在一个人的言谈与行动中反映出来。

你信中说的"没有文化的个体户先富起来"的状况是存在的。可是,富起来的个体户在感叹没有文化之苦而想努力读书的情况也不胜枚举。由此我又想到这么一个例子。汉高祖刘邦年轻时也笃信读书无用。他曾说:"吾遭乱世,当秦禁学。自喜。谓读书无益。"可是,在戎马倥偬之后,顾盼自雄之余,却深为当初没有好好读书而感到懊丧。他在给太子的手书敕谕中说:"时方省书乃使人知作者之意。追思昔所行,多不是。"

以上一席话,无非是想说明,我们应该从不断丰富自己的精神世界的角度去认识知识的价值。与其到参加工作以后悔悟读书少、感到知识缺乏而再去业余攻读(当然,为适应时代与社会的需要,每个人都应生命不停、学习不止),为什么我们不抓紧在校读书的宝贵时机,趁自己精力充沛的黄金时代而更多地学习一些文化科学知识呢?

＊本文原载《青年报》,1985 年 7 月 26 日。

在率先建立社会主义市场经济的过程中，努力培养社会主义事业的建设者和接班人

　　根据整个课题组的安排,我们承担了"改革开放条件下社会主义建设者和接班人的培养"子课题。1992年底,上海市教卫党委副书记王荣华接任课题组组长,专门召开了课题组成员会议,研究部署了调查工作。1993年4月,我们在复旦大学、上海交大,上海工大分别召开了专题研讨会,就"市场经济条件下思想政治工作的改革与深化"、"新时期高校爱国主义和基本路线教育"、"市场经济对大学生的素质要求"等问题展开了热烈的讨论,并形成了综述报告;同时,我们在10所大学对当前师生的思想现状进行了问卷调查,汇总了数十万个数据,在20所大学开展了大学生人生价值观状况的典型个案调查,共分析研究了120个不同类型的大学生,取得了宝贵的第一手资料;为了探求学校培养要求与社会需要相适应的途径,我们又在全市范围内对近5年来毕业的上万名大学生、研究生进行了跟踪调查。综合上述专题研究和调查情况,在王荣华(已调任上海市委副

秘书长)和现任上海市教卫党委副书记秦绍德共同主持下,形成了本课题报告。

一、邓小平同志关于新时期人才培养的论述是学校德育工作的指导思想

现在,青年人成长的环境发生了很大的变化,尤其是上海,根据党中央和国务院的要求,将率先建立社会主义市场经济。随着浦东的开发和开放,带动了整个上海的建设和发展。社会变迁的加速必然带来人们价值观念的变化,东西文化的碰撞也将引起年轻人思想上的关注。在这种情况下,怎样使青年学生成为党和国家所需要的合格的社会主义事业的建设者和接班人,任务确实非常艰巨。为此,我们必须认真学习和研究邓小平同志建设有中国特色的社会主义理论,尤其是要认真学习和研究邓小平同志关于新时期人才培养的一系列重要论述,以此为指导,改进和加强学校的德育工作。

(1) 要抓紧对青年学生的思想政治教育。为了适应社会主义市场经济发展的要求,上海高等教育的改革正在深化。以招生和毕业分配为突破口的改革正在逐步推进,实行完全学分制的改革也在更多的学校中展开。在这种情况下,我们必须重温邓小平同志十几年前的指示:"学生应该始终把坚定正确的政治方向放在第一位",不管改革怎样深化,我们必须十分注意青年学生的政治方向。这就是说,我们必须卓有成效地开展党的基本路线教育,加强爱国主义、集体主义和社会主义教育;这就是说,学校的"两课"(马克思主义理论课和思想政治教育课)作为教育的主渠道必须在改革中得到加强。

(2) 教育的内容重点是理想纪律教育。对青年学生的教育内容是相当丰富的,重点抓什么? 邓小平同志指出:"首先要向青年进行有理想、有纪律的教育","理想是社会主义现代化","要使他们懂得自由和纪律的关系"。这就告诉我们,要加强社会主义教育,帮助青年学生树立为社会主义祖国的繁荣昌盛去建功立业的崇高志向;要加强管理和规章制度建设,在反复的摔打和严格的约束下使青年人养成良好的组织纪律性,自觉抵制资产阶级自由化。

（3）教育的方式主要是课内课外结合的"两史一情"教育。至于教育的方式，邓小平同志强调，"了解自己的历史很重要"，"要用历史教育青年"。因此，我们应该创造各种生动而有效的方式，让大学生了解中国的近代史和现代史，了解中国的国情。特别是当我们热切地看到上海和其他沿海开放地区近几年来所发生的巨大变化，看到各地人民群众为改变家乡面貌所进行的改天换地的创业精神，鼓舞我们要认真组织大学生参加社会实践活动，经常为他们作形势报告，让他们在这些"活"的国情教育中培养爱国之情，激励报国之志。

（4）教育过程中必须十分注意层次性。要提高教育的成效，还必须十分注意教育的层次。"我们在鼓励帮助每个人勤奋努力的同时，仍然不能不承认各个人在成长过程中所表现出来的才能和品德的差异，并且按照这种差异给以区别对待，尽可能使每个人按不同的条件向社会主义和共产主义的总目标前进"。要创造条件，使每个学生都能不断有所进步。这就要求我们的教师一定要深入学生，加强过细的个别工作，关心和帮助青年学生健康成长。

总之，学习和研究邓小平同志关于新时期人才培养的一系列论述，并以此为指导，改进和加强学校的德育工作，才能真正完成培养社会主义事业建设者和接班人的光荣任务。

二、社会主义市场经济条件下社会环境与教育对象的关系是学校德育工作的依据

在课题调查研究的过程中，我们深深体会到，随着进一步深化改革、扩大开放，学校与社会间的有形或无形的围墙正在加快消失。这就是说，社会环境对受教育者的影响日益增大。世界各国的调查数据早就告诉我们，青少年随着年龄的增长，大众传媒和同龄人对他们的影响也越来越大。因此，需要认真研究社会主义市场经济条件下社会环境与教育对象之间的关系。

市场经济是目前中国社会的大潮，也是中国经济发展的必由之路。上海这几年发展较快，陆续建立了十来个要素市场。现代企业制度的逐步形成，一部分企业的转制，劳动用工制度的改革，三资企业的大量出现，

都在影响着社会的价值观念。邓小平同志指出："社会主义的本质,是解放生产力,发展生产力,消灭剥削,消除两极分化,最终达到共同富裕"。这就告诉我们,今天的学校德育已经赋上了新的思想和内容,应该在市场经济的环境中,帮助引导青年学生树立走共同富裕道路的人生观和价值观。

社会主义市场经济的发展使企业作为独立法人的主体性得到加强,而随着生存竞争、等价交换逐步成为人们生活中的司空见惯的事实,人们对能力的注重也是很自然的情况。这些社会状况都会以不同的方式进入学生的视野与脑海,从而影响他们的人生观和价值观。

我们在调查中看到,随着市场经济的发展和改革开放的深化,给学校德育提供了很好的条件和机遇。以上海为例,在邓小平同志视察南方重要讲话的指引下,近两年来上海的经济建设发展很快。连续两年全市国民生产总值的增长率均超过了14％,轿车、通信、电子等一批新的支柱产业正在形成;上海的经济体制改革正在全面展开,对外开放正在逐步形成新的格局,近两年到上海投资的世界著名的跨国公司就有上百家;浦东新区正从基础开发转入功能开发,四个功能小区的重点开发已经全部运转,1993年浦东新区的国民生产总值已比1992年翻了一番;上海的基础设施建设也在大规模地展开,高速公路立交桥,地下铁道高架线,一批市政建设的重大工程陆续建成,旧城区的改造也取得了突破性进展。为了把上海建成国际经济、金融、贸易的中心,把浦东建成具有世界一流水平的外向型、多功能、现代化的新城区,市委、市府决定,用20年的时间扎扎实实地抓建设,具体实施分三步:"1995年奠定基础,2000年形成框架,2010年基本实现"。因此,未来的一二十年是上海发展的关键阶段。抓住这些发展的成绩与蓝图,采用"请进来、走出去"的方法,即请上海市委、市政府的领导及有关部门的负责人进学校给大学生讲形势,组织大学生看上海的重点工程、市政建设、市郊变化等系列活动,就能充分发挥市场经济体制建立的积极效应。

当然,社会主义市场经济的发展也给学校德育工作提出了不少新的问题。如前所述,学校生存的环境发生了变化,学生的思想状况也发生了很大的变化。综合这两年的调查,我们看到,青年学生的人生观和价值观

主要有这么一些特点。

（1）对党的大政方针认同度很高,对影响社会发展的不和谐因素和不良现象表现出关注和忧虑。在调查中发现,有67％的学生对中国社会主义市场经济的前景看好,85％的学生认为我国一年来加快改革开放步伐效果显著,初见成效,75％的学生对我国一年来外交成就持肯定态度。而认为一年来中央在加快经济发展速度和吸引外资,扩大开放上效果显著或初见成效者分别达到93％和91％。很多同学在问卷结束时写道:"睡狮已醒","明天会更好","希望加快改革开放的步伐,让中国腾飞于东方","愿小平身体健康",等等。这些都从一个侧面反映了学生对国内形势估价上的乐观与信心。在调查中,许多学生认为改革是大势所趋,不可逆转,社会主义市场经济是历史的必然,例如,认为社会主义市场经济体制"一定会成功"和"有些曲折但终会成功"的共占66.6％,同意和基本同意"社会主义市场经济有利于进一步解放和发展生产力"者共占92％。同时,大学生们还清楚地认识到社会主义市场经济仍需要宏观控制,同意和基本同意这种观点的共占86％,从一定意义上表明了他们对新形势的思考。

在万名毕业生的跟踪调查中得出的结论与在校生的调查结果是完全吻合的。大多数毕业生对当前的改革开放持较为积极进取的态度,其最关心的是生活、工作条件的改善和本单位改革进展。单位认为88.6％的毕业生对当前的改革开放能积极支持和响应,股份制企业和三资企业毕业生的这一支持率更高达95％。81.5％的毕业生认为在当前形势下应"抓住时机,充实自身,寻求发展"。在毕业生当前最关心的问题中选择"生活、工作条件的改善"和"本单位改革进展"的比例最高,分别为32.8％、32.0％,而表示最关心出国留学的仅占1.7％。

同时,学生们对影响社会发展的不和谐因素和不良现象表现出关注与忧虑。对"廉政肃贪"的评介,50％的学生认为无效和基本无效,比去年的数据高出13个百分点。在影响政局稳定的8个要素中,学生将"党风不正,腐败现象蔓延"因素排序为第一位,此外,有47％学生认为消除社会丑恶现象无效和基本无效,而认为社会治安效果显著和初见成效的仅占41％,比去年比例低31个百分点。这项数据表明了大学生要求社会

主义建设要健康,稳定发展的愿望。

（2）在价值取向上表现出与现时代社会价值取向的密切关系,同时又表现出自身内部的明显层次。在个案调查中我们看到,大多数青年学生在价值观上表现出务实、奉献与索取并重,看重主体、注意功利等状况,与现时代经济改革与发展的很多现象有联系,是时代的一种反映。在人生价值观的核心问题——个人与社会的关系问题上,许多学生在寻找结合点,这个结合点就是个人利益与社会利益两者并重。在回答"学习之余,你对以下哪个问题想得最多?"时,四项选择中,选择"怎样才能做到贡献与索取的平衡"这一项的有41.2%的学生,排列第一,选择"怎样才能对社会有更大的贡献"的只有11.5%,排列第四。

还有不少学生在人生价值观上崇尚自我,即以个人为主体,注重个人奋斗,强调自我价值的实现。有这么一个典型的例子,一学生在问卷的"你最想说的话是什么?"这一栏中写下了这样一段话:"我不知道我要什么,但我知道我不要什么;我不在乎你对我评头品足,但我在乎我是否依然尖锐。我不需要你告诉我应该怎样生活,我会用头破血流换取人生的感受;我要永远抛开伪装和压抑,我也要剥下你的虚伪看看真的。我决不用信念换取更高的代价,我一生的准则是我自己;我不怕一无所有遍体鳞伤,我拥有的幸福是我的执着。"虽然这是一个学生的回答。但据了解,这种想法在学生中有一定的代表性。

目标和追求是人生价值观的集中体现。大学生的目标和追求偏重实惠,这是市场经济条件下人们崇尚实际,重视物质利益的必然反映。在"对人生中最重要的东西"的选择中,调查统计结果排序为:①健康②金钱③友谊④爱情⑤知识⑥家庭⑦理想信念⑧地位⑨名声⑩权利。以上结果表明:相对"地位"、"名声"和"权利"来说,大学生更看重"健康"和"金钱"。在对"毕业后希望到什么部门工作"的选择中,调查结果排序为:①三资企业②直接出国③国有大中型企业④科研单位⑤大专院校⑥民办公司⑦党政机关⑧个体户⑨乡镇企业⑩中小学⑪其他。在对"选择工作时所考虑的最主要三位因素"的选择中,调查结果排序为:①经济收入②能否发挥专长③社会地位④工作舒适程度⑤工作地点⑥出国深造机会⑦政治地位(权力)。此结果与去年相同的调查排序完全一样,看来此项

调查的结果既具有较大的可信度,也带有明显的规律性。如作具体对比分析,两年中变化也是有的。去年"经济收入"和"能否发挥专长"的加权统计百分比为 28.21 和 24.4,只差 3.81 个百分点,而今年分别为 35.31 和 21.55,差距增加到 13.58 个百分点,显然学生考虑"经济收入"因素比去年还偏重。在毕业生的调查中,也反映出了类似的倾向。总体上看,毕业生当前最为关注的是经济收入的提高,但以收入水平较高的三资企业、股份制企业的毕业生更注重工作的发展前途。据调查,毕业生中注重经济收入的比例最高为 45.6%,关注工作发展前途的占 24.4%,希望能有轻松工作的比例最低,仅占 4.2%。在各类单位中,收入水平较高的三资企业、股份制企业的毕业生则对工作发展前途最为关注,所占比例分别为 40.0% 和 34.9%。

在个案调查中,我们又欣喜地看到,大约有 10%~15% 的学生有一种积极向上、讲理想比贡献的价值观,他们追求高尚的价值目标,积极争取入党;淡漠金钱,乐于奉献,表现出一种强烈的爱国心和责任感;渴望成才,勇于实践,努力按照党的教育方针来塑造自我,这批学生的身上充分反映了当代青年的精神主流和本质特征。

总之,在对社会主义市场经济条件下的社会环境和教育对象分别进行调查研究后,我们感到,两者的关系比过去更为密切,影响力在增大;但是,两者的关系不是镜子关系,不是社会上有什么,大学生中就简单地反映出什么,而是一种复杂的化学反应的过程,是人的主观能动性充分反映的关系。这就要求我们思想政治教育工作者在其中发挥导向性的催化剂作用。因此,不断研究两者的关系,以此作为依据,就能进一步做好学校德育工作。

三、适应和促进教育改革、全面落实党的教育方针是学校德育工作追求的目标

现在学校的教育改革都在大力推进,以求适应社会主义市场经济发展的需要。青年学生对学校的教育改革都寄予很高的期望。他们强烈呼吁:"改革,必须进入校园"。他们还具体地指出了高等教育发展中的三个矛盾:第一,飞快发展的经济形势与相对沉寂、滞后的高等教育之间的

矛盾。一位同学曾写道:"我们希望邓小平同志在教育上再来一次南巡讲话"。这基本上代表了高校学生对高教现状的焦灼与期盼。无论是滚动式问项调查还是座谈讨论,许多大学生都充分认识到高等教育与社会发展的时代差距,都翘首期待着改革的春雷。无论是综合性大学,还是师范院校、专科性院校,大学生都急盼着本校的改革举措。第二,市场经济对高校人才的需求与高校人才不能满足市场需求状况之间的矛盾。社会主义市场经济的新体制呼唤着适应这一新体制的新型人才,在调查中,大部分同学认为现有的教育模式、专业与课程设置在新形势面前已显得捉襟见肘,学与用的矛盾日益突出:所学的没有用,有用的学不到。上海10所高校的调查数据显示,高校学生对专业设置感到满意和很满意的仅占16%。专业老化、知识陈旧、教科书落后、教学与实践脱节等等,成为高校学生普遍忧心的问题。第三,高等教育在国民经济中的先导地位与目前教育投入之间的矛盾。在"我国高等教育的问题主要表现在哪里"这一问项中,排序列于第一、第二的就是"国家对教育投资太少"和"教师待遇偏低",尽管这是老生常谈,但在国民经济形势飞跃发展的背景下,这一问题确实显得突出、刺目。与之相同的反映还出现在对万名毕业生的跟踪调查中。多数毕业生表示所学专业知识在工作中很少得到运用,文史类专业毕业生认为专业知识不适用的比例更高,达70%左右。据调查,62%的毕业生表示所学专业知识在工作中很少运用或基本不适用,认为基本适用只占31%。文史类专业毕业生认为所学专业知识不适用的比例较其他学科更高,达68%。各类岗位毕业生中,从事管理工作的认为专业知识适用性更差,表示很少得到运用或基本不适用的比例达74%。这些调查的情况都告诉我们,高等教育的改革刻不容缓,这是市场经济体制改革的呼唤,是高等教育自身发展的需要,是青年学生的心声。最近几年来,上海的高等教育改革取得了较大的进展,主要有:

引进激励机制,全面推进学校内部管理体制改革,90%的普通高校已先后开展内部管理体制改革。通过转换管理机制,改变办学模式,挖掘办学潜力,明显提高了办学效益。高校的师生比从原来的1:5~6提高到1:7~8,教师工作量由原来平均19个教分提高到22个教分,科研工作量提高了三分之一。

变"两包"为"两自",深化高校招生和毕业生就业制度改革。改革集中单一的招生制度,扩大高校的招生自主权,探索灵活多样的录取制度,逐步满足社会和学生对高等教育的多种需求,是上海开展高校招生改革的宗旨。办法包括逐步扩大自费生的招生规模,实施多样化选拔新生办法,试行面向社会,自主招生,择优录取的新办法。近年来上海高校毕业生就业出现前所未有的好形势,为实现毕业生自主择业提供了极好的机遇。上海高校毕业生就业制度改革的总体目标是实行国家政策指导下毕业生自主择业的制度。近两年出台的一系列改革措施,扩大了学生择业的自由度,选择面和企业用人选择权,社会反映良好,特别是女大学生分配难的状况得到了明显的好转。现在上海高校毕业生就业服务中心已经成立,这一专业性的社会中介机构率先建设成全国性的人才服务中心。

稳步推进教学改革,全面提高办学质量。教育改革的最终目的是提高各级各类学校的办学水平和教育质量,而教学改革则是学校各项教育改革的核心。

高等学校的教学改革重点放在全面实施学分制的试点工作上。1993年上海工业大学在全校范围内全面实施学分制,打破了原来班级授课的模式。华东师大、中纺大、上海外国语学院、上大国商等高校在新生中也开始全面试行学分制。1994年将在半数左右本科高校的新生中全部试行全面学分制。此外,各高校普遍加快了专业更新改造的步伐,一批适应第三产业和高新技术、边缘学科的新专业迅速发展,以加速培养外向型、复合型、应用型人才。

上述改革正在深入进行,成效已初见端倪。内部管理改革调动了教师的积极性,不少高校名教授到第一线为大学生上基础课深受学生欢迎;毕业分配的改革和学分制的试行,调动了大学生的学习自觉性,久违的晚自修要"抢"座位的现象又重返校园,莘莘学子的读书热情相当高。这些都为德育工作创造了很好的条件。

《中国教育改革和发展纲要》指出:"各级各类学校要认真贯彻'教育必须为社会主义现代化建设服务,必须与生产劳动相结合,培养德、智、体全面发展的建设者和接班人'的方针,努力使教育质量在90年代上一个新台阶"。根据这个要求,我们在研讨中达成了共识,学校德育工作一定

要围绕党的教育方针,紧密结合学校的教育改革,做到全心全意依靠教师来做好育人工作,努力去调动大学生实行自我教育的积极性,大力开展健康而丰富的校园文化活动,建设良好的小环境,促使青年学生能更好地成长。

围绕着教育方针,就能在试行学分制的过程中,确保"两课"的学分;建立导师制,让更多的教师进入学生思想教育工作的系统之中;健全必要的规章制度,从而强化校园法规的教育功能;吸引学生骨干参与种种教育活动,使他们成为德育工作的能动参与者。总之,从适应与推进教育改革出发,以全面贯彻党的教育方针为最终目标,学校德育工作就具有不会中断的原动力,就能在培养人才上做出应有的贡献。

四、加强爱国主义、集体主义和社会主义思想教育是新时期学校德育工作的重要环节

为了适应社会主义市场经济体制的需要,培养更多的合格的建设者和接班人,学校德育工作的任务是光荣而又艰巨的。做好这一工作要抓的事情很多,千头万绪抓根本,那就是卓有成效地开展爱国主义、集体主义和社会主义思想教育。

(1)注重教育,以邓小平同志建设有中国特色社会主义理论为指导,改进和加强"两课"教育。马克思主义理论课和思想政治教育课是对学生进行德育教育的主渠道,应该下功夫改进教学内容和方法。几年来,我们重视抓好师资队伍建设和教材建设,先后举办了6期"两课"骨干教师的读书研讨班,受训面占全市高校"两课"教师总数的10%。现在,这批教师大多已担任了教研室主任以上的工作,新的学术梯队正在形成。为了在课程中贯穿以建设有中国特色社会主义理论为指导,我们又全面修订了"两课"的教材。新编的《中国革命史》、《中国社会主义建设》、《马克思主义原理》和《思想道德修养》、《法学基础》等5本教材已经在全市20多所高校正式使用。现在,新一轮的"两课"改革正在积极推进。"两课"改革的目标是:争取在3～5年内形成新的坚持马克思主义基本原理,适应中国经济和社会发展,切合学生实际的课程体系和相应的教材;形成一支有学科带头人,梯队结构合理,相对稳定的师资队伍;建设成若干门受学

生好评的重点课程。两课改革,要注意把理论性、系统性、科学性同思想性、针对性、现实性统一起来。检验两课改革成功与否的最终标准是教学的实际效果,即学生能接受马克思主义基本理论和社会主义道德准则,并在今后的生活道路上逐步以此指导自己的思想和行为。近一二年要突出解决《邓小平文选》第三卷的内容"进教材,进课堂,进头脑"的问题,以此作为"两课"改革的突破口,用建设有中国特色的社会主义理论武装走向21世纪的大学生。《中国社会主义建设》这门课要以邓小平同志建设有中国特色社会主义的理论作为核心内容。其他各门课都要有计划、有侧重、有分工地把《邓小平文选》第三卷的主要内容融入进去。全市拟组织力量尽快编写《邓小平文选》第三卷内容的教学指导大纲。

为使"两课"改革更为扎实,全市确定4～6所高校为两课改革试点学校。试点学校以课程体系改革为切入口,在课程设置,内容安排、教材编写、教学时数等方面有较大的自主权,市里给予必要的经费投入和政策优惠。

将筹建全市性的两课教学信息资料中心。该"中心"依托一两所大学,以会员制形式组成,各高校可以会员单位的身份参加该中心,实现两课信息资源共享,为两课教师的教学和科研提供无偿或有偿服务。要创造条件培养两课的学科带头人和骨干教师,今后3年内全市每年举办1～2期两课学科带头人和中青年骨干教师培训班。建设好三个思政专业硕士点。增加两课改革的经费投入,要把两课的主干课程作为重点课程来建设。全市每年将在两课师资培训、社会考察、软课题研究和资料中心的筹建上投入50万元经费。这样,坚持数年,使"两课"真正成为培养教育青年学生的主阵地和主渠道。

(2)努力实践,充分利用上海的教育资源,加强对学生的爱国主义教育。上海是有光荣革命传统的城市。在这6 300平方公里的热土上,有许多可供开展传统教育的地方。通过积极开发,全市已开放了162个革命遗址和纪念场馆,每年都有几十万学生前往参观,接受教育。还要发挥社区教育的作用。上海市有150多个街道、乡镇建立社区教育组织,根据"因地制宜、就近安排、逐步开发、各具特色"的原则,形成了市、区县和街道、乡镇三级网络,现有市政府命名的青少年教育基地20个,区县一级青

少年教育基地 1 016 个,街道(乡镇)一级青少年教育基地和学生的社会考察点、服务点 9 900 个。为了保证教育与生产劳动相结合,在市政府的支持下,建立了学农基地二十几个,大学生教学实习基地 697 个。这些教育资源的充分利用,爱国主义教育能够搞得有声有色,取得应有的成效。

(3)强调参与,加强国情和形势教育,在社会实践中提高学生的认识。在邓小平同志视察南方重要讲话和党的十四大精神指导下,上海的经济建设和社会发展出现了前所未有的大好形势,这些都是我们进行国情和形势教育的极好教材。近年来,上海市委和市政府的主要领导,都先后多次为大学师生作报告,讲形势、话改革,宣传党的基本路线,使大家深受教育。为了高标准地开展"两史一情"教育,我们正在努力使形势教育制度化,参观考察经常化,乡土教材"立体化",不断提高教育效果。每学期初,都相对集中一段时间进行教育,这已形成制度;经常组织师生参观上海市的重大工程建设,光是 1993 年就有 30 多万师生参加了这一活动;拍摄"改革开放中的上海"、"新上海向我们走来"等录像片,共制作了近千盒像带发到学校组织观看。每年寒暑假有十余万大学生参加各种各类、丰富多彩的社会实践活动,接受生动的社会主义和爱国主义教育。

(4)加强美育,弘扬优秀传统文化,努力提高德育实效。上海是中西文化交汇的地方。要加强中国优秀的传统文化教育,就必须加强美育。要学会利用优秀影视片、优秀戏曲和戏剧作品、优秀的音乐和美术作品来陶冶学生情操,提高他们的修养。高等学校中的校园文化活动曾经辉煌过一段时间,我们应该加强指导和引导,投入必要的人力和物力来进行建设,使之成为开展美育活动的重要场所。上海的文科高校中学者荟萃,有一批研究传统文化的专家和学者。组织他们编写弘扬优秀传统文化、普及传统美德教育的系列丛书是教育行政部门的重要任务,如果再利用大众传媒使这些丛书的精彩内容形象化、艺术化,将会取得更好的教育效果。

以上这些美育活动,得到上海市委、市政府的支持,他们拨出经费,鼓励文艺团体带优秀作品到高校去演出、支持双周免费音乐会和广场音乐会等普及性的美育活动,从而使得这个工作能够持久、健康地深入下去。

同时,我们必须引导学生正确分析和对待西方文化。随着我国对外

开放,西方文化的渗入面和渗入量必将通过种种渠道不断扩大。因此,西方的一些价值观、道德观、政治观、生活方式也完全可能以影视、书刊、音带等文化载体乘机涌入。尤其像上海这样的沿海开放大都市,文化市场比较发达,再加上大量的外籍人员本身就是活生生的文化载体,因而受到西方文化的渗透和冲击更加大。我们既要以宽广的胸怀容纳外来文化为我所用,又要注重对大学生加强引导,帮助他们正确地分析和对待西方文化。西方的某些人士曾直言不讳地宣称,要通过向中国"输入"价值体系而达到改变中国青年一代的目的。我们不能对此等闲视之,而应该清醒地意识到,如果青年大学生价值观"西化"了,那么我们的培养目标就不可能实现,我们的教育效益就会等于零甚至会是负值。但是,我们不必要也不可能在当今开放的形势下让大学生与西方文化完全地隔离绝缘,恰恰要让大学生在广泛接触西方文化中吸取有用的东西,同时也增强分析辨别能力和对腐朽东西的免疫力。这样,广泛地组织教师、专家和学者利用报纸、讲座等途径和形式就一些西方思潮、影视片、名著等向大学生作评析,加强指导,不仅受到大学生的欢迎,对"净化"大学生的某些模糊观念也大有裨益。

综上所述,在课题研究和工作实践中,我们深深体会到,在上海这么一个率先建立社会主义市场经济的大都市,新情况和新问题是层出不穷的。我们必须加强对建设有中国特色社会主义的理论学习,不断研究社会环境与教育对象的发展变化,不断研究教育内部的改革与发展,不断研究德育自身的内容与方式,从而全面把握学校德育工作的改革方向与改进措施,为培养合格的社会主义事业建设者和接班人发挥更积极的作用。

＊本文原载《思想理论教育》,1994 年第 5 期,系国家哲学社会科学"八五"重点科研项目"改革开放条件下培养社会主义建设者和接班人研究"的子课题报告。

关于青年学生思想道德状况研究的方法论

　　党的十四届六中全会通过的《决议》指出：
"各级各类学校都要全面贯彻党的教育方针，坚持
社会主义办学方向，加强德育工作，努力培养德智
体等方面全面发展的社会主义建设者和接班人"。
要把这一任务真正落到实处，使学校德育工作真
正得到加强，必须调动学校、社会、家庭等方方面
面的力量，齐抓共管、形成合力。而科学把握青年
学生的思想道德现状及其发展趋势，则是加强德
育工作的基础。

　　我们知道，所谓方法论就是研究认识和实践
方法的理论。它包含两个层次的内容：哲学方法
论和具体科学方法论。现在，很多学校和团体重
视对青年学生的思想道德状况进行调查研究，已
出了一批成果。如果我们能在方法论的层面上再
进行一些研究，必将会产生质量更高的研究成果。
本文力图在这方面进行一些探索，以求教于各位
同仁。

一、微观与宏观——建立科学的参照体系

现在的青年学生大多是 70 年代末、80 年代初出生的,是直接吮吸着我国改革开放成果的乳汁长大的。我们观察和探索这一代青年学生的思想道德状况,不能离开他们生活的环境和成长的背景。

展望 90 年代的中国,在邓小平建设有中国特色社会主义理论的指导下,中华大地呈现出一派蓬勃的生机。党的十一届三中全会彻底摒弃了以阶级斗争为纲的指导路线,重新确立了解放思想、实事求是的思想路线,确立了以经济建设为中心的基本路线。在这一背景下成长起来的青年学生,敢想敢说,很少顾忌,直率坦然,很少隐瞒自己的观点,过去那种在"左"的路线统治下出现的部分青年学生唯唯诺诺、没有主见或者盛气凌人、头上生角的扭曲状态,部分青年学生口是心非的双重人格,现在则绝少再有了。

同时,我国经济体制也发生了深刻的变化,实施了几十年的计划经济体制,经过了有计划的商品经济这一过渡以后,正式向社会主义市场经济体制转轨。经济基础决定上层建筑。我国经济体制的变化已引起了社会意识的相应变化。青年学生在这一条件下生活,思想道德状况一定会打上时代的烙印。因此,在他们身上,竞争的意识、效率的意识、民主法制的意识、重视个体价值的观念等等都得以确立或得到加强。最明显的是价值观念的变化。犹如二次大战以后的几十年间日本青年的价值观从中庸走向多彩一样,现在我国青年学生的价值观普遍从单一趋向多元,价值判断的标准已不再是以社会需要为唯一准则,而是从社会需要、个体需求以及两者的结合点上寻找答案。这些现象的产生都是与经济体制的变化密切相关的。当然,正如《决议》所指出的"市场自身的弱点和消极方面也会反映到精神生活中来"。这十几年中一些不健康的社会思潮,诸如所谓的合理利己主义和个人主义、享乐主义、拜金主义等等,都是上述弱点和消极面的反映,自然也会对青年学生的思想产生负面的影响。

对外开放是我国的一项基本国策。实施这一方针,促进了我国社会进步、加速了我国社会发展。随着国门的打开,青年学生的眼界开阔了、胸境拓宽了,为我国繁荣富强而建功立业的竞取心增强了。但是,正如邓

小平同志所指出的:"最终说服不相信社会主义的人要靠我们的发展"(《邓小平文选》第三卷,第204页)。由于青年学生自身的弱点,不善于进行正确的比较,看到了社会主义暂时在综合国力和人民生活水平等方面还比不上资本主义,有些人会对国家发展的道路和体制产生一定的疑惑。

通过以上一些分析,我们可以看到,对青年学生思想道德状况的研究是一项微观的研究,一定要把这一研究放到宏观的大背景下进行分析,建立科学的参照体系,从而明确新时期的思想政治教育应该提倡什么、允许什么、反对什么,对不同层次的学生应该提出什么切合实际的要求,教育引导应该从哪些方面入手,从而提高教育的成效。

二、静态与动态——确立科学的发展观念

我们分析研究青年学生的思想道德状况,往往选取某一共同的时段,选择一定的区域或学校,抽取相当数量的样本来进行。这无疑是很需要的。这好比是察看一个标本的横断面,在这一断面上的各种现象都能看得清清楚楚。因此,我们选取的调研样本数量应力求多一些,样本的代表性应力求高一些,对样本了解的面应力求广一些、深一些,总之,应尽量使我们掌握的情况更加科学和准确。

但是,事物往往是在不断变化和发展的。用孤立的、静止的观点看问题就很容易陷入片面性。以沿海发达城市高中学生的思想道德状况为例。1992年的调查显示,多数学生相信和热爱社会主义,相信和拥护马克思主义;赞同"为人民服务"这个基本道德观念的比例不高,仅为41.8%;选择职业中首选的因素是个人兴趣和抱负,去合资或外资企业、外事部门工作是他们最乐意选择的职业;大多数学生对前途具有信心,生活态度乐观。4年以后,1996年的《当前高中学生思想状况及对策研究》课题组的调查给我们描绘了这么一幅高中学生的思想道德状况的画面:他们有较强的国家意识和很高的爱国热情,70%以上的学生相信和拥护中国共产党的领导和社会主义道路;79.8%的学生赞同在社会主义市场经济条件下仍需大力提倡全心全意为人民服务的精神;职业选择中把收入丰厚、工作稳定作为重要标准,外资企业仍为首选去处;大多数学生的人生价值取向健康、积极向上。两相比较,我们不难看出我国沿海发达城

市中高中学生的思想道德状况出现了可喜的变化,政治态度更趋明朗、正确,生活态度更趋积极,道德观念上的奉献精神正在为更多的人所接受。变化不大或没有什么变化的主要是在价值判断上,在个人兴趣和社会需要的首选标准上。

如果仅凭这两组数据就得出一个我国沿海发达城市高中学生的思想发展轨迹,这未免为时过早。但是,如果我们能够坚持数年,每年或每2年在相同的范围内对相同年龄段的对象进行一次相同内容的调查分析,那么,在此基础上建立起来的数学模型,就可以使我们比较准确地把握住这些学生的思想道德状况的动态表现。

再推而广之,如果我们对所选的调查对象能够进行数年的跟踪调查,从中学到大学、再到就业,累积起来进行研究,收益一定匪浅。

总之,我们在研究青年学生思想道德状况时,只有注意了静态与动态研究的结合,才能较好地把握其发展趋势。因此,要想避免主观臆断,使我们的判断更加科学,就必须下"笨"功夫,扎扎实实地坚持几年,坚持调查研究不断线。尤其是当微机运用的领域越来越普遍的时候,对调查数据的处理日益方便,回归分析产生的对动态轨迹的描绘将更加准确。

三、纵向与横向——运用科学的比较方法

有比较才能有鉴别。经常运用纵向比较可以较好地把握事物的变化与发展,而经常地运用横向比较,则可以更好地了解事物的差异与特征。因此,纵向与横向比较的有机结合,才是科学的比较方法,才能较快地触及事物生存与变化的规律。

当我们对青年学生思想道德状况进行研究的时候,非常需要进行科学的比较。上面就动态分析涉及了一些纵向比较的问题。其实,纵向比较的内容是很多的,其时段也可以是相隔较长的。譬如,当我们常常听到某些老人感叹现在的青年学生不如五六十年代的纯朴、刻苦、无私、合群时,就可以将当时的青年学生与现代的进行比较,从生活环境、家庭境遇、文化程度、社会阅历、政治氛围等等多个方面来进行分析。这样,我们就会得出不尽一样的结论,就会对当代青年建立起信心。我们不会否认学校与社会对教育培养青年的责任,但是,我们对这代青年将会胜过上一

代、能够顺利接好班的信心是教育工作的出发点和归宿。又如,我们在分析研究高中学生思想道德状况时,还可以与初中学生和大学生的情况进行类比,找出异同、分析原因,从而找准高中学生的思想脉搏。

这里,我想特别强调一下进行横向比较的必要。同样是这一年龄段的青年学生,不同地域、不同学校、不同家庭的人,他们的思想道德状况是有差别的。抓住这些现象进行比较研究,可以得到许多有益的启示。我们以不同地域的青年学生为例。调查结果表明,沿海经济发达地区的青年学生,对党的大政方针的认同程度比内地的学生高出5~6个百分点,而对传统的道德价值观念的认同程度则要低几个百分点;沿海城市中的青年学生思想活跃、观念变化快,消费态度上的宽容度比较大,这些则往往是内地学生所缺乏的;沿海城市的学生在职业选择上大多把去外资企业放在第一位,而内地的学生还看重科技工作或外事工作。总之,就不同地域的同龄青年间的有关指标细细进行比较,我们就可以看到本地区青年学生的思想道德状况的特点,找出形成这些特点的主客观原因,进行有益的扬弃,从而改进和加强学校的道德工作。

不仅如此,同一地区的青年学生中,重点中学与普通中学之间也存在明显的差异,在学习兴趣、生活感受、自信心等方面的落差也比较大。同一学校中,不同家庭的学生之间也有差异,工人家庭的、知识分子家庭的、干部家庭的,还有那些破损型家庭的、先富起来的家庭的……社会生活变化的加快也使人群中的变迁增加。现在的学生家庭类型比之五六十年代早已多出很多。对于各种家庭中成长起来的同龄学生进行比较研究,其益处是显而易见的。

我们在习惯于纵比的基础上,将横比结果有机地融合于其中,再进行仔细的分析研究,将会真实地捕捉到青年学生的思想特点和脉络。

四、个体与群体——形成科学的研究思路

我们现在对青年学生思想道德状况的研究,往往比较注意这一年龄段的群体情况。这无疑是十分必要的。"物以类聚,人以群分",从一定数量的学生样本中汇总出带有共性的思想特点,具有较大的可信性。

但是,仅此还不足以立体地看出青年学生的全貌。我们还非常有必

要结合进行个案调查或典型调查。一些学生身上表现出来的个体所具有的某些特征,完全可以成为面上调查的补充,从而使调研成果更加扎实。

这样的调查方法早在半个多世纪以前就已为我党所采用,成为我党开展革命斗争、分析敌我友的重要手段。我们可以仔细查看一下 30 年代初毛泽东在井冈山革命根据地的寻乌、兴国、宁冈等地所写的调查报告。为了分析当地人民的生活状况,他认真调查了 8 户人家,一户户作了记录,为了剖析当地的经济状况与商业流通情况,他详细记录了小商店所出售的 100 多件商品,其中还包括不少洋货。这些调查报告,现在读来还是那么生动,内容翔实,分析有据。这些调查报告已经成为我党思想理论宝库中的宝贵财富。我们应该继承和发扬这么一种好的传统,将群体分析与个体解剖紧密结合起来,以形成科学的研究思路。

前几年,中宣部曾在全国五六个省、市同时对数百个青年学生进行个案研究,形成了数百万字的文字材料,可供教育和理论工作者研究好几年。随着研究的深入,人们会越来越深刻地感觉到,个性之中孕育着共性,共性的发展离不开个性。因此,面上的普查一定要与个体的调查结合起来。

从个案的深入研究中我们可以得到不少启示。青年学生的成长过程中会遇到不少“关节点”,此时此刻他们所受的教育与影响将是终身难忘的。我们可以看到一股股的冲击波在他们脑海中泛起的浪花。班主任的影响、一本印象深刻的书所起的作用、一次精彩的报告所产生的推动力……总之,在青年学生的思想道德发展中,有几个“力”是肯定起作用的:家长的教诲、学校的教育、大众传媒的影响、同龄人之间的相互感染。但是,现在我国还缺少对这几个作用力的强度、时效、在不同年龄段的学生身上的反应等方面的科学数据。这是放在我们教育工作者面前的课题。如果我们的研究能够有所突破,我们就会为青年学生的健康成长创造更好的条件。

同样,个案研究的结果还将提醒我们注意教育对象的差异。唯物辩证法告诉我们,事物之间相同是相对的,不同是绝对的。邓小平同志早就指出:“我们在鼓励帮助每个人勤奋努力的同时,仍然不能不承认各个人在成长过程中所表现出来的才能和品德的差异,并且按照这种差异给以

区别对待,尽可能使每个人按不同的条件向社会主义和共产主义的总目标前进"(《邓小平文选》第二卷,第106页)。因此,个体的分析研究,可以促使我们更逼近青年学生的思想实际,在整个教育活动中加强针对性,提高有效性。

个体与群体研究的有分有合,根据调查研究中的不同要求可允许有一定的侧重,这是需要倡导的研究思路。当我们常常比较重视面上的普遍情况调查研究的时候,现在需要提醒人们更为重视一下典型的或个体的调查研究。

综上所述,本文所涉及的对青年学生的思想道德状况进行研究的方法论问题,基本上是属于哲学方法论的范畴。唯物辩证法告诉我们:"事物(经济、政治、思想,文化、军事、党务等等)总是作为过程而向前发展的。而任何一个过程,都是由矛盾着的两个侧面互相联系又互相斗争而得到发展的"(《毛泽东著作选读》下册,第843页)。这是马克思主义的世界观。运用这一科学的世界观去研究工作方法、调查方法,才能产生科学的方法论。本文所述的四个问题,实际上也是四对矛盾。运用唯物辩证论的世界观去解决这些矛盾,就能使我们对青年学生的思想道德状况有一个更全面、更切实的把握,为培养更多的社会主义建设者和接班人提供更为成熟的条件和基础。

＊本文原载《上海教育学院学报》,1997年第1期。

加强教育源的研究,探索德育有效性途径

当前,在深入学习党的十四届六中全会《决议》的热潮中,学校德育工作者都在思考加强德育工作的措施,真正把社会主义精神文明建设的各项要求落到实处。很多学校都把德育工作视为系统工程来建设,有目标、有对策、有队伍、有投入,工作到位、措施落实、发展势头良好。现在是需要进一步加强研究、避免形式主义,真正提高德育工作有效性的时候了。

一

我们应该将学校德育工作的注意力始终放在我们的工作对象——青少年学生的身上。培养合格的社会主义建设者和接班人,这是学校各项工作的出发点和归宿。德育工作者更具有义不容辞的职责。因此,这就要求我们十分注意对学生思想道德状况及其发展作一研究。

我们知道,一个人自出生以后总是在一定的社会环境中生活的。家长是孩子的最早的老师,并且在孩子日后的成长中一直处于一种教育者的

位置。到了学龄以后,在十来年的时间里,各级各类学校承担起了培养、教育青少年的责任,帮助青少年完成社会化的过程,使他们成为合格的建设者和接班人。同时社会中的各种人群、团体、思潮、大众传媒等等,又以其不同的方式对青少年的思想道德发展产生影响。可以这么认为,一个孩子从幼儿园、小学到中学毕业,及以后踏上社会就业或者再进入高一级的学校深造,在这十几年的时间里受到家长、学校、书籍、广播电视、报纸、同学或朋友等多方面的影响。这些影响会对青少年的思想道德状况的发展,正确世界观、人生观、价值观的形成产生一定的作用。我们权且地把这些方面的因素称为教育源。

那么,不同教育源的作用强度是否有区别? 不同教育源的作用随着孩子年龄的发展是否有变化? 如果有区别、有变化,我们是否应该采取相应的对策? 这是放在学校德育工作者面前的一个课题。

他山之石,可以攻玉。在回答上述问题之前,我们不妨参阅一下西方教育理论工作者威廉·卡姆斯对日本青少年成长发展过程中所受到的各种教育源影响的作用力度分析的坐标(见图1:不同教育源的影响)。这里,横坐标是青少年的年龄,竖坐标是不同教育源的作用力度。从图中我

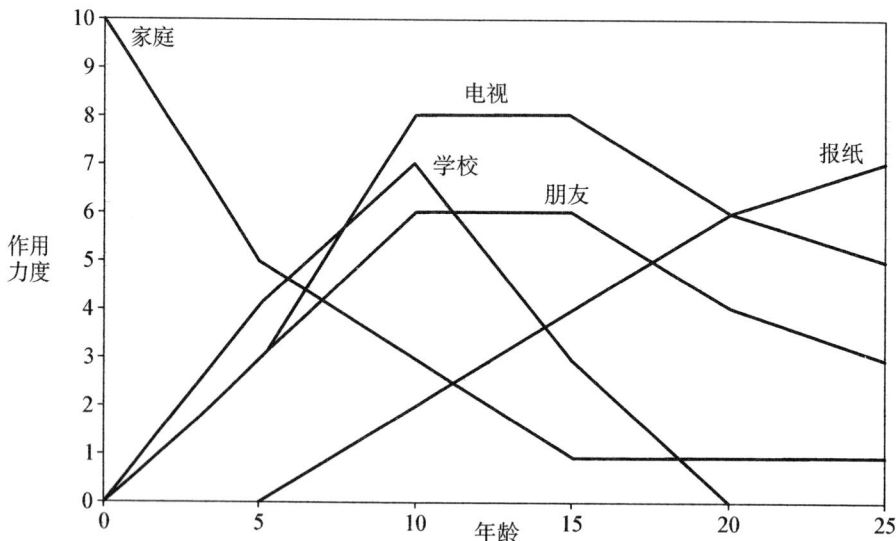

图1 不同教育源的影响

们可以看到,一个孩子出生以后,家长教育的作用是绝对的。进入学校以后,起第一位作用的就是教师了;然后,随着年龄的增长,其地位逐渐为同龄人所取代,最终让位于大众传媒。如果我们取中学生这一年龄段来分析,从图中我们可以看到,影响学生思想观念形成和变化的几个因素依次为电视报纸等大众传媒、同龄间的同学或朋友、学校的老师、家庭的父母。

那么,我国的情况如何呢?请看一个大城市中对 20 岁左右的青年学生的一份调查(图 2:各社会因素对学生思想影响的排列顺序)。

各社会因素	排列顺序	各社会因素	排列顺序
社会思潮	1	政治学习	7
报纸杂志	2	任课教师	8
学校同学	3	班主任	9
文艺作品	4	辅导员	10
社会名流、专家	5	校、系领导	11
家长	6		

图 2　各社会因素对学生思想影响的排列顺序

这里,社会思潮、报纸杂志、文艺作品等大致可归入大众传媒这一类中,专家学者、政治学习、任课教师、班主任、辅导员、学校和系的领导等基本上也可归入学校教育和教师这一类。因此,在我国中学生到大学生这一年龄段,不同教育源的作用排序大致是大众传媒、学校同学、家长、学校教师。与日本的调查相比,我国的学生家长所起的影响与作用要大一些。这与我国的文化背景、与我国城市中绝大多数家庭都是独生子女的现状都很有关系。

同样,从学生自己的反映来看,随着年龄的增长,家长的作用力度在递减。在被调查的学生中,45%的人认为在小学阶段父母对自己的思想影响最大,17.2%的人为在中学阶段父母对自己的思想影响最大。与此同时,文艺作品、报纸电视的作用力度则在递增,始终成为第一位因素。

二

为了提高学校德育工作的有效性,需要研究和探索的问题还不少呢。

首先是对不同教育源的影响与学生成长阶段的关系问题的研究。图1为我们展示的是日本的情况。我国的情况怎样呢？图2反映的只是20岁左右的青年学生的情况，只有一个年龄段的资料。我们能否通过各级各类学校的协作研究，揭示一幅我国的沿海城市中青年学生身上反映出来的不同教育源的作用变化的轨迹图呢？与图1相比，我国的调查数据将会反映出学校教育和教师的作用不会在20岁以后的青年学生身上趋于零；我国的家长作用也不会在15岁以后的青少年身上只有微乎其微的作用力。但是，两者的作用力度究竟是多少，它们在不同年龄学生的身上究竟如何变化，这些都有待于德育工作者和有关专家一起进行调查研究和科学分析。如果我们经过数年的努力，能够描摹出一幅反映我国青少年身上不同教育源的作用力度变化轨迹的坐标，那对于我们加强大、中、小学德育工作的衔接将是很有帮助的。

其次，要改进学校德育工作，真正在有效性上下功夫。我们并不否认学校及教师在中学生及大学生思想发展与科学世界观形成过程中的作用不是第一位的，但是，学校教育及教师在这个年龄段的学生身上的影响也是不可低估的。事在人为，功在身外。关键是学校要把各项工作做好，针对青少年学生的思想需求，生动活泼地开展各项教育活动，逐步达到入耳入脑的要求。特别是随着改革开放和社会主义市场经济体制的建立，社会意识和人们的价值观念都发生了很大的变化，学校教育既要适应青少年学生的身心特点和规律，又要适应社会大环境变化的要求。学校在加强中华传统美德教育、加强中国近现代史和国情教育的同时，一定要下功夫、深入浅出地让高中以上的学生掌握马克思主义的立场、观点和方法，掌握邓小平建设有中国特色的社会主义理论。在教育的过程中还十分要注意层次性，改变长期以来习惯于用先进分子的标准来要求全体学生的思维定势，将先进性和广泛性的要求结合起来，学会做"跳高教练"，使每一个学生都能各得其所、在原有的基础上有所提高。此外，还要特别强调一个教师的人格力量。布鲁纳说："教师也是教育过程中最直接的有象征意义的人物，是学生可以视为榜样并拿来同自己作比较的人物。"我们常听到有些伟人在谈到自己的成长过程时会情不自禁地回忆起孩提时代的某位教师的言行给自己带来终生难忘的影响。在强调德育工作的有效

性时,我们特别需要强调教师热爱学生、敬业尽职、为人师表、率先垂范的精神。教师具有这么一种高尚的人格,就会形成一股无形的力量,驱动学生奋发向上、积极进取的原动力。

同时,学校教育怎样给学生成长创造良好的氛围和环境,也是不能忽视的问题。近朱者赤,近墨者黑。中国古代就流传过"孟母三迁"的故事,就是讲的生活环境对青少年健康成长的重要作用。现在,校园环境的净化、绿化和美化都已引起各级各类学校的重视,这是十分可喜的现象。青少年学生基本行为规范的养成教育也都得到了加强,遵章守纪、敬老爱幼逐渐形成风气。青少年在这样的环境中学习和生活,耳濡目染这些优良的习俗,对身心健康发展大有益处。一个好的学校在自己富有特色的办学过程中,还会形成以校训为中心内容的学风和教风。这是一个学校的优良传统,是一笔宝贵的财富,应该得以继承和发扬。这些学风和教风也将给青少年学生施以有益的影响。

环境的优化还应包括学生学习和生活的集体。班级、小组、宿舍,都是学生所处的集体的正规形式。从班主任、辅导员到学校领导,都比较重视这些正式的集体,选配干部、组织活动、评比选优等等,一系列措施有助于集体的形成和凝聚力的产生。这样,就能形成健康的集体舆论和优良的作风,建立集体对个人的合理的影响,使集体成为教育每一个学生的良好学校。除了这些正式的集体,青少年中还会经常产生不少非正式的团体,这些非正式团体有的有一定形式,有的组织方式松散。但是,这些团体往往会对青少年学生的思想品德产生较大的影响。从图1和图2中所提到的同学、同龄或朋友的影响,主要是在这些团体中产生的。因为这些团体的形成往往是和年龄、兴趣爱好、态度观点、传统习惯等有关系的,西方教育界对这一现象早就引起了重视,充分看到 Peer(同辈、同龄)这一教育源的作用,研究中形成一系列术语,诸如同龄认同、同龄文化、同龄团体、同龄教育、同龄责罚、同龄影响等等。我想,我们的学校教育工作者也应把注意力放到这些非正式团体中去,与这些团体中的核心人物广交朋友,通过他们去教育和影响一批学生。这样,启发和引导青少年学生实施自我教育,往往能收到事半功倍之效。

至于学校、家庭和社会结合起来形成合力、齐抓共管,提高成效的问

题,有关的论述已很多了。这里还想强调的是要重视不同家庭对学生的影响方向。五六十年代我们把青少年学生的家庭出身问题强调到了不恰当的地步,结果走向反面,出现了"反动血统论",打击了一批青少年,阻碍了一大批青少年健康成长,而现在又太不重视家庭出身,使有些问题的出现不能避免,不能防患于未然。其实,不同家庭对学生的影响方向还是有差异和区别的。前几年的调查表明,家庭背景对学生政治认识影响很大,军人家庭出身的学生认识正确率达到 80.2%,农民家庭出身的学生为79.8%,个体户家庭出身的学生为 79.2%,工人家庭出身的学生为76.3%,服务业家庭出身的学生为 74.6%,机关干部家庭出身的学生为74%,知识分子家庭出身的学生为 68.8%。现在,随着社会主义市场经济体制的逐步建立,国有大中型企业管理改革的深化,下岗待业人数的相对增多,上述认同率的情况可能又会有些变化。这都从一个侧面反映了家长这一教育源的作用。现在,令政府教育主管部门感到头疼的减轻中小学生课业负担的工作成效不大的一个原因,就是一些家长往往自觉或不自觉地给孩子施加应试的学习压力。而其中,职业或文化背景的差异往往会左右家长的态度与做法。因此,学校教育与家庭教育的结合,除了学校要主动引导、指导和影响家庭教育,还包括要结合不同背景的家庭情况加强有针对性的个别教育,真正在有效性上做好文章。

三

学校德育工作要有实效还必须非常重视大众传播媒介和文艺作品的影响。图1和图2提供的数字尽管是前几年的,但对青少年学生思想影响的第一位因素在九十年代乃至将来仍然会在这一个层面上产生作用。因此有必要把德育工作的视野拓展到课外和校外。特别是随着电脑进入家庭速度的加快,电脑网络化的程度日益提高,很多新的情况都会出现,需要我们去研究,加强对学生的课外指导和引导。教师一双眼、怎比得上学生数十双眼。解决问题的办法,一是教师要主动去涉猎学生所关心的领域,二是依靠学生干部和非正式团体中学生领袖的作用。为了改变被动应付的状况,学校完全可采取一些积极主动的办法。我们可以充分发挥社会上的青少年教育基地的作用,积极组织青少年学生开展社会考察

和公益劳动;充分发挥百部爱国主义教育影片的作用,经常开展生动活泼的影视观摩和讲评活动。现在,一些通俗歌曲、流行歌曲在校园很有市场,我们不必讳疾忌医,可以组织一些专题讲座,帮助青少年学生进行正确的扬弃。尤其应该加强对课外阅读的指导。读一本好书,犹如同一位名人谈话,获益匪浅;而读一本坏书,恰如服用砒霜毒药,会毁掉一个乃至一批人。有些国家曾经规定过中学生必读的几十本书,给学校教育提供了很多方便。在现在这样文化产品数量激增的时代,有必要指导青少年认真读完一批有质量的、适合他们年龄特点的经典作品。因此,我们一要经常关注学生们的阅读热点,对一段时间比较流行的作品及时进行辅导或引导;二要按年级开列一批阅读书目,有意识地进行课外阅读指导,争取形成一校,或一地区的学生必读书目,帮助青少年吸收有益的精神食粮,提高思想和文化素养。

总之,加强对不同教育源的影响力度的研究,为的是探索更有效地培养和塑造社会主义一代新人,完成党和政府所赋予的各级各类学校的任务。

＊本文原载《中学教育》,1997 年第 2 期。

努力探索对青年学生加强爱国主义教育的有效途径

　　自从 1994 年 8 月中共中央印发了《爱国主义教育实施纲要》,各级各类学校的爱国主义教育都在如火如荼般展开。江泽民同志在党的十四届六中全会上《关于加强爱国主义教育》的讲话中,强调"为了把我们的事业继续推向前进,必须在全国人民特别是青少年中进一步加强爱国主义教育",又把这一教育活动推向了新的高潮。现在,需要我们教育工作者思考和解决的问题是,怎样针对青年学生的特点,开展有效的教育活动,提高爱国主义教育的实效。

　　本文所指称的青年学生,系指十六七岁以上的学生,即接受高中阶段及其以上教育的学生。处于这一年龄段的学生,自我意识开始分化,逐渐认识到自我本体在社会中的存在,能够独立思考,世界观和人生观逐渐形成。这一阶段也是一个学生迈向成人世界、基本完成社会化的重要时期。因此,着重研究对这一年龄段的学生有效地进行爱国主义教育显得十分必要。

274

一

我们党和国家的三代领导人先后对爱国主义教育有过十分精辟的论述和指示。重温这些论述和指示可以帮助我们进一步明确加强对青年学生进行爱国主义教育的指导思想。

毛泽东同志非常重视爱国主义教育的内容要适应不同历史时期的特点。他说："爱国主义的具体内容，看在什么样的历史条件之下来决定。"①因此，在革命战争年代，就是要为保卫祖国反对侵略者而战，"爱国主义就是国际主义在民族解放战争中的实施"②。到了和平建设时，毛泽东同志则强调要增强民族自尊心，艰苦奋斗，发愤图强，用双手创造出一个富强的国家。他批评有些人"在外国人面前伸不直腰，像《法门寺》里的贾桂一样，人家让他坐，他说站惯了，不想坐"，"在这方面要鼓点劲，要把民族自信心提高起来"③。由于党的崇高威望和新中国成立后社会主义建设所取得的有目共睹的成就，在当时的青年学生中，为报效祖国而勤奋学习蔚然成风，以社会需要作为人生准则已经深入人心，爱国自强，艰苦创业，形成良好的社会风气。

党的十一届三中全会以后，随着深化改革，扩大开放，国门打开了，看到了与西方发达国家的差距，自卑自扰，乃至有损国格人格的事都有发生。在这种情况下，邓小平同志高瞻远瞩，提出要对全国人民特别是青少年深入持久地进行爱国主义教育。综观这十几年间邓小平同志有关爱国主义教育的一系列论述，我们可以清楚地看到他的思路：新时期加强爱国主义教育的目的在于振奋民族精神，实现民族团结，"一心一意搞四个现代化建设"④；新时期加强爱国主义教育的核心是增强民族自尊心、自信心和自豪感，新时期的爱国主义教育必须与社会主义教育相统一；新时期加强爱国主义教育的重点是青少年，一是用历史教育青年，二是要让青年了解中国的国情，从而明确"为社会主义中国的前途而奋斗是当代青年的最崇高的使命和荣誉"⑤。新时期加强爱国主义教育必须从实际出发，教育内容要反映"群众关心的实际生活问题和时事政策问题"⑥。教育形式上切忌"简单武断片面"的形式主义，讲究实效，落到实处。因此，重温邓小平同志的一系列论述，必将进一步明确当前对青年学生加强爱国主

义教育的方针、方式和内容，指导教育活动引向深入。

江泽民同志主持中央工作以后，高举建设有中国特色社会主义的理论旗帜，强调新时期爱国主义教育必须突出时代特征，把人们的爱国热情凝聚到社会主义现代化建设的宏伟大业上来。他多次和青年学生座谈，亲自给国家教委领导写信，要求对青少年加强中国近现代史和国情教育，还积极推荐教材。尤其是最近几年，江泽民同志反复强调要进一步加强爱国主义教育，以国家利益为重，为早日实现四个现代化而建功立业；要将爱国主义和社会主义统一起来，高举旗帜、开创未来；要坚持对外开放，又要始终注意"把国家主权与安全放在第一位，自觉地维护国家的统一、民族的团结和人民的利益"；要通过各种生动活泼的形式，广泛持久、深入地加强爱国主义教育，提高教育成效，"把全国各族人民的爱国主义热忱，转化为推动改革开放和现代化建设、振兴中华的强大力量"。

今天，当我们正在深入思考如何卓有成效地加强对青年学生的爱国主义教育时，重新学习和研究我党三代领导人的有关论述是显得何等重要！

二

青年学生是学校教育的出发点和归宿。要真正将爱国主义教育的要求落到实处，还必须对青年学生接受教育、吸收信息的程度（或者叫接受度）作一番研究。

我们知道，一个人从出生到成年、踏上工作岗位，在这大约 20 年左右的时间里，接受来自各个方面的教育，才帮助他完成社会化的过程。许多研究表明，对各种教育，学生的接受度会随着年龄增长而变化。首先是家庭教育，家长是孩子最早的老师。从幼年开始，家长的教育即处于领衔的地位。随着年龄的增长，孩子对家庭教育的接受度逐年递减，到十六七岁就开始固定在一定的水平上。进入学龄期的孩子，教师的地位很快就取代了家长，学校教育对一个孩子的作用越来越大，但到了十六七岁以后，学生对学校教育的接受度也开始固定在相对平稳的水平上了。与此同时，同学之间、同龄伙伴之间的影响则与学生年龄的递增呈现出正相关的关系，也就是说，高中阶段及其以后的学生，同龄伙伴之间的相互作用和

影响某种程度上会超过教师的作用和影响，因此，可以这么认为，青年学生对同龄伙伴之间的"自我教育"的接受度逐渐增强。最值得重视的是电影、电视、文艺作品，报纸传媒等影响。随着学生年龄的增长和文化水平的提高，阅读书报杂志、收听观看影视作品、流行音乐，这些文化产品和大众传媒对青年学生的影响越来越大，乃至从他们的接受度来评价，可将上述影响列为第一位。我国一个大城市中曾对青年学生受各种社会因素影响的程度进行调查排序，其结果依次为(从大到小)：社会思潮、报纸杂志、学校同学、文艺作品、社会名流和专家、家长、教师、班主任。因此，青年学生在自觉或不自觉地接受各种教育的过程中，对书报杂志、文艺作品和大众传媒的接受度最大，其次是同龄伙伴，再次是家长和学校教育。

面对上述结果，学校教育不是无所作为，而是更应"对症下药"，提高学校教育的针对性和可接受性，同时，要充分利用大众传媒和影视音像书刊等精神产品，发挥它们在学校教育中的促进作用；还要充分调动青年学生参与各种教育活动的积极性，从中引导他们进行自我教育，提高教育成效；最后，还要看到我国大城市大多是独生子女家庭的特点，将学校教育和家长的作用有机结合起来，与社区教育构成网络，从而起到事半功倍的作用。这些启示都非常值得在深入开展爱国主义教育的过程中加以借鉴。

三

现代课程理论告诉我们，课程泛指列入教学计划之内的学校所有教育活动，是"学生在学校指导下经验的全部历程"，"课程是学校的生活和计划……是一项指导生活的计划"，"使学生在学校的指导下，能够有意识地不断发展个人——社会能力"。因此，对青年学生进行爱国主义教育的各项活动，都应在学校课程的范畴之中。为了提高爱国主义教育的成效，有必要借鉴课程发展的原则，确定我们教育过程中须遵循的原则。

第一是系统化原则，即爱国主义教育应该注意系统性和与学校其他教育内容的配合。

(1) 爱国主义教育的内容要区分为若干适应的范畴或领域，以便安排各种活动和教材。

（2）要注意教材使用的年级和对象，根据学生身心发展的程度，决定教材的使用及教育的层次。

（3）要注意横向的联系，使课堂教学与课外活动相互配合、使学校教育与社区、家庭的各项活动相互配合。

（4）爱国主义教育的内容和活动要注意系统性、有机联系、不要支离破碎。

（5）爱国主义教育的内容要贯穿到学校的教学、育人全过程中去，特别要通过渗透和结合，"发挥好课堂教学主渠道的作用"。

第二是效率化原则，即学校实施的各项爱国主义教育活动应注意效果的考核，不光是做过，还要能做好。

（1）要注意整个教育环境的安排，包括校园环境、社会环境和受教育者的心理环境。

（2）要在教育过程中加强平时的考查和定期的考核。

（3）教育计划和内容要根据形势发展和对象变化不断地加以修订。

（4）要注意循序渐进，设置一定的教育坡度。

第三是个性化原则，即爱国主义教育应注重学生个体，注意个体差异、个人发展及个人的学习效果，在面上普遍施教的同时加强个别教育和辅导的工作。

（1）要根据学生的思想状态适时调整教育方式和内容。

（2）要注意学生在教育过程中的接受程度和有关表现。

（3）要进行个案调查和分析。

（4）要和学生在校的各项活动相呼应。

第四是社会化原则，即学校爱国主义教育的最终目的是为社会培养合格有用的建设者和接班人，因此要充分利用社会各方面的力量，使学校与社会互相配合、共同受益。

（1）教育的各项要求要适应社会的需要。

（2）教育的过程要由学校领导、专家、教师、家长、学生和社会人士共同参与。

（3）要充分发挥社会各项教育资源的作用，包括大众传媒、精神文化产品、纪念场馆等等。

（4）要注意及时沟通信息、更新观念、改进教育。

第五是一体化原则,即学校的爱国主义教育是个跨学科的课程,是以培养学生的爱国主义认知、情感和行为作起点的多学科教育过程,必须注意融会贯通。

（1）教育过程要吸收师生共同计划。

（2）教育过程中要保留适当的弹性。

（3）要以问题为中心,加强讨论,做到教学相长。

（4）要将爱国主义教育纳入学校整个教学计划之中,统一实施、统筹协调。

四

综上所述,我们通过对教育对象接受度的分析,对教育过程中必须注意的原则的深入研究,坚持以毛泽东思想、邓小平理论和江泽民讲话中的有关论述为指导,就能对进一步加强爱国主义教育的有效途径进行积极有益的探索。

第一,精心组织、学好理论,帮助青年学生确立为社会主义祖国的繁荣富强而建功立业的共同理想。

高中阶段及其以上的学生,理性思维不断发展,对人生、对世界的看法日臻成熟。我们现在说的爱国不是抽象的,是和社会主义制度、和中国共产党的领导密切联系在一起的。要使青年学生对这些问题都能有比较清楚的认识,一定要组织他们认真学好马列主义、毛泽东思想,特别是要学习邓小平建设有中国特色社会主义理论。为了真正使青年学生掌握邓小平理论的精髓,还必须精心组织好有关的教学活动:

（1）启发式教学,认真组织的讨论。

（2）针对青年学生的思想实际,真正解决一至二个众所关心的实际问题。

（3）积极指导青年学生阅读原著,选好篇目,出好题目,抽查笔记,辅导讨论。

（4）根据年龄特点和思想状况,分层次定重点,精选数十段语录式的论述,要求读熟、搞懂、背出直至能灵活运用。

第二,精选内容,古为今用,加强我国优秀传统文化的教育和学习。

爱国主义,一般是指人们对自己祖国的热爱态度和深厚情感。爱国情感是一种高尚纯洁的情感,是各民族共同认识的对祖国的依恋崇敬之情的心理基础。青少年时期正是爱国情感的形成阶段。中华民族数千年的文化积淀所形成的优秀传统是爱国情感教育的重要内容。要适应社会主义初级阶段和当代青年学生的需要,精选有关素材,加以整理编辑,发挥其教育功能。

(1)要认真发掘儒家文化中的精华,古为今用。

(2)历代爱国志士仁人的忧患意识,"天下兴亡、匹夫有责"的志向和胸怀,不屈不挠、奋斗不息的志气和精神,舍身救国、不怕牺牲的理想人格都是爱国情感教育的极好教材。尤其要弘扬历代爱国知识分子的人格力量和情操境界。

(3)从唐诗宋词元曲到明清小说,都是优秀传统文化的结晶。要精选篇目,加以提倡,使之成为青年学生课外阅读的主要内容之一。

第三,精心设计,加强渗透,充分发挥课堂教育的主渠道作用。

青年学生的主要任务是学习,课堂教育是学习知识的主要阵地。因此,爱国认知水平的提高一定要与主渠道结合起来。应该进一步设计好各科教学中与爱国认知和情感教育有关的隐性内容,加强在各科教学载体中爱国主义教育内容的渗透,减少学生的逆反心理,于无声中见真谛。

(1)高中阶段的教育要严格按照各地教育行政部门的部署,做到分解和贯穿,提高课堂教学实效。

(2)高等院校除了开设有关的选修课或专题讲座外,也要认真研究专业教学中如何渗透爱国主义教育内容。

(3)关键在于教师队伍思想素质的全面提高。教师的形象与风范是非常有力的无形力量。必须十分注意下功夫抓好教师的爱国主义教育。

第四,充分利用现代教育技术和手段,使学校的爱国主义教育领域进一步得到拓展。

现代科学技术的发展日新月异,拓宽了人类的视野、缩短了人间的距离,给青年学生提供了更广阔的活动舞台。完全可以借助这些现代科技成果作为教育手段,把爱国主义教育搞得有声有色。

（1）对于中央和各地教育行政部门推荐的爱国主义教育影片和书籍，要充分研究可视性、可读性和可接受性，结合各校学生实际加以挑选，提高这些精神文化产品的教育效果。

（2）密切注视青年学生的阅读和收视热点，及时加以指导和引导，纳入爱国主义教育的轨道。

（3）经常注意青年学生观察问题的立场、观点和方法，以适应现代信息传播方式的变化。

第五，同龄互助，加强引导，启发青年学生之间开展丰富多彩的自我教育活动，调动受教育者的主动性来提高教育的有效性。

"纸上得来终觉浅，绝知此事须躬行"。学校的爱国主义教育要与各种社会实践结合起来，以增加青年学生的感性认识；还要与学生中的自我教育结合起来，才能将教育要求真正内化为青年学生的自觉行动。

（1）自我教育的主要方法是自我说服、自我批评、自我强制、自我限制。这里的"自我"包括青年学生相互之间的关系。

（2）自我教育的最佳形式是青年学生自行组织的各种社会实践活动。学校的老师和辅导员应该帮助他们设计和组织有影响、有突破性的活动，发动青年学生参与各种志愿者的社会服务和公益活动。

（3）坚持在区别上建立对策，注意发挥学生骨干的榜样作用，积极做好少部分落后学生的个别工作，并引导他们互帮互学、共同提高。

（4）密切关注青年学生中非正式团体的领袖人物或关键人物，广交朋友，广开言路，广做工作。

（5）正面宣传"慎独"的积极意义。

第六，加强校园环境建设、推动校外爱国主义教育基地的建设，形成熏陶青年学生爱国情操的良好氛围。

青年学生思想发展、认识提高的过程，有一个从具体到抽象的阶段。对国家美好情感的凝聚，也有从近及远、由小至大的发展过程。优化学生成长的环境，逐步使他们从热爱集体、热爱学校、尊敬师长发展到热爱家乡、热爱祖国。

（1）积极开展群众性的文明单位创建活动，使校园环境达到净化、美化、优化。

（2）配合各地政府规划、建设好爱国主义教育基地，并将这些基地的利用纳入计划。

（3）加强对东西方文化交汇中的社会思潮的评析，创造育人的科学和健康的小环境。

第七，积极构建爱国主义教育的网络，按照系统工程的建设要求，创造教育的最佳状态。

爱国主义教育是综合性、系统性很强的教育活动，需要方方面面的协调和配合。从学校自身来言，就必须主动与学生家庭、生活社区、精神文化产品制作机构等加强联系，逐步形成反应灵敏、效率较高的工作网络。

（1）走出爱国主义教育自身的"小循环"，投身到整个学校教育的"大循环"中，找到正确定位。

（2）研究教育的衔接，把高中到大学中各个年级的具体要求分解出来，有分有合，落实到位，并专题研究爱国主义教育分年级的衔接问题。

（3）学校与家庭建立多种形式的联系，逐步达到双向反馈，互相补充，共同施教。

（4）学校与社区联系的范围要更宽更广，积极组织青年学生参加社区的各项公益性活动，反过来，社区也将给学校更多的回报。

（5）学校要密切关注、主动参与精神文化产品的生产，充分发挥优秀文化艺术品的价值和作用。

注释：

①②③《毛泽东著作选读》第 272 页、第 273 页、第 743 页。
④⑥《邓小平文选》第 3 卷，第 211 页、第 144 页。
⑤《邓小平文选》第 2 卷，第 255 页。

＊本文原载《首届上海高校教师学习邓小平理论交流会获奖论文集》，上海财经大学出版社，1997 年 10 月。

明确目标,努力推进"两代师表"建设

在社会主义精神文明建设的过程中,加强各行各业的职业道德建设是一项非常重要的任务。我们在学习和贯彻党的十四届六中全会精神的时候,结合学院的特点,认真研究了这么一个问题:即怎样继续加强教师的职业道德建设。我院的学员都是在职的中小学教师,而我院自身的教师状况又对学员的培训起着十分重要的影响。因此,我们及时而明确地提出了把"两代师表"建设作为贯彻落实党的十四届六中全会《决议》的一项主要任务,即以抓学员的师德教育和教师的师德建设并举,以我院教师的师德表率来带动学员的方式促进中小学教师的职业道德建设。

一、统一认识,将"两代师表"建设作为学院精神文明建设的主要目标

党的十四届六中全会《决议》指出,加强职业道德建设是当前加强社会主义道德建设的重点,是新时期思想道德建设的基本任务之一。在学习贯彻《决议》精神的过程中,我们反复思索了这么

一个问题：作为我们这样一所高等师范性质的成人学校，要不要把职业道德建设放在相当突出的位置进行？有人认为我院的学生都是中小学在职教师，平时工作繁忙，能抽出时间来进修是相当不容易的，因此这些时间应该主要用于更新知识，提高能力。经过一些时间的学习讨论，我们认为，这种说法是有一定片面性的。

首先，师德建设是师资队伍建设的重要内容。早在1950年代，周恩来同志就把教师尊称为"培养下一代的灵魂工程师"。作为"灵魂工程师"，要承担起培养教育"有理想、有道德、有文化、有纪律"的一代新人的历史重任，就必须重视自身素质的提高。邓小平同志指出："一个学校能不能为社会主义建设培养合格的人才，培养德智体全面发展、有社会主义觉悟的、有文化的劳动者，关键在教师"。因此，"要提高教师的水平，包括政治思想水平，业务工作能力以及改进作风等"。江泽民同志又对教师的政治思想水平，尤其是职业道德修养提出了具体要求："教师应该成为学生的良师益友，当好学生健康成长的指导者和引路人，应该处处以身作则，用自己的好思想、好道德、好作风为学生树立学习的榜样"。"人们为什么把教师称颂为人类灵魂的工程师？就是因为他们肩负着既要教书，又要育人的崇高职责。"这就告诉我们，师德建设的重点是教书育人、为人师表。抓好师德建设是教师队伍建设的重要内容。

其次，在改革开放的新形势下，加强师德建设显得尤为重要。社会主义现代化建设的发展给师德建设提出了客观的要求。我们感到，社会主义市场经济的发展和对外交流、交往的增加，都给我们的思想道德建设提出了许多新的课题。学校应该是现代文明传播的阵地，是精神文明建设的阵地。我们要培养面向21世纪的"四有"人才，教师在这方面有不可推卸的责任。要承担这样的任务，必须加强教师的自身修养。尤其是面临上海要建设适应一流城市的一流教育，为了积极推进由应试教育转变为素质教育的教育改革，形成良好的运行机制，必须有一支具有良好的师德和政治业务素质的教师队伍。否则，非不为也，乃不能也，全面素质教育的改革就将落空。

再次，教育学院在中小学教师的师德建设中负有义不容辞的职责。作为基础教育师训和干训的重要阵地，教育学院不能单纯抓知识更新和

能力提高。师德修养的提高固然是以各学校党组织教育和教育行政部门管理培训为主。但是,如果我们的学生管理和教育工作也将师德修养的提高作为一门必修课来建设,那么,知识更新和有关课程将会在他们以后的工作实践中真正发挥作用。否则,就有可能事倍功半。

基于上述考虑,我们在研究贯彻落实六中全会《决议》,努力加强学院社会主义精神文明建设的工作时,明确把"两代师表"建设作为三大任务之一,明确把师德修养教育作为中小学教师职务培训课程的重点课程来建设,并以抓好我院教师队伍自身建设来带动学员师德修养的提高。

二、落实措施,扎实推进教师职业道德建设

在"两代师表"建设方面,我们过去做了不少工作,也取得了一定的成绩。根据党的十四届六中全会精神,结合上海普教系统实际和我院教师队伍现状,我们将在以下几个方面继续落实相应的措施,使师德建设再上新台阶。

(1) 抓建设、开设教师伦理学(暂名)课程。前两年,我们曾在中小学教师学历进修班上先后开过"教师修养"、"教育伦理学"、"班主任工作"等课程,受到学员的欢迎。随着在职教师职务培训任务的增加,应该把师德修养方面的课程作为教师职培内容的一部分,由上海市教育委员会认可后作为指定选修课,给予学分,从教学计划上先予以保证。

我院在教师职培中开设的师德修养课程应该比目前高等师范中普遍开设的教师职业道德课更提高一步。因此,一要落实人员,准备组织文史哲、教育心理学等方面的教授、专家和区、县中学第一线的优秀教师一起组成"教师伦理学"课程建设工作小组,制订大纲,编写教材,研究教学进度、方式和方法。二是落实经费,准备从每年的院精神文明建设专项经费和课程建设费中拨出 2 万~3 万元来支持这门课程建设。三要加强研究,提出切实可行的步骤和措施。这门课实践性很强,不能只讲职业道德的原理和师德修养的理论。我们考虑这门课应该包括这么一些板块,诸如:形势政策方面的内容,这主要是提高教师对所从事职业的职业地位和声望的认识,更加热爱所从事的职业,从而愿意按照这一职业对道德规范的要求来自觉约束自己;师德的内涵与外延,从而将内容与形式统一起

来,标本兼治,内外结合,通过加强修养来提高教师的外表美和心灵美,形成人民教师应有的风范;案例分析的内容,请有理想的人讲理想、请道德表现好的人讲道德往往能收到良好的效果。因此,教学方式可以有上课、讲座、参观、访谈等多种,尤其可以将先进标兵请来上课,像上海成功教育的典范、闸北八中的校长刘京海,上海市优秀班主任、南市尚文中学的黄静华等,还可将他们的师德典范编成活页小册子,作为教材的补充。当然也可剖析一些师德方面做得差的例子以示警诫。

如果我们齐心协力,坚持抓几年,这门课程完全能够建设成教师职培中的重点课程,在师德建设中发挥作用。

(2)抓管理,杜绝迟到、缺课、考试作弊等不文明现象。我们的学员都具有双重的角色,管理也是教育。良好的学风和校风是一所学校的无形资产,是育人的良好氛围。我们既要兼顾学员在职学习、路途远近、工作繁忙的特点,尽量为他们的学习创造一些便利的条件,又要严格规章制度,从小事抓起,坚持数年,使学员养成严谨、守纪的好作风。这一工作由我院教学管理部门具体落实去做。

(3)抓典型,弘扬身边的优秀教师的先进事迹。这些年来,在我院教师队伍中陆续涌现出了一批教书育人、为人师表的典型。我们常说,榜样的力量是无穷的。弘扬他们的先进事迹,将为我院的师资队伍建设作出贡献,也将引导学员积极进取、奋发向上,不断提高师德修养。我们将采用报告会、演讲赛等方式,集中宣讲这些先进;充分利用板报、院刊等校内媒体弘扬他们的高尚行为和思想风貌。

为了建设好师资队伍,我院曾先后确定了二十几位教师为学科带头人和中青年骨干教师,并为他们的进修提高创造一定的条件。对这批在院内有影响的教师,我们将要求他们在师德修养上做到率先垂范、自觉表率,充分发挥他们的带头作用和骨干作用。这项工作将由工会去具体落实。

(4)抓规范,使教师做到语言美、仪表美、行为美。我们知道,教师的职业道德是由内在精神和外在形式两个部分构成的。其内在精神是指敬业爱岗,对学生的关心和爱护,对真理和知识的追求,实事求是的作风和健康的心理等,其核心就是敬业爱生。这一精神的形成是一个潜移默化、

不断修养的过程,很难一蹴而就。而教师道德修养的外在形式是指教师的言谈举止、仪表风貌。虽然这些表现都是日常琐事,但学生往往会从这里去认识教师。因此,我们有必要对教师的用语、衣着、待人、处事进行明确的规范,并经常进行督促检查。经过一年多时间,基本形成了我院教师、职工的行为规范。对教师来说,大致规定了这么几条,即对教师的政治理论学习和业务进修、对教师的课堂用语和平时交谈、对教师的穿着打扮和待人接物等都用简明扼要的语句提出了要求。文字不多、格式一致、朗朗上口、便于记忆。我们力求从小处入手,由表及里,逐步达到标本兼治,使加强师德修养成为我院教师的自觉要求。这项工作将由宣传部门负责操作。

(5) 抓制度,形成配套的管理和教育规章。今年,上海市教委将制订《上海市师德规范》和《上海市教书育人工作条例》,上海市教卫工作党委将把职业道德建设工程作为近几年内要抓的三大教育工程之一。根据这些情况,我们将制订相应的"实施细则"。同时,我们将加强有关的科学研究,尽快制订我院教师职业道德状况的测评条例,以此对每个教师的师德修养作出比较科学的评价。这样一方面可以取长补短、奖优罚劣;另一方面,可以严格实行"一票否决"制,在职称评聘过程中对不讲师德修养的教师给予批评教育,限期改正以后才能进行高一级职称的申报和评聘。我们把教育和管理这两手都运用起来,就能在正确舆论的指导下,提高大多数教师的师德修养,这项工作将由师资管理部门负责去落实。

总之,加强教师队伍的职业道德建设是一项系统工程,需要学院上下一齐努力,学校与社会互相配合,齐心协力去推进。根据上级党委和政府的要求,我们有决心大胆工作、严格管理、加强教育、讲究实效、扎扎实实地将"两代师表"建设的工作做好。

*本文原载国家教育部《中小学教师培训(中学版)》,1998 年第 1 期。

努力加强教师队伍思想政治建设的思考

　　《中共中央、国务院关于深化教育改革，全面推进素质教育的决定》（以下简称《决定》）指出："实施素质教育应当贯穿于幼儿教育、中小学教育、职业教育、成人教育、高等教育等各级各类教育，应当贯穿于学校教育、家庭教育和社会教育等各个方面。"这就给高等学校提出了十分明确的要求。要在学校中贯彻落实这个《决定》并取得实效，必须要有一支高质量的教师队伍。正如邓小平同志早就指出的那样："一个学校能不能为社会主义建设培养合格的人才，培养德智体全面发展、有社会主义觉悟的有文化的劳动者，关键在教师"①。建设一支思想品德和业务素质优良的高校教师队伍，需要做的事情很多，包括不断提高教师的政治地位和社会地位，努力提高教师待遇，建立健全制度、形成有效机制，培养学术梯队，提高教学科研能力等②，这里仅就加强教师队伍的思想政治建设作一些探讨。

一、加强教师队伍的思想政治建设是素质教育的重要保证

全面推进素质教育,培养学生的创新精神和实践能力是重点,加强德育是核心。江泽民同志在全国教育工作会议上着重指出:"思想政治教育,在各级各类学校都要摆在重要地位,任何时候都不能放松和削弱。思想政治素质是最重要的素质。不断增强学生和群众的爱国主义、集体主义、社会主义思想,是素质教育的灵魂"③。因此,要落实各级各类学校的素质教育任务,必须有思想政治素质好的教师队伍。只有通过他们的言传身教,才能把学校德育的各项任务落到实处。《决定》还把素质教育的各项任务分解到学校的德育、智育、体育和美育的各个方面,提出了明确的目标和要求,并把德育和各学科的教学结合起来,加强渗透,"寓德育于各学科教学之中",使学生在"随风潜入夜,润物细无声"般的氛围中接受爱国主义、集体主义和社会主义教育,从而收到事半功倍之效。而要达到这些要求,也必须有思想政治素质好的教师队伍。素质教育呼唤高素质的教师,具有优良素质的教师队伍是落实素质教育的重要保证。我们必须从落实素质教育的战略高度来认识加强教师队伍思想政治建设的必要。

提高思想政治素质也是高校教师队伍自身建设的需要。今年1月1日实施的《中华人民共和国高等教育法》为高校教师专门列了一章。其中第一条就是:"高等学校的教师及其他教育工作者享有法律规定的权利,履行法律规定的义务,忠诚于人民的教育事业"。这里所说的法律规定,就是《中华人民共和国教师法》第七条的规定。除了教师应该享有的六项权利之外,《教师法》规定了教师应该履行的义务也有六项,诸如遵守宪法、法律和职业道德,为人师表,完成教育教学任务,对学生进行宪法所规定的基本原则教育,关心爱护学生,制止有害于学生的行为,不断提高思想政治觉悟和教育教学业务水平等。从这些内容来看,主要涉及教师的思想品德和政治素质方面的要求。这就是说,一个教师要履行其义务,必须具有良好的思想政治素质。同时,《高等教育法》还规定,"高等学校实行教师资格制度"。一个中国公民,除了具有一定的学历和教育教学能力,还必须"具有良好的思想品德",才能取得高校教师资格。我们这里说

的思想品德,就是指思想政治素质和道德品质。要求取得教师资格者具有良好的思想政治素质,这是我国社会主义教育事业的性质对教师提出的根本要求。因此,不管是已经取得还是暂未取得资格证书,作为高校教师都应该具有良好的思想政治素质。

现在,全国高校教师大约有40万。这支队伍的总体状态是不错的。根据我国部分省市连续6年在高校进行的滚动式调查结果,可以看到,高校广大教师的思想政治状况主流健康、积极向上并继续向好的方向发展。他们对我国的政治经济发展态势比较乐观,信心增强,对邓小平理论的认识进一步深化,思想情绪稳定,工作状态良好,十分关注教育的发展和高等教育的改革,爱国热情高涨,教书育人、积极向上的人生观、价值观逐步占据主导地位。但是,毋庸讳言,部分教师对什么是社会主义、怎么干社会主义还存在一些模糊的认识,对国体、政体的看法还有一些深层次的问题,少数教师在敬业爱生、教书育人方面还存在缺陷,对党的方针政策的把握上还需要有一个不断学习提高的过程。因此,高校教师队伍的现状也告诉我们,必须继续加强思想政治工作。

高等学校是知识分子集中的地方,是精神文化产品制作和传播的场所。随着对外开放的扩大,高等学校又成为东西方文化交汇之处。由于我国的社会主义制度和国际地位,西方敌对势力对我进行西化分化的图谋将会持续相当长的时间,各种社会思潮也都会在高等学校反映出来。在这种情况下,要做到明辨是非、分清真伪,确保高等学校的局势稳定,离不开一支高素质的教师队伍。不断提高这支队伍的思想政治素质,才能做到"任凭风浪起、稳坐钓鱼台",把高等学校建设成为社会主义精神文明的坚强阵地。

总之,为了把有中国特色的社会主义高等教育事业全面推向21世纪,为了在高等学校全面落实素质教育的各项任务,加强教师队伍的思想政治工作显得更为重要。世纪之交,新老交替,当我们回眸几十年来新中国的三代领导人对这一问题的重要论述时,尤为感到亲切。40年前,毛泽东同志曾经指出:"不论是知识分子,还是青年学生,都应该努力学习。除了学习专业之外,在思想上要有所进步,政治上也要有所进步,这就需要学习马克思主义,学习时事政治。没有正确的政治观点,就等于没有灵

魂"。^④20 年前,邓小平同志也曾指出:"各级党委和学校的党组织,应该热情地关心和帮助教师思想政治上的进步,帮助他们认真学习马克思列宁主义、毛泽东思想,使更多的人牢固地树立起无产阶级的共产主义的世界观。"^⑤今天,江泽民同志再次强调:"要大力加强教师队伍建设,不断优化队伍结构和提高队伍素质。"^⑥这些话都反复告诫我们,任何时候都不能忽视教师的思想工作。

那么,教师思想工作的具体要求是什么呢?江泽民同志在与四所交通大学校领导座谈时曾指出:"教师应该成为学生的良师益友,当好学生健康成长的指导者和引路人;应该处处以身作则,用自己的好思想、好道德、好作风为学生树立学习榜样。"这就是我们所说的学高为师,身正为范,教师要能够为人师表,成为良师益友。从这一点出发,在《决定》的第 17 条从 6 个方面对新时期的教师提出了要求:①爱党爱国,忠于职守;②素质教育、自觉实施;③又红又专、敬业爱生;④终身学习,手段领先;⑤教学科研、勇于创新;⑥尊重学生、因材施教。这 6 点的要求是很高的,我们应该围绕这些要求积极推进教师队伍的思想政治建设。

综观各院校,学生的状况如何,无不与教师的状况密切相关。有些优秀的教师,他们的举手投足甚至一颦一笑都会成为学生效仿的对象。可以这么说,教师的人格魅力确实会对学生产生相当深远的影响。因此,按照《决定》要求建设好教师队伍,就能在高等学校落实素质教育的各项任务。

二、围绕学校的改革和发展做好深入细致的思想政治工作

邓小平同志曾经指出:"所谓政治,就是四个现代化"^⑦,"社会主义现代化建设是我们当前最大的政治,因为它代表着人民的最大的利益、最根本的利益"^⑧;"改革是中国的第二次革命"^⑨;"最终说服不相信社会主义的人要靠我们的发展"^⑩。从这几段指示中我们可以清楚地看到,为了广大人民群众的根本利益是我们工作的出发点和归宿。因此,千方百计、一心一意地把四个现代化建设搞上去就是政治。从这点出发,工人做好工、农民种好地、教师教好书就是政治。而为了把现代化建设搞上去,就要进行改革,改革不适应生产力发展的生产关系和上层建筑。改革涉及千家

万户,是人们关注的中心,有许多思想政治工作要做。要解决人们对国家的前途和祖国的未来等问题的认识,固然要加强爱国主义、社会主义的教育,但最终还是要看我们的发展,能否尽快把综合国力搞上去,使民富国强,使中华民族能自立于世界民族之林。

从这些想法出发,就可以建立高校教师思想政治工作的基点。

作为高校教师,把教学和科研工作做好是他根本的任务,科研上有所发展、专业上有所建树是他追求的目标。因此,思想政治工作就要在这些方面对他有所帮助。我们把爱岗敬业作为师德建设的主要内容来抓,就是试图以此来促进教师做好本职工作。学生是我们的教育对象,是学校的"产品",他们的发展应该是全面的。因此,我们要求教师关心、爱护学生,最终也是使教师的教学工作能取得应有的收获。总之,围绕学校的教学科研工作这个中心开展教师的思想政治工作,就能取得较好的成效。同时,学校要重视教学改革和管理改革,注意提高办学质量和效益。事实证明,高等教育改革是高校教师非常关注的问题。如果一所学校改革没有推进、事业没有发展,要动员教师安心地、认真地从教,怕是非常难的。

因此,为了卓有成效地开展教师思想政治工作,高等学校应该力求做到管理、教学、后勤三支队伍一起抓,政治、业务、待遇三项工作一起上。

管理干部、教师和后勤职工是目前高等学校的三个方面军。为了办好学校,分别对他们提出了管理育人、教书育人和服务育人的要求。其中,教书育人是抓得最紧的。这里,想借用一下物理学的一个概念:等强度加压。教书育人是对教师的要求,也是一种压力。如果这块的压力和另两块的压力强度不等的话,就会出现反弹。这就是说,单单抓教师队伍,工作不容易深入下去。好在现在通过后勤工作的社会化或者对后勤实行企业化的管理改革,正在使后勤的面貌发生大的改观,逐渐在为教学提供良好的条件和环境;通过引入竞争机制,学校的机关也在进行改革,服务态度日益改善、工作效率逐渐提高。这样,加强教师队伍的建设就有了很好的基础。

政治、业务、待遇是教师队伍建设的三个方面。我们的目标是要加强教师队伍的思想政治建设,但是,我们绝不能忽视教师们业务水平的提高和待遇的改善。要积极创造条件,让教师、尤其是骨干教师的业务水平和

能力尽快得到提高,逐步形成学术梯队;要通过深化内部改革、拓展办学思路,不断改善和提高教师的待遇,当前特别要通过多渠道筹集资金等办法,尽快解决教师的住房困难,使他们真正能安居乐业。这些工作上去了,我们再做教师的思想政治工作,大家的心贴得近了,共同的语言就多了,工作的成效就大大地提高了。

加强教师队伍的思想政治建设需要做的工作有好多,我们可以从近处着眼、小处着手,逐步走向深入。

(一)把政治学习作为教师思想工作的主要阵地来抓好

多年来,高校党委都相当重视教职工政治学习活动,大家对政治学习有两个基本共识:即制度应该坚持,效果需要提高。第八次全国高校党建会议提出要加强形势政策教育,组织教师认真学习邓小平理论,都需要通过政治学习时间用较好的方式加以落实。但是,现在政治学习的情况还存在一些问题:①不落实。教师平时不坐班,政治学习时间是院系集中的唯一机会,往往谈工作、通情况要占用大部分时间,每学期安排的政治学习内容得不到很好地落实。②不平衡。文科院系的政治学习与专业结合较紧密,理科开展活动的主观条件不如文科,学习层次相对较低;教师与职工不平衡,教师与职工工作的特点不同,对政治学习的要求不同,由于职工是坐班制,政治学习的出勤率往往比教师高,而教师,尤其是骨干教师缺席较多。③不生动。有的单位,学习活动以读报、读文件为主(主要是个别理科系所),流于形式而无成效。

因此,要抓好教职工政治学习活动,学校必须加强指导,由宣传部门根据党委统一部署,围绕学校中心工作,做好政治学习月度计划,做到安排一次主题活动、提供一份资料菜单、进行一次汇报检查。同时,加强对第一线干部的学习培训,编写学习参考资料,为支部书记以上干部提供更多的学习背景材料。

另外,要拓展学习内容,政治学习要紧密结合本单位实际。利用政治学习时间学理论、议改革,讨论校院系重大决策,引导广大教师关心讨论参与校院系的改革,促使大政方针落实到具体的教学科研工作活动之中。政治学习还要注意联系教职工的思想实际。每一阶段教职工都有一些关

心的"热点",例如我国的经济形势、中国加入世贸组织问题、学校落实素质教育的举措等,要有针对性地组织讲座,提供资料,开展学习活动。

生动活泼地开展政治学习活动,要重视充分利用各方面的资源,发挥各方面的积极性。可采取"讲师团"、"辅导员"等方式方法,发挥人文社会科学的专家教授在校内开展形势任务教育方面的作用。校院系领导作形势任务报告要逐步形成制度,多一些面对面的思想交流。还要发挥学校有线电视网络等设施的作用,组织高层次的报告会,播放一些品位高、可看性强、信息量大的宣传教育片,使政治学习生动活泼、更有成效。

(二) 以优秀教师的光辉业绩为榜样,学先进、铸师魂

在加强教师思想工作的内容中,有一个重要方面是加强教师的职业道德建设。上面所列举高校教师队伍中存在的有些问题,就牵涉到师德方面的问题。师德不仅是对教师个人行为的规范,也是教育学生的重要手段,起着以身立教的作用。而且,目前在岗的大多数中青年教师没有受过较为系统和严格的师德教育,加强教师队伍师德建设的任务显得十分紧迫。

师德要成为一种规范,必须内化为教师的自觉行动。我们需要将中华民族几千年来在教育实践中形成的关于师德的理论成果和优良传统,与新时期所倡导的忠诚于人民的教育事业、敬业爱生等基本原则结合起来,组织教师学习。但是,更有效的方法是学先进、铸师魂。榜样的力量是无穷的,因此,有必要经常总结经验,及时发现和发扬先进,并运用有效的宣传手段予以弘扬。如果我们经常能推出师德方面的先进典型,对于加强教师队伍的师德建设将是大有益处的。

三、充分发挥党支部在教师队伍思想政治建设中的战斗堡垒作用

要做好教师的思想政治工作,必须建立和健全教师思想政治工作的体制和队伍。应该在学校党委的领导下,形成以院系分党委、党总支为主干,基层党支部为抓手的工作主线,以院系和教研室党组织的书记为骨干的工作队伍。这次全国高校党建会议再次强调了加强党的基层组织建设

的重要。教研室党支部是高校党组织的基层细胞,是党在教师队伍中的工作基础,承担着把党的路线方针政策落实到教研室、凝聚广大教师的重要责任。现在,高校教师队伍中的党员比例也已超过了30%。如果这些党员教师都能发挥先锋模范作用,再把其他教师带动起来,就能整体提高教师队伍的素质。

首先是要认真选配好支部书记,最好是由教研室的一位党员负责人来担任,这样便于把思想工作和教学业务工作结合起来,和解决实际问题结合起来,避免空洞。其次是要抓好党员的学习,认真过好组织生活。应组织党员经常牢记党的指导思想,学习宣传辩证唯物主义和历史唯物主义,反对封建迷信和唯心主义;组织党员牢记党的宗旨,把为人民服务作为工作的出发点和归宿,在各方面发挥先锋模范作用。再就是要积极在知识分子中发展党员,及时把符合条件的优秀教师吸收到党的队伍中来,壮大党的队伍,并让他们在教师中起到示范作用,这是加强教师队伍思想政治建设的重要措施。党支部还要经常关心教师的思想状况,深入开展细致的思想工作,并且帮助解决一些实际问题,使我们的广大教师真正能胜任素质教育工作的要求。

在加强教师思想政治工作的过程中,我们需要特别重视青年教师的思想政治工作。青年是国家的未来和希望,青年教师是学校的未来和希望。拥有一支优秀的高水平的青年教师队伍,就会在下一世纪的舞台上掌握创造一流教育的主动权。

由于十年动乱给高等教育严重破坏所带来的教师队伍的"断层",现在已经到了非常明显的新老交替阶段。我们可以分析一下上海市教育委员会1997年底的统计报表"上海市普通高校专任教师年龄情况表"①,在全市2万余名教师中,40岁以下的教师占了51%,55岁以上的教师还有17%。我们从图1上可以明显地看到教师年龄结构的V字形,中年教师人数处于谷底,这就是"断层"。

表1　上海市普通高校专任教师年龄情况表

	人数合计	教授	副教授
30 岁以下	4 484		31

（续表）

	人数合计	教授	副教授
31～35 岁	3 782	42	544
36～40 岁	2 099	84	604
41～45 岁	2 189	122	845
46～50 岁	1 819	134	877
51～55 岁	2 239	383	1 324
56～60 岁	2 748	781	1 613
60 岁以上	746	630	113
总　计	20 106	2 176	5 951

因此,未来两三年内,随着 55 岁以上的教师陆续退休,现有教授中的 50%、副教授中的 30% 都将退出教学舞台。"文革"以前进入大学的教师在三五年内都将退休,学校将完全由 1977 级以后毕业的教师唱主角。在这世纪之交,高等学校的教师队伍将真正进入新老交替阶段。因此,大力加强青年教师队伍的建设显得十分重要。

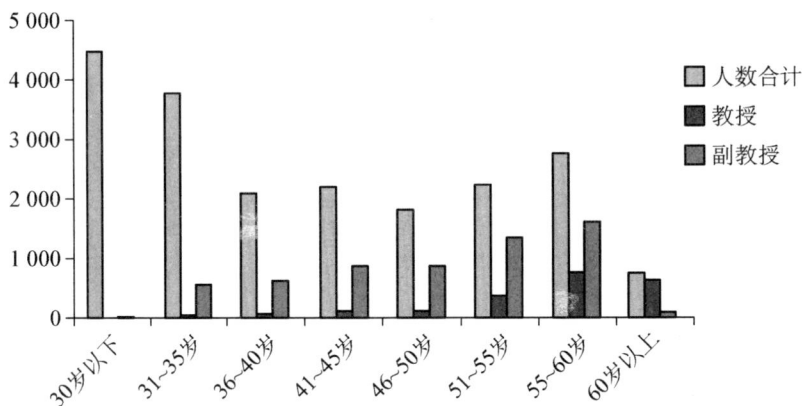

图 1　上海市普通高校专任教师年龄情况图

青年教师正因为年轻,教学资历短、社会阅历浅,特别需要学校予以关心和帮助。加强青年教师队伍建设需要做的事情有很多,诸如采取正确的导向和得力的措施,帮助他们在业务上尽快提高;配备导师,全面关心青年教师的成长;运用激励机制,优化成才环境,让优秀青年

教师能脱颖而出;早选苗、选好苗,培养青年学科带头人;尽量帮助解决后顾之忧,对青年教师在住房分配、生活待遇等方面予以关心照顾等。尽管各学校的条件、层次均有差异,但只要重视和尽力,都是可以有所作为的。

所有这些工作中,非常重要的一环就是要关心青年教师政治上的成长。总结一些学校成功的经验,以下一些做法是比较有效的:一是重视在青年教师中培养和发展党员,通过积极的工作,加大力度,成熟一个、发展一个,较大幅度地提高青年教师中的党员比例,然后再通过发挥党员的先锋模范作用把整个队伍带起来;二是有计划地组织青年教师参加社会实践活动,包括假期社会考察、到农村支教、到贫困和边缘地区去挂职锻炼等,让他们了解社会、了解国情,明白青年知识分子成长的必由之路;三是经常组织青年教师学习党的方针政策,学习邓小平理论,分析社会的"热点"、"难点"问题,帮助他们学会分辨纷纭复杂的社会思潮,逐步确立正确的世界观、人生观;四是安排青年教师兼任学生的政治辅导员或班主任,有条件的还可以担任一些党政管理工作,从中提高思想政治水平和管理能力。这方面可以开展的工作还有许多,只要我们坚持不懈、持之以恒,青年教师队伍一定能够健康、迅速地成长起来,早接班、接好班。

加强高校教师队伍的思想政治建设是时代的呼唤,是落实素质教育的保证,是高校自身发展的需要,也是高校精神文明建设的重要内容。只要学校党委重视、党政一起来抓,形成合力,并把各项措施落实到院系、深入到教研室、影响到教师身上,大家一起使劲,就能在原有的基础上使这项工作上一个新的台阶。

注释:

①⑤⑦⑧《邓小平文选》第二卷,第 108 页、第 109 页、第 194 页、第 163 页。

②《建设有中国特色的社会主义高等教育理论要点》,高等教育出版社,1997 年 10 月,第 46 - 48 页。

③⑥《江泽民同志在全国教育工作会议上的讲话》,《人民日报》,1999 年 6 月 16 日。

④《毛泽东著作选读》下册,第 780 页。

⑨⑩《邓小平文选》第三卷,第113页、第204页。

⑪《1998年上海教育年鉴》,上海教育出版社,1998年9月,第506页。

＊本文原载《华东师大学报》(1999年高校管理与精神文明研究专辑)。

提升人文水准，推进城乡一体化

　　在全面建设小康社会的过程中，上海作为中国大陆沿海发展较快的大都市，把率先基本实现现代化作为近期的发展目标。在上海 6 000 多平方公里的范围内，中心城区只占十分之一。因此，要实现上述目标，除了继续加快中心城区的改造和建设，以信息化带动新型工业化，还必须全面推进城乡一体化，实现城市郊区的农业现代化，农村城市化和农民市民化。上海的郊区、或者说乡村，与国际上的现代化大城市周边的乡村来比较，在小城镇的建设水平、生态环境、人文素质、生活质量等方面都存在着非常明显的差距，有的还比不上江苏、浙江等周边省份的农村。实际上，一些发达国家城郊农村的发展水平，在许多方面特别是在人文环境和人文素质方面，甚至超过了中心城区的水平。从这一点来分析，上海城市郊区的差距就更大了。

　　人文环境是人们生活的质量指标之一，人文素质是人们就业、创新、交流、发展的重要基础。全面提升农村的人文水准，就能加快城乡一体化

的发展,从而加快上海的现代化建设步伐。教育的均衡发展,包括充分发挥高等教育的作用,是提升人文水准的重要环节。

一、建立社区教育中心,优化社区人文环境

目前,农村的乡镇大多有成人文化技术学校。这类学校承担着农民的生产技术培训、外语和计算机操作等能力培训、社会生活类与科学普及知识的教育以及再就业的培训等任务。每年参加培训和学习的人数大约在农民人数的30%～40%。这些学校在提升农民的人文素质方面发挥了积极的作用。

但是,与发达国家和地区的情况相比,还存在比较大的差距。一是校舍面积严重不足。像日本等国家这类学校的面积占全日制小学总面积的60%～70%,而目前上海还不到6%;二是设施比较陈旧。很多成人文化技术学校只有几间教室,几台电脑,要进行新技术的传授和新知识的学习存在较大的困难;三是师资队伍水平不高,年龄老化。以上海郊区为例,这些学校的专职教师达到大专以上文化程度的只有55%,超过50岁的教师数量已经占60%以上。这些问题应该引起政府的重视。

我们知道,社区是人们聚居和生活的主要场所。在迈向现代化的进程中,农民朝城镇集中是发展趋势。上海就已经规划在郊区要建设十来个人口在30万左右的中心镇。在规划中,都已经考虑建文化馆、图书馆、影剧院、医院、体育场等。因此,完全可以在现有的成人文化技术学校的基础上,筹建社区教育中心,或者叫社区学院。社区教育中心(或者叫社区学院)是一种以地域范围内共同生活者为基础的、以成年人为主要对象的继续教育机构。这种办学机构不刻意追求文凭、证书,而是以满足周围居民的精神文化需求为开设课程的主要基础,以全面提升周围居民的文化水准为主要目标,可以开展文化普及教育、科学知识传播、文体活动组织与观赏等等丰富多彩、小型多样的教育活动。社区教育中心(或者叫社区学院)应该有条件比较好、设施比较全的办学场地,同时与周边的文化体育活动场所实施资源共享,共同构建良好的人文环境。

要推进农业生产,农业从业人员的文化程度是基础条件之一。现在,上海市的新增劳动力平均受教育年限已经达到13年,而郊区的农业从业

人员平均受教育年限还只有 7.6 年。差距相当大。要使每年有相当数量的农业劳动者向非农业转移,要推进农业生产的现代化,这么低的文化程度是绝对不行的。另外,新的机械、新的技术手段都将较快地在现代农业中推广使用,对农民还必须进行持续不断的、经常翻新的职业技术方面的培训。社区教育中心的创建就可以把这些任务很好地承担起来。社区教育中心可以和城镇内的中小学合作,聘请一些优秀的教师来进行必要的学历教育;社区教育中心可以和农业技术推广站、中(高)等农业技术学校相联合,根据农民的需要,适时进行农业新知识的学习和新技术的推广培训。

当然,要胜任上述任务,政府有关部门要关心支持社区中心的建设,确保一定的校舍场地和经费,添置必要的仪器设备,并配置少量精干的教师。这是办好社区教育中心不可缺少的最基本的条件。

中心城镇建设的逐步推进,再加上社区教育中心的有成效的工作,农民生活的社区人文环境就会大为优化,农村的文明状况也会大为改善。

二、充分依托农业院校,全面提升人文水准

农业高等院校是 20 世纪 50 年代在中国大陆发展起来的,经过几十年的时间,现在中国大陆还有 40 多所以农业冠名的大学。这些学校大多已经发展成多学科的大学,但是为农业生产提供智力支持和人才培养方面的服务还是农业高等院校的主要任务。以上海水产大学为例,这是目前由上海市政府管辖的唯一一所独立设置的农业高等院校。上海水产大学的前身是 1912 年建于上海郊区吴淞镇上的江苏省立水产学校,1937 年毁于战争的炮火。1952 年在上海市东城区的军工路旁黄浦江边的原国民政府"中央研究院"水产实验所的旧址上成立了本科建制的上海水产学院。1985 年更名为上海水产大学至今。经过这么多年的建设和发展,学校已拥有两个校园、两个水产养殖实习场,占地 800 多亩,本科专业 20 多个,在校学生人数 10 000 多人。但是,上海水产大学还是以水产养殖、水产品加工、海洋捕捞、水资源与环境保护等学科为主要特色。每年招收的硕士、博士研究生也是以这些专业为主。上海水产大学每年承担国家农业部和上海市以及各地水产企业委托的科研项目几十个,科研经费达

2 000多万,还经常承担沿海县(市)分管农业的政府官员、近海或远洋捕捞的船长等为对象的岗位培训或专题教育,并根据渔民或当地政府的需要派教授下乡开展技术服务和培训。

要全面提升农村的人文水准,离不开这些农业高等院校。如前所述,推进农业现代化需要新增劳动力的受教育年限能够提高。要达此目标,除了加快普及九年制义务教育,积极发展高中阶段的职业技术教育,还须有重点地适度发展高等职业技术教育。现在每个县都有一所以上的中等职业技术学校,把这些学校的教育和农业高等院校的教育联系起来,加强合作,探索在中等职业技术学校依托大学举办高职班的"戴帽式"的五年一贯制的办学模式(三年中职学习结束后再学两年高职课程),或者是中、高职贯通的"合办式"的"三加三"模式(前3年在中职学习,毕业后经过选拔进入大学再学3年完成高职的课程)。

农民在生产实践中遇到不少技术上的难题,有些已超出了农业技术推广站的技术人员的能力范畴,譬如遗传育种、产品的质量与安全等等,可以及时与高等农业院校联系,采取"请下来、送上门"的方式,破解难题,并在农民中普及有关的科学知识和技术。尤其值得关注的是,为了发展农业,各级政府每年都会拿出一些经费来资助解决一些农业生产中的突出问题或基础科学的研究,设置农业科研和科技攻关的项目,只有依托高等学校,才能承担这些任务,而高等院校在这些项目的研究中,既服务社会又提升学校的研究水平,是很好的产学研结合的方式。农业高等院校应该在这方面发挥更多的作用。

为了适应中国高等教育走向大众化,许多高等学校走出城市,在郊区城镇附近建设新的校区,从而扩大办学规模。现在上海的郊区已有10余所高校陆续建设了相对集中的几个大学园区。这些园区美丽的人文景观,开放的文化设施,对于提升农村的人文水准是一大促进。周边的乡村还可以充分利用这些高等学校的人文资源,为农村的文化教育和技术进步提供更多的帮助,从而达到高等学校和周围乡村建设和发展"双赢"的目标。

三、研究制订政策法规，努力推进科教兴农

要全面提升农村的人文水准，促进城乡一体化、农业现代化，政府相关部门还必须认真研究并制订必要的政策和法规，从制度上予以支持和保证。

首先，要努力实现城乡教育的均衡发展。建立学习型社会，形成终身学习的制度，有必要从基础抓起。目前，城乡之间在基础教育方面的差距还较大。"围绕城乡一体化，实现教育的均衡发展"已成为时代的要求。沿海发达地区的农村要能够普及高中阶段的教育。这就要求从扩大优质教育资源规模入手，让更多的农村青少年能享受到优质的教育服务。上海市已经或正在市郊的每个区(县)各建设一所现代化的寄宿制高中，每个区(县)再集中精力办好几所示范性的学校，从而使城郊基础教育的学校设施和管理水平在原有基础上都有较大幅度的提高；郊区中小学的教师已基本完成学历达标的培训任务，现正在通过师范大学或教师进修学院围绕教学中的问题和国际教育发展前沿，组织教师进行专题培训和调查研究，以此提高教师的科研能力；市、区的政府也根据经济发展的状况，逐年按比例增加对基础教育的投入，从而促使农村的青少年都能享受到12年的学校教育的权利。

其次，加快推进农村的信息化建设。中国幅员辽阔，东西部差距很大。在沿海较发达地区，完全可以提出信息化的要求。要加快信息化平台的建设，逐步做到校校通、村村通、人人通，用网络建起信息传播的高速公路。这里讲的校校通，不仅仅指中小学之间的网络通信，还包括成人技术学校、社区教育中心的网络沟通；人人通，指创设 E—learning、E—campus、E—education 的氛围环境，扩大学习机会，使乡村的居民不分年龄，都能有学习的机会、都能享受到信息化带来的乐趣。这里需要强调的是，社区教育中心建立以后，应该依托信息平台，建立"中心—村镇—农户"的服务网络。中心注意收集与农业生产相关的信息、转化成丰富、生动的信息产品，有针对性地对农户进行产前、产中、产后服务，解决技术难题，提供销售信息，从而达到增产增收，让农户得到更多的实惠。当然，信息化建设要有资金的保证，对农民还须实施信息技术方面的培训。这些

都需要得到政府的支持和帮助。

再次，要制定一些政策来保证措施的落实。合理的政策是工作推进的有效动力。譬如，上海市教育委员会曾经规定，在市区中学任教的年轻教师要晋升应聘高一级的职务，必须要有到农村中学任教的经历，这样就促使这些教师有计划地到郊区的中学支教，缓解了郊区中学合格师资短缺的矛盾。因此，要全面提升农村的人文水准，实现城乡一体化的目标，应该有配套的政策。以下几条是可以考虑制订的：

调整城市教育费附加的使用结构，加快城乡基础教育的均衡发展。根据上海市政府的规定，从 20 世纪 80 年代中期就征收教育费附加，这几年城区的教育费附加增收较多，郊区的教育费附加增收的数量很少。需要从城区的教育费附加收入中增加对郊区基础教育的投入，这就需要调整使用结构。

必须实行基础教育、职业教育和成人教育的"三教统筹"，有效整合教育资源。有条件的学校，白天办日校，为青少年提供教育服务；晚上办夜校，为成年人的学习提供帮助。在职业教育中实行灵活的教学和学籍管理制度，打破学年学时制的框框，方便学生工学交替，半工(农)半读，城乡分段或者职前职后分段来完成学业；对成年人、农民的培训要注意与市场挂钩，鼓励和支持"订单"培养，先培训后输出；培训中还要适应农村富余劳动力向城市转移的需要，让他们掌握在城镇和非农产业就业所必需的技能，同时给予得到认证的相应的职业资格和培训证书。这都需要打破现在条块分割、各部门管理的状况，政府出面协调解决，并用规定予以保证。

高等学校，尤其是农业高等院校，要充分发挥科技和教育相结合的优势，在支农兴农中发挥更多的作用。可以与农村建立定点的联系、参与组建科研生产的联合体和农业产业化的龙头企业、转让技术成果、培训农村各类学校的教师等等。这些都需要有政策来促进和落实。

为了全面推进科教兴农，今年9月，国家召开了农村教育工作会议，制订了关于进一步加强农村教育工作的决定。这个决定是面向全国的，其中对沿海发达地区的农村教育也提出了新的要求。根据这个决定的要求，只要各级政府重视，高等学校主动介入，农业现代化、农村城镇化、农

民市民化的要求可以达到,农村的人文水准会有较大幅度的提升,城乡一体化的目标可以早日实现。

* 此系 2003 年 12 月参加海峡两岸高等教育研讨会在台湾东吴大学作的报告。

中国水产高等教育的昨天、今天和明天

一、20世纪中国水产高等教育的情况

中国是世界上人口最多的国家,也是世界上渔业生产的产量最高的国家。2000年中国渔业的年产量已达4 200万吨,据 FAO 的资料,为当年世界水产品总量的35.7%。至2002年,中国水产品的年产量已经超过了4 500万吨。

中国的渔业源远流长。早在7 000年前,中国的原始人类就在东海边乘坐独木舟从事海上捕鱼。到2 000年前,开始了淡水养鱼。中国最早的诗歌总集《诗经》中就有记载:"王在灵沼,于牣鱼跃"。这里的"灵沼"就是人工凿出来的养鱼的池子。诗句反映池中的鱼长得很好。范蠡的《养鱼经》是世界上最早的一部养鱼著作,是2 400多年前写成的。到了汉唐时代,水产品的交易已经是非常普遍了。

但是,中国的水产教育则是到了20世纪初叶才开始出现的。1911年,为了发展民族经济,兴办新学,增强国力,抵御外侮,实业界一些进步人

士在天津开办了水产讲习所,后来改名为河北省立水产专科学校,这是中国最早开办的一所水产学校。1912年,在上海又新建了江苏省立水产学校,后来改名为吴淞水产专科学校。这所学校就是上海水产大学的前身。首任校长张镠是中国近代第一位在日本东京水产讲习所毕业的留学生。经过90多年的发展,特别是近20年来,随着中国农业生产结构的调整,农村富余劳动力中部分人转向从事渔业生产,社会对水产专业人才的需求量增加,高等水产院校(系)的数量就有了相当多的增加。现在,中国有独立建制的水产大学(海洋大学)5所,设有水产学院(或水产系)的综合性大学或农业大学已有60多所。高等水产院校的专业也从原来的渔捞、养殖、制造三个发展到海洋渔业资源、航海、食品工艺、制冷工艺、渔业机械、渔业电子仪器、渔业经济和管理等10多个专业。以上海水产大学为例,当时的江苏省立水产学校只有渔捞、制造两个专业100多个学生,10年以后才增设了养殖专业;而现在的上海水产大学则拥有生命、海洋、食品等9个学院、26个本科专业,拥有博士后流动站、博士学位授予权,有5个二级学科博士点,17个专业拥有硕士学位授予权,在校读书的大学生已经超过了12 000人。

二、21 世纪中国渔业和渔业学科的发展趋势

20世纪80年代以来,通过总结渔业生产长期"重海洋、轻淡水,重捕捞、轻养殖,重生产、轻加工"的经验教训,考虑到中国拥有广阔的内陆和浅海水域,确定了"以养殖为主,养殖、捕捞、加工并举,因地制宜,各有侧重"的方针,并且遵循市场经济的规律,首先放开价格的控制。在近十多年中,渔业生产获得空前的发展。产业结构上,养殖与捕捞产量的比例,已从1980年的32%和68%转变为2002年的64%和36%。

展望渔业发展趋势,首先是随着人口增长和人民生活水平的提高,随着农业生产结构的调整,水产养殖会得到较大的发展,并对海、淡水鱼类与未来水产品的品种和质量都会有更高的要求;其次,今后的渔业发展将处理好经济效益、社会效益和生态效益三者之间的关系,从而达到可持续发展。从1999年起,中国渔业主管部门已宣布每年实行2~3个月的伏季休渔制度,并已经连续三年实现海洋捕捞产量的负增长,对渔业生产结

构进行了较大的调整。通过调整,远洋渔业会有一定的发展;第三,根据海洋法和国际渔业总趋势的要求,将大力加强中国的 300 万平方公里专属经济区海域的渔业资源的管理、保护和合理利用,并且强化渔业生态环境保护的意识,根据生态渔业的要求,对渔业进行规划和调整;第四,注重水产品的保鲜冷藏、加工和综合利用。建立冷链系统,提高水产品质量。增加加工品种,提高经济效益。

进入 21 世纪,渔业学科也将随着科技的发展,与多门学科交叉和综合,并经过分化,形成许多分支。在 20 世纪 50 年代,是以水产资源学为先导。研究渔业资源的生物学特性种群变动规律和分布。后又建立起水产捕捞学、水产增养殖学和水产品保藏加工学。目前,不仅上述各分支都有了新的发展和内涵,水产科学还向环境科学、资源经济学、鱼类行为学、工程学、水环境技术、生物技术、信息和计算机技术,以及人文社会科学等方面延伸。形成了渔业资源经济与管理学、渔业经济学、渔业工程学、渔业环境生态学、渔业生物技术、种质资源与遗传工程、水产动植物医学、渔业信息资讯、渔文化学等。

例如,水产捕捞学在渔具力学和鱼类行为学的基础上,向渔具选择性和选择性渔法发展,为防止过度捕捞和误捕濒危物种、降低混捕率提供技术保证;此外,渔业工程学除了研究渔船特性、助渔导航仪器、渔港规划、以及捕捞、养殖和加工机械,还研究渔业生产的省力、节能高效、安全和自动化,还涉及智能化养鱼温室和水族馆工程设计等。还利用信息和计算机技术,建立捕捞生产系统自动监测和控制技术,全球信息系统和数据库专家系统等。

水产养殖生物学以现代科技为支撑,更有广阔的发展前景,例如,生物技术和生物工程为培育抗逆、高产的优良品种、水质调控和病害防治等,电子和自动化技术、监测、信息和计算机等技术为集约化、工厂化养鱼、养殖工程等提供技术支持,实现"高(产)、优(质)、高(效益)"的目标。上海水产大学李思发教授花 15 年的心血,运用细胞遗传检测、人工诱导雌核发育等技术,选育培育出新一代"团头鲂"——浦江一号。该良种生长迅速、体型肥硕、肉味鲜美、遗传形状稳定,次年鱼 150 天可长到 500 克以上。该良种深受渔民欢迎。此项成果荣获"上海市科技进步一等奖"。

水产品加工与贮藏已融入食品科学和食品工程,在冷藏保鲜、营养、微生物工程、物性等方面开展广泛的研究,成为与生活质量提高关系密切的、最有经济活力的学科。随着人们对绿色食品、健康食品要求的提高,食品的安全与质量问题日益突出,转基因等高新科技成果的运用,也为食品安全提出了新课题。新专业的拓展、检测技术的提高、研究领域的深入是这一学科的必然趋势。

渔文化学则将人类在自身发展过程中创造出来的关于人与水生生物、人与渔业发展、人与人在渔业活动中形成的关系上升到文化的层面进行研究,从而演绎出了新的概念和解释。这是新兴的、有趣的学问,已经有几本专著问世。

总之,渔业科学是一门相互交叉的、综合性的、应用性科学,渔业产业又是一项涉及理、工、农、文、经、管等多种学科的产业。因此,水产高等教育在培养学生的过程中必须充分注意知识传授的综合性,并注重实践能力的培养。

三、21 世纪中国水产高等教育的改革和发展

为了适应 21 世纪的发展,在 20 世纪 90 年代末,全球曾掀起了一股教育策略研究热。人们认识到,现代社会的发展和经济发展紧密依靠科学技术的进步和劳动者的素质提高,而这两者都离不开教育。

中国自 20 年前明确提出"科学技术是第一生产力"的命题以后,又于 1983 年提出了教育应该"面向现代化、面向世界、面向未来"的方针,从而促进了中国教育事业的建设和发展。在面临世纪之交的历史性时刻,中国提出了"科教兴国"的战略,更进一步肯定了教育在社会和经济发展中重要的基础性地位。1995 年中国教育部启动了"面向 21 世纪的高等教育改革"计划,把教育提到从未有过的重要地位。目前,中国正在实施《2003—2007 教育振兴行动计划》,高等教育将在规模迅速发展的基础上更加重视教学质量和学生的全面发展。

现在,中国的经济体制已经在由社会主义计划经济体制向社会主义市场经济体制转变,经济增长方式由粗放型向集约型转变。要真正实现两个转变,必然需要大量各类、各种层次的人才。因此,全面适应社会的

需要,全面提高办学的质量和效益成为中国当今高等教育发展的方向。

因此,高等学校的招生数量还将有较大幅度的增加。目前中国 18~22 岁的青年中接受高等教育的人数、也就是高等教育的毛入学率只有 13%,明年将达到 15%;而上海由于高等教育的基础比较好,大学比较多,目前高等教育的毛入学率已经达到了 55%。但是,与发达国家想比,差距还是很大的。

在这种形势下,水产高等教育的规模将有较大幅度的增加。以上海水产大学为例。1995 年,在校大学生只有 2 500 人,到 2000 年已达到 5 000 人,这几年,学校增加了新的校园,教学用房的面积翻了一番,学生人数也成倍增长,计划到 2005 年在校大学生将达到 14 000 人。

入学人数的增加,对高等教育的质量提出了新的要求。高等学校的根本任务是培养人才,可以说,"教学工作是主旋律,提高教学质量是永恒的主题"。在高等教育中,本科教育的质量尤为重要,因为本科教育是改革的主要目标。然而,提高教育质量的关键是广大师生和管理人员的教育思想和教育观念的转变,只有有了先进的教育思想和观念,才可能倡导先进的教育。因此,要使全体教职员增强质量意识,更新质量观念就显得十分必要。

已经达成的重要共识有:应从仅注重智力教育,转向开展知识、能力、素质的综合培养,特别是加强素质教育。应该看到,从传授知识到既重视知识传授又重视能力培养是教育思想的一大进步。而要求学生能更好地为社会服务,必须培养学生具有良好的思想道德素质和文化素质,并且使身心素质得到全面发展,建立科学的思维方法。在当代社会中,更应特别注意加强学生"做人"的教育。中国有一位教育家说过:"千教万教,教人求真;千学万学,学做真人"。这已经成为中国教育工作者的座右铭。

加强对学生的全面素质培养应通过课堂教学、环境熏陶、社会实践等各个环节,把文化素养升华为学生的心理品质。文化素质不是单纯的文化知识传授,要靠教师的身教、言教。对于水产大学的学生来说,还应培养团队精神、求实、敬业、刻苦等品质。当然,这些需通过各种教学活动来进行培养。

学校还要增强"以人为本"的理念,使以教师为中心的授课转变为以

学生为主体的学习,千方百计来满足学生学习的各方面要求,从而促进课程设计、专业建设,提高大学的管理水平。

未来几年中国水产高等教育的改革还将在以下几个方面进行:

(1)改变过去过分强调水产专业教育、学生知识面过窄、不利于将来发展的情况,进行综合性专业知识的通才教育。

(2)课程体系将体现超前性和稳定性,在原有课程"框架"的基础上注意吸收、融合高新科技发展的新知识、新内容。

(3)专业将改变以行业为划分标准的原则,并且要淡化专业,加强基础理论的研究和学习,拓宽知识面,实行实施分类教学,采用模块式课程体系,提倡向学生提供学习引导性计划,培养多样化人才。

(4)在培养渔业学科高级人才同时,还将注意培养应用型人才及复合型人才,包括重视高级职业技术方面的教育,实行分层次培养人才的计划,以适应社会需要。

(5)渔业教育中将注意理论结合实际,加强实践环节、培养动手能力。在各教育环节中,还将注意培养学生的创新精神。

(6)在教学观念上将实现从以教师为中心的教学向以学生为中心的学习的转化,实行因材施教,努力做到教学相长,并建立终身教育的观念和学习方式。

(7)渔业教育中,还将正确处理"资源、环境和人口"的关系的观念和全球意识作为指导,树立全面、协调、可持续发展的观念,加强法治教育,为合理利用海洋生物资源,保护生态环境,满足不断增长人口的需要,为"食品安全"作出贡献。

＊此系 2004 年 7 月在日本东北大学所作的讲座。

围绕海洋战略，建设海洋文化

　　海洋是生命的摇篮，海洋是蓝色的国土。从5亿年前的"三叶虫"开始，生命的繁衍造就了高等的动物，从而给古老的地球带来了无限的生机。近100年来，随着科技水平的提升，人们越来越重视海洋。尤其是20世纪80年代以来，在世界范围内出现了资源紧缺、环境污染和人口激增三大问题，越来越多的国家把目光投向海洋，向海洋要食物、要淡水、要能源、要空间。因此，1996年正式生效的《联合国海洋法公约》确定将接近公海的三分之一、相当于陆地三分之二约1.09亿平方公里的海域划归各沿海国家管理，此后，有关国家对其专属经济区海域内的资源享有主权权力，人们已经把这些海域视为"蓝色国土"。中国大陆岸线有18 000多公里，面积在500平方米以上的海岛有7 000多个，可管辖海域面积达3 000 000平方公里。再以上海为例，市区面积有600多平方公里，加上郊区也只有6 000多平方公里，而海域面积则有60 000平方公里。应该说，开发和利用海洋是大有作为的。正如许多有识之士所预言的那

样,当今的 21 世纪是"海洋的世纪",海洋已经成为人类赖以生存和发展的新天地。

一、大陆对海洋的认识逐步加深

尽管在 7 000 多年前河姆渡的遗址中已经出土了木桨等文物,佐证了当时的先人已会驾舟出海;在春秋战国时期狩猎水陆攻战纹壶的图案中已经可以看到造船航海的情景;秦汉以来有了东渡扶桑的记录、并开辟了海上"丝绸之路";明朝时候的郑和七下西洋,更是将航海科技推向当时的世界之巅。但是,总体来讲,我们的海洋意识与观念跟西方一些国家相比较是明显落后的,这也就导致大陆对海洋的利用和管理是比较落后的。为什么呢?

(1)文化传统的缺陷所致。我们的先哲圣人孔子曾说过:"知者乐水,仁者乐山。知者动,仁者静。知者乐,仁者寿"。仁是儒家追求的最高境界,这也就是为什么在内向型的中国大陆古文明中,海洋常常作为一种抽象或者负面的因素出现,通常与蛮荒、甚至灾难联系在一起,连神话都不例外。庄周《逍遥游》里的大海"北冥"、"南冥",及其中可以互相转换的"鲲"和"鹏",无非是极言其大,并无具体所指,属于哲学的议论而不是自然的描述。《山海经》的"海经""荒经"也是指遥远的极边地区,重点在于怪诞事物,而涉及海洋的最佳内容莫过于"精卫填海"故事:炎帝女儿在东海溺死后,变为"精卫"鸟,"常衔西山之木石"想把东海填平。在科举制度下的中国学术界,长期以来只注重"务虚"、不重视"务实",即使有些开发或者利用海洋的想法,在实际操作中也较少有扎扎实实的举措。到现在为止大陆青少年的海洋意识仍很淡薄。在上海的大学生中曾经有过一次调查,90%以上的受调查者只知道大陆有 960 万平方公里的陆域国土,不知道还有 300 万平方公里的海域国土;许多大学生不清楚领海、大陆架、专属经济区等海洋国土的基本概念。

(2)自给自足的农耕经济影响。当时中国的自然环境,为农业社会提供了优越的条件,只求没有异族的入侵,决无向外另求福地的意向。反映农业社会利益的儒教文化,主张人们固着在自己的土地上,"父母在,不远行",没有到远方开拓的传统。用明太祖朱元璋的话来说:"四方诸夷,

皆阻山隔水,僻在一隅","得其地不足以供给,得其民不足以使令",何苦要去海外殖民?至于对外贸易,也是应国外的要求而开,因为"天朝物产丰盈,无所不有,原不藉外夷货物以通有无"(乾隆五十八年致英王敕谕)。皇帝的观点,反映了自足自给农业社会的心态,一种内向型社会的心态。更重要的是,在"以农为本"和耻于言利等观念的影响下,整个社会是重农抑商。在社会职业"士、农、工、商"的排位中商业是在最末尾的。在长期的小农经济为主体的社会中,商品经济和对外贸易就无法得到发育和成长。这也就是为什么当时这么发达的航海技术而没有给当时的政府和人民带来真正的实惠和利益。

(3)高度集中的管理模式。自始皇帝统一中国大陆的2 000多年的时间里,几乎都是大一统的管理方式为主。广博的大地、丰富的物产,养育了数以亿计的中华儿女,人们没有离开了海洋就没法生活或有很大不便的想法,除了生产食盐。而现在我们才真正认识到我们是地大物不博。我们的国土是960万平方公里,而人口有13亿多。美国的国土是937万平方公里,但人口才3亿多一点。俄罗斯的国土达1 709万平方公里,人口才1.4亿。加拿大的国土比我们还多一点,997万平方公里,但人口是3 000多万。澳大利亚700多万平方公里,人口只有3 200多万。巴西850万平方公里,人口不到2亿。整个阿拉伯国家1 420万平方公里,人口也只有2亿。而非洲有3 000多万平方公里,人口也只有10亿。我们的耕地比人口少,人均的土地少。我们的人均资源更少。以石油为例,阿拉伯国家2亿人口有石油923亿吨。俄罗斯是100亿吨,加拿大3 000多万人就有石油21亿吨。而我国石油有22亿吨,但人均资源比这些国家少很多。日本的资源虽然也很少,但它千方百计去节约保护。比如,自己的树不去砍,自己的油田少开发,到外面去购买开采,这是日本长远发展的一种手段。另外,虽然我们有300万平方公里的"蓝色国土",但我们的人均海域面积只有2 500平方米,大大低于世界上主要海洋国家的人均海域面积。直到现在,我们才真正认识到资源的贫乏。

二、面对海洋世纪要积极推进海洋经济

近10年来,大陆的不少专家学者积极向政府建言献策,要求像重视

发展航空航天那样来重视开拓海洋。其主要内容有。

（1）积极推进海洋产业、加快发展海洋经济。海洋经济是指开发利用海洋的各种资源及开发相关活动的总和,海洋生产总值是海洋经济生产总值的简称。今天,我们国家的海洋经济大概分为 12 种产业:海洋交通运输业、海洋旅游业、海洋渔业、海洋油气业、海洋矿业、海洋盐业、海洋工程建筑业、海洋化工业、海洋生物医药业、海洋电力业、海洋利用业和海洋船舶工业等。还有海洋科研教育管理服务业、涉海的其他相关产业。2008 年大陆的海洋生产总值 29 662 亿元,比上年增长 11.0%,占国内生产总值的 9.87%,比上年提高了 0.13 个百分点,占沿海地区生产总值的 15.8%。海洋第一产业增加值 1 608 亿元,海洋第二产业增加值 14 026 亿元,海洋第三产业增加值 14 028 亿元。海洋经济三次产业结构 5∶47∶48。2008 年全国涉海就业人员 3 218 万人,其中新增就业 67 万人。根据国家海洋局 2009 年中国海洋经济统计公报,我国海洋经济发展状况占 GDP 的 9.53%,生产总值是 3 万多亿。2009 年,我国主要海洋产业总体保持稳步增长,实现增加值 12 989 亿元,比上年增长 8.7%;海洋油气业、海洋船舶业、海洋化工业、海洋建筑业这 4 个产业增加值的总和共 2 845 亿,占海洋产业增长总值的 21.9%。海洋电力业、海洋生物医药业、海水利用业、海洋矿业这 4 个产业增加值的总和共 107 亿,仅占海洋产业增长总值的 0.8%,但增速也相当快。上海也提出了规划,在未来几年,努力实现海洋经济总产值年增长率不低于 15%,海洋科技成果转化率达到 50%以上。

（2）抓紧开发利用海洋资源。海洋资源可以分为 3 块:一块是物质资源,一块是空间资源,一块是人文资源。海洋物质资源包括生物资源和非生物资源。根据资料记载,世界上的生物品种 80%在海洋。生物植物的品种有 20 万种,微生物的品种更多。空间资源由海上、海中和海底组成,海洋空间资源将给人类长期生存与可持续发展带来新的希望。这些资源是非常丰富的,将来可以建海上城市、海上机场、海底仓库、海底隧道等。还有就是能源,其中海洋风能、潮汐能、波浪能、温差能等都是可再生的清洁能源。世界海洋资源的竞争,主要表现在这样几个方面:第一是不断地发现、开发和利用海洋新能源。海洋新能源都是清洁能源。第二

是勘探开发新的海洋矿产资源。海洋的矿产资源十分丰富,但没有设备不行,设备技术不过关不行。现在我国目前的探测能力可以达到3千米至4千米,目前正在研制7千米到8千米。第三是获取更多更广的海洋食品。海洋里有大量的资源,有很多奥妙我们还没有探测清楚。第四是加速海洋新药物资源的开发利用。海洋里的生物、矿物将来可以做成各式各样的新型药物,具有十分宝贵的前景。第五是实现更安全、更便捷的海上航线及运输方式。

(3)不断加强海上防卫力量。我们尽管有300万平方公里的海域,但是,大约有三分之一的海域与周边国家有海洋权益上的问题;尤其是南海,我们已经在最南端的曾母暗沙重新树了界碑,但是在岛礁和海域的管理上仍然存在着非常突出的问题;另外,大陆这些年已经成为世界的制造工厂,产品要通过海路出口到其他国家和地区,我们还要购入粮食、铁矿砂、石油等生活和生产的必需品,海上运输的安全问题是一定得重视的。因此,从中央政府到沿海地区的政府,都在研究制订海洋发展的战略与规划。

三、围绕海洋战略,深入开展海洋文化的学习和研究

在我国数千年的历史发展进程中,中华民族不仅创造了灿烂的大陆文化,同时也孕育了辉煌的海洋文化。在新世纪新阶段,深入研究和探讨我国海洋文化的发展历史、发展规律和发展方向,大力建设、传承和弘扬海洋文化,进一步增强国民的海洋意识,树立民族自信心,增强民族凝聚力,振奋民族精神,构建和谐海洋,为实施海洋强国战略、促进海洋事业又好又快地发展,提供精神动力和智力支持,具有十分重要的意义。民族之魂,文以化之;民族之神,文以铸之。如果只有海洋产业与经济的发展,没有海洋文化的研究与兴起,是不利于一个地区、整个民族的发展的。而海洋文化的研究领域是非常宽泛的,内容也是非常庞杂的。只有围绕国家或地方的海洋战略,才能使研究更加富有实际作用。

关于海洋文化,在大陆比较流行的有这么六七种提法,其中影响大的是中国海洋大学曲金良教授的《海洋文化概论》中的观点:"海洋文化,就是和海洋有关的文化;就是缘于海洋而生成的文化,也即人类对海洋本身

的认识、利用和因有海洋而创造出来的精神的、行为的、社会的和物质的文明生活内涵。海洋文化的本质，就是人类与海洋的互动关系及其产物。"总之，海洋文化的概念还是比较宽泛的。我们不必要在概念上多费笔墨，应该在实际研究上多下功夫。大陆现在有以海洋冠名的大学 5 所，北至辽宁，南到广东，这些学校都在开展海洋文化的研究，已经产生了一批成果。作为其中办学历史最长的一所学校，上海海洋大学应该在海洋文化的学习和研究上形成自己的特色。上海海洋大学的前身是创办于 1912 年的江苏省立水产学校，至今已有 98 年的历史。它的创办就是为了维护民族的海权和渔权。我们学校的老校长侯朝海先生曾经这样写道："本校之筹设，始于 1898 年，以鸦片、中日两战争以后我国海军及要塞全毁，德日两帝国主义之渔轮渔船侵我渔区，并诱惑我国渔民滋扰沿海，当时有识人士，为维护渔权，重视海防及提倡水产教育起见，特发起筹设本校于吴淞炮台湾，并就原有炮台基地以建校舍，用意为吾国既无海军与要塞而不得不赖训练海事人才，以谋抵御帝国主义之侵略沿海。"作为大陆唯一的一所长期以水产养殖、海洋捕捞、水产品加工和水产品贸易为主要教学内容和研究对象的学校，在海洋文化的研究中应该：

首先大力开展鱼（渔）文化的研究。我们知道，地球上有生命的植物、动物的物种大约在 200 万种，其中已知的海洋生物的物种大约有 21 万种。而海洋中的鱼大约有 15 000 多种，预计还有 5 000 多种待发现。我国海域有记录的鱼种有 3 048 种。人类利用海洋首先是捕鱼，其次是晒盐。根据现时的情况，大陆政府已经明确了"积极发展远洋渔业"的战略部署。而鱼类一旦摆脱了单纯的食用价值，成为人类物质生产与精神创造的对象，鱼文化便开始形成了。中国人的审美观催生了内容丰富、寓意吉祥的鱼文化。在中国传统文化艺术中，"鱼"和"水"的图案是繁荣与收获的象征，人们用"鲤鱼跳龙门"寓意事业有成和梦想的实现，"鱼"还有吉庆有余、年年有余的蕴涵。鱼文化包含的主要内容有：渔业的渊源及其发展的历史；各个历史时期的渔船、渔具、渔法，养殖和加工的技术与方法；各地渔民的生活习惯、风土人情与习俗；有关鱼和渔民的故事传说、文学艺术品；食鱼的技术和方法；渔业与宗教结合的衍生品等。对鱼文化的研究可以有很多视角，可以从民俗学的角度来开展研究，也可以从吉祥文

化等文化学的角度来进行探讨,更可以从文学的作品中探寻丰富多彩的鱼文化现象。

《诗经》约在公元前6世纪中叶编纂成书,是我国第一部诗歌总集,也是世界上第一部诗歌总集,共收作品305篇。在那个年代,《诗经》不仅是文学作品集,更是一部百科全书。孔子就说过,"小子何莫学夫诗?诗可以兴,可以观,可以群,可以怨。迩之事父,远之事君。多识于鸟兽草木之名。"(《论语·阳货》)孔子认为,学习和研究《诗经》,可以培养联想力,可以提高观察力,可以锻炼合群性,可以学得讽刺方法,又可以运用其中的道理来侍奉父母,还可以用来服侍君上;而且可以多多认识鸟兽草木的名称。而现在我们来学习和研究《诗经》,不仅应该重视它的文学价值,还可以全面考察和了解古代社会与文化。在《诗经》中就可以看到许多鱼文化。一是中国渔业的发展历史。我们知道,在古代社会,我们的先民很早就开始了鱼类的养殖。现存的最早文献是范蠡的《养鱼经》,距今已有2 000多年的历史。那么,先民的养鱼肯定在这之前。是什么时候开始的呢?《诗经》给了我们答案。在《灵台》篇里写到,灵台筑好以后,"王在灵囿,麀鹿攸伏。麀鹿濯濯,白鸟翯翯。王在灵沼,於牣鱼跃!"这里的灵沼就是人工挖的大池塘,里面满是鱼儿在欢快地游弋和跳跃。我们把时间定格在春秋时周文王时代,中国人有文字记载的养鱼史就是从那时开始的。二是中国传统的渔具和渔法有哪些,在《诗经》中有很多记载。《九罭》篇中的"罭"就是一种捕鱼的细网。《鱼丽》篇中的"罶"就是竹制的捕鱼工具。"在河中累石拦鱼,罶放石中,鱼进则不能出。"《南有嘉鱼》篇中的"罩",是竹编的捕鱼具;"汕"也是捕鱼具,类似现在江南水乡渔民用的抄网。更有甚者,当时的先民为了捕到多而大的鱼,已经知道给鱼儿创造舒适的生活小环境。《潜》篇中提到的"潜",又名"椮",就是"积柴于水中,使鱼止息,便于集中捕捉"(类似于现代的人工鱼礁)。诗歌中反映渔具渔法的还有很多,最有名的就是唐朝著名诗人陆龟蒙,他是上海淀山湖西边、江苏甪直人,有钓鱼、饮茶、作诗的嗜好,他对各种渔具和茶具都有了解,并为之写诗歌咏。陆龟蒙系统写了20首渔具诗,值得一读。三是反映了人们对鱼类的认识与发展。在《诗经》中直接提到的鱼名就有20来种,例如:鲂、鳟、鲔、鳢、鲤、鲦……其中有些鱼名现在还在使用,如鲂,学

名是团头鲂，就是我们平时说的鳊鱼，生活在我国的淡水河流和湖泊中；有些鱼的名字发生变化了，如鲔，原来是指黄河中体长数丈的大鱼，根据专家的考证，就是现在的鲟鱼，但是，日本人在发展海洋渔业的过程中，使用了这个汉字，被用来指称金枪鱼（tuna），结果，现在已经为华人渔界认同了。我们就这一系列内容曾写过一篇文章，题为：《中国诗经和鱼文化》。在上海海洋大学还建有鱼文化博物馆，这些都是我们开展这方面研究的良好基础。

其次是开展大陆渔村文化的研究。众所周知，大陆的沿海地区和海岛积淀着深厚的文化资源和文化资料。我们讲的海洋文化应该包括海洋渔业文化、海盐文化、海洋渔村文化、海洋交通文化、海上移民文化、海洋民俗文化、海洋神话传说、海洋军事文化、海洋民间信仰、海洋旅游文化等等，这些都是中华文化宝库中最有价值的一部分。首先我国海岸线18 000多公里，北、中、南各段均有鲜明的地域特色，积淀着丰厚的海洋文化资料，且联系着内地与域外，是我国文化传承与传播的重要基地，并构成经济与文化发展的重要基础。我国历史上还从未对我国的海洋文化资料做过统一而深入的调查，它们散落在实物、文字、图片、风俗、口头文学、信仰观念及其他口述资料中，亟待补课式地加以整体的搜集与整理。其次，随着这20来年沿海和海岛开发的深入推进，传统的海洋文化载体正在萎缩，如渔村、海洋神话、海图海志、海洋民俗、盐民船民等都在逐步地减少、弱化或消隐。我们的近邻日本等国都高度重视海洋文化资料的搜集，拿渔业来说，日本已由有关的文化研究机构对各地的渔捞活动、品种产量、渔事信仰、渔民状况、渔村村落、渔民民俗、渔民族谱、渔业志、渔村志、航海图、航海日志、渔民书信、契约文书等，进行了详尽的调查，并对文档原件加以持续的征集和收存。因此，一些著名的民俗学家提出，当前大陆的海洋开发正进入一个前所未有的历史发展时期，尤其是沿海开发从渤海湾、江苏沿海地区、沪浙闽粤直到北部湾沿海，已先后进入了发展的规划和实施阶段，不少地区已从沿海开发延伸到海中人工造岛，沿海和海岛已成为最有希望的"热土"，迎来了亲近海洋的新时代。而我们对于海洋文化资料的收存极为有限，不利于我国海岸和海上的系统发展。渔村文化是大量海洋文化资料的载体。这十几年大陆的发展，真是沧海桑田。

但是,随着渔村的变迁,大量海洋文化资料面临散失甚至堕毁的情况,我们必须采取抢救式的保护和收集整理。上海海洋大学的教授中,前几年已经对江苏、浙江的部分渔村开展了比较深入的调查研究,取得了比较丰富的一手资料;近期,上海海洋大学又与日本神奈川大学建立了交流合作的联系,我们应该在渔村研究上做得更细、更深,通过这个视角拓展对海洋文化的研究,形成我们的研究特色。

再次是进行"海业"方面的研究。近代由于科技进步,人们工作时间减少,人类休闲意识的发展,其需求性、安全性与可行性都不断提高,海洋环境所能提供的观光休闲的机会与内容也大量增加,参与这类活动的人数急剧上升,成为世界各国发展海洋经济的重要选项。"海业"这个概念是日本几年以前提出来的;现在逐渐在为人们所接受。海业还没有非常明确的界定,但是,区别于工业、农业等范畴,它所指的只要是跟海有关的有益于人类生命和生活的活动,诸如,渔人码头与餐饮,海上观光与垂钓(海洋生态观光、海洋景观观光、海洋产业观光、邮轮观光、岛屿观光等),海上运动与观光(划艇、潜水、冲浪等)。尤其是为了保护生物资源,许多国家已经禁止在近海捕鱼,鼓励人们垂钓,并给予政策上的支持。这是非常好的举措,不仅对保护资源有好处,而且对人们的身心健康很有帮助。我们知道,现代化的生活,高效率的工作,常常使人们的身心搞得较疲惫。因此,现在国际上已经在逐渐流行一种软性的、慢性的体育活动,垂钓就是一项健心的体育活动。海钓是非常有吸引力的、很刺激的也是需要较高消费的活动,在大陆正为越来越多的有实力的身体较好的人群所接受,处于方兴未艾的状况。在我们古代的文献中曾经有不少关于海钓的描述,最早在《庄子》就有:《庄子·杂篇·外物》中,有一段关于海钓的记载兼具神话的浪漫和寓言的隽永,很有文学欣赏价值:"任公子为大钩巨缁,五十犗以为饵,蹲乎会稽,投竿东海,旦旦而钓,期年而不得鱼。已而大鱼食之,牵巨钩,陷没而下,骛扬而奋鬐,白波若山,海水震荡,声侔鬼神,惮赫千里。任公子得若鱼,离而腊之,自制河(浙江)以东,苍梧以北,莫不厌若鱼者。"这段话的意思是,任公子以50头牛作钓饵,钓了一年后才钓得非鳖即鲸的东海大鱼,切片晒干后,居然使浙江以东、苍梧(即九凝山,在今湖南宁远县境)以北广大地区的居民吃了个够。今绍兴南岩寺对

面山腰峭壁中有一阙,据传为任公子钓鳌台。因此,关于海业的研究是个新的领域,我们将和东京海洋大学加强合作,一起推进这方面的研究。

另外,关于航海科技与文化的研究,也是很值得深化的。2 000 多年以前,历史上就曾经有徐福出海东渡的记载;600 多年前的郑和七下西洋更是创造了震惊世界的辉煌。上海海洋大学应该在这方面进行积极的探索。一是上海海事大学就在我们旁边,他们有很好的这一领域的研究基础;二是中国航海博物馆就设在离学校不远的地方,是我们开展研究中可以经常利用的资料馆;三是上海正在积极推进国家航运中心的建设,正好有这方面的需求。因此,我们也将积极创造一些条件,争取形成我们的研究成果。

总之,上海海洋大学更名的时间不长,在海洋文化的研究方面很多还是处于起步阶段。我们注意到台湾海洋大学在这一领域有扎实的研究和丰硕的成果。希望通过这次会议,两岸加强合作与交流,争取在海洋文化的研究上获得新的进步。

*此系 2010 年 5 月在台湾海洋大学举行的两岸海洋文化研究论坛上宣读的论文。

上海为农服务合作社的发展新路初探

　　上海作为正在建设中的国际化大都市,在中华人民共和国成立以后的 60 年间,其广博的郊区农业地位与功能发生了深刻的变化。曾经主要为城市居民提供口粮、蔬菜、农副食品的郊区,随着城区的扩大和城市人口的增加,它的地位已经大大下降。因此,作为主要是为农服务的、新中国成立以后在农村发挥过重要作用的 3 个"合作社"——农业生产合作社、农村信用合作社和农村供销合作社,在上海已经或即将经历脱胎换骨的变化,以适应上海这么一个现代国际化大都市建设的需要。

一、农业生产合作社的发展轨迹

　　农业生产合作社是在中国共产党和人民政府的领导和帮助下,由农业劳动者在自愿互利的基础上组织起来的合作经济组织。

　　应该说,当初成立初级农业生产合作社(也称土地合作社,简称初级社)是比较符合农村生产力发展水平的。它建立在主要生产资料私有制的基础上,农民将土地作价入股,统一经营;耕畜与大

中农机具等生产资料归社统一使用;农民参加社内劳动。初级社的总收入,在扣除当年生产费用、税金、公积金和公益金以后,所余部分分给社员,作为社员的劳动报酬和土地等生产资料的报酬。社员的劳动报酬根据按劳分配原则,采取劳动工分的形式来领取。社员除参加社内劳动,还可以耕种自留地和经营其他家庭副业,社员家庭副业的生产工具、零星树木、家畜、家禽以及生活资料等归社员所有。这样的初级社,既促进了生产,又符合农民的意愿,较快地发展是理所当然的。因此,在全国范围内,1950 年还只有 18 个初级社,处于刚萌芽的状态,1953 年就发展到了 1.5万个初级社,而到 1954 年,短短一年的时间,初级社的数量就发展到了11.4 万个。

但是,由于对社会主义发展阶段认识上的片面性,政府决定将农民社员私有的土地无代价地转为集体所有,也就是公有,土地改革的成果就这样消失了。在此基础上,成立了高级农业生产合作社(简称高级社),跨出了违背农民意愿、超越生产力发展阶段的第一步;高级社普及没两年,又片面强调"大"和"公",提出并组织了政社合一的农村人民公社,在"大跃进"、"放卫星"的背景下,农业生产受到了极大的冲击,农民的生活水平每况愈下。

经历了"十年动乱"以后,农民迫切希望能有符合大家意愿的方式来发展生产、提高生活水平。随着改革开放的春风吹遍中华大地,以家庭联产承包责任制为基础的农村新型生产组织如雨后春笋般发展起来,人民公社也随着政社分开而自然解体。农民的生产积极性被充分调动起来,在发展生产的同时,各种专业类的生产合作社又在这样的基础上建立起来,土地的种植和管理正在朝一些经营大户们集中,规模化、集约化、专业化的生产组织正在发展起来。总体来看,由于土地的不可移动性以及农户个体生产力水平的限制,目前我国农村大多数专业类的生产合作社经营范围都不太大,能跨县、跨省经营的还只是凤毛麟角。因此,对这类生产合作社的管理与指导只要当地的政府及管理部门给以关注、帮助与支持就可以了。2007 年 7 月开始实施的《中华人民共和国农民专业合作社法》规定:"县级以上各级人民政府应当组织农业行政主管部门和其他有关部门及有关组织,依照本法规定,依据各自职责,对农民专业合作社的

建设和发展给予指导、扶持和服务。"每年的中央 1 号文件是政策扶持的总要求,各地政府以落实文件的措施就是推进发展的重要保障。

二、农村信用合作社的发展轨迹

农村信用合作社是由个人集资联合组成的以互助为主要宗旨的合作金融机构,简称"信用社",以互助、自助为目的,在社员中开展存款、放款业务。

因此,农村信用合作社是类似银行的金融类机构,但又不同于银行。信用社有其自身的特点:

(1)信用社是农民和农村的其他个人集资联合组成,以互助为主要宗旨的合作金融组织。

(2)信用社的资金来源主要是合作社成员缴纳的股金、留存的公积金和吸收的存款;贷款主要用于解决其成员的资金需求,以发放短期生产生活贷款和消费贷款为主。

(3)信用社的业务对象主要是合作社成员,业务手续简便灵活,服务范围深入基层。

信用社的这些特点及其运作模式,是与当时的计划经济条件下农业生产方式和农民生活方式相吻合的。经过 60 年的发展,我国的经济基础发生了很大的变化,整个国家的经济管理方式已经进入了社会主义市场经济的体制,农民也不仅仅是"日出而作、日落而息"的生产方式了,农村之间的交流、交往与变迁都出现了许多新的情况。信用社这一农村经济中的主要血脉,也已经发生相应的变化,走改革发展之路是必然的。

首先,信用社的出资人发生了很大的变化。一个甲子过去,尤其是经历 20 多年"左"的思想影响,大多数信用社自觉或不自觉地将原出资人的钱物都退还了;有些信用社在组建之时就是按政府指令而组合的,本身就无所谓合作金融的基本属性。经历过这么多年的整顿、改革,信用社的产权状况已经发生了非常大的变化。其次,由于我国农村经济发展的极端不平衡,农民参与民主管理的意识不浓,再加经营者的能力及水平所限,各地的信用社普遍存在严重亏损和沉重的历史包袱。2001 年曾做过统计,全国信用社的不良贷款达 5 290 亿元,占当年贷款总额的 44%;其中

46％的信用社亏损,亏损金额超过 160 亿元,历年累计的亏损挂账 1 250 亿元,有 58％的信用社已经资不抵债。因此,信用社的改革已经是迫在眉睫。

这十几年,尤其是 2003 年以后,按照国务院(2003)15 号文件的要求,在各级政府的指导下,遵循"明晰产权关系、强化约束机制、增强服务功能、国家适当扶持、地方政府负责"的总体要求,信用社的改革如火如荼地推进。这次改革是在管理体制、产权模式和组织形式等方面的一次全面改革,主要内容包括 3 个方面:一是改革农村信用社的产权制度,明确产权关系,完善法人治理结构,转换经营机制;二是改革农村信用社的管理体制,将农村信用社的管理交由省级政府负责,明确由银监会依法行使对农村信用社的金融监管职能;三是消化农村信用社的历史包袱,国家在资金、财税、利率等多方面给予农村信用社政策扶持。通过改革,形成了"中央部门监管、省级政府管理、信用社自主经营"的三位一体的管理体制;县级信用社大多成为一级法人,地(市)级及以上的信用社大多成立联社或者改制为农村商业银行、农村合作银行(股份合作制);原有的不良资产在各级政府的支持下以多种方式逐步得到化解;在继续坚持为农服务的前提下金融业务也得到了很好的拓展。应该说,经过这些年的改革与发展,信用社已经走上了良性循环、健康发展的康庄大道。

三、农村供销合作社的发展轨迹

农村供销合作社的诞生是顺应了农村的生产与农民生活的需要而组织起来的销售生产资料、生活用品和收购农副产品的商业性机构,它的成立与发展是和新中国成立以后的新农村建设与发展同步的。

最初,供销合作社包容的范围是很广的,除了农业生产合作社,其他的内容几乎都包括在里面,即供销、消费、信用、运输、渔业和手工业等。1950 年 7 月在北京召开的中华全国合作社工作者第一次代表会议,通过了《中华人民共和国合作社法(草案)》等文件,成立了中华全国合作社联合总社,就把这几个方面的合作社组织都包罗在里面。

随着国民经济的发展和社会主义改造的深入,不少合作社组织的情况有了变化。手工业合作社单独组织系统和全国性领导机构,城市和工

矿区的消费合作社转为国有商业组织,信用合作社划归银行管理,渔业合作社归入水产部(以后就进入了农业部)。这样,中华全国合作社联合总社就自然而然地改为中华全国供销合作总社,并在1954年7月召开了第一次代表大会,标志着供销合作社新的体制正式诞生。

此后,供销合作社在全国得到了迅速的发展,从城市到农村相继建立了批发和零售机构,形成了上下相连、纵横交错的全国性的流通网络。供销合作社的足迹遍布广大农村,本着为农民服务的宗旨,积极供应农民生产资料,推销农副产品,廉价向农民供应基本生活用品;同时,接受委托,大力收购农副产品,供应城市和工矿区。应该说,当时的供销社成为联接城乡、联系工农、沟通政府与农民联系的桥梁和纽带,对恢复国民经济、统一财经、稳定物价、促进农业和农村经济的发展、改善农民生活等发挥了十分重要的作用。

但是,1958年以后,在"左"的思潮影响下,供销合作社多次撤并,陷入了"生存危机"。从中央政府到地方,由于对经济发展的规律与需求认识不清,多次将供销社与国有商业机构合并,供销社的资产也被收归国有(1958年6月中共中央曾下文,决定供销合作社由集体所有制转为全民所有制),合作经济组织面临"解体"。当然,它为农服务的领域与内容并没有形成空白,而是让政府部门与国有商业机构去填充了。直至20世纪80年代,在供销社职工的努力下,中央政府下文,重新恢复了供销社从上到下的各级机构,并且要求通过体制改革,供销合作社要逐步做到"三性"(就是组织上的群众性、管理上的民主性、经营上的灵活性),推进"六个发展"(就是发展系列化服务、发展横向联合、发展农副产品加工、发展多种经营方式、发展农村商业网点、发展科技教育)。以后,各地供销社又结合各自特点,积极探索向综合性农业服务组织发展的新路,努力建设以骨干产品为龙头的生产、加工、储藏、运输、技术等多功能、一体化服务的综合经济体。2009年年底,国务院又专门下发了40号文,提出了加快供销社改革发展的若干意见,要求县及县以上的联合社"在严格核定人员的情况下,所需经费列入同级财政预算",人员可参照公务员法管理,未参照的由地方政府结合实际情况制定管理办法;社有企业要健全现代企业制度、做大做强。根据这些要求,各级政府都注意了加强对供销社的领导。相信

经过一段时间以后,各地供销社会进入良性发展的健康轨道。实际上,到目前为止,苏、浙、皖等地的供销社都得到了政府的明确指示和支持,这些省的供销社有企业发展迅速,有的已成为全国 500 强之一的现代商业集团。

四、上海,建设现代化国际大都市中的农业、农村与农民

我们讨论合作经济的发展,不能离开所处的环境与背景。作为地处上海这样一个正在建设现代化国际大都市的特大型城市,合作经济的情况应该具有更多的差异性。

我们先来看一组数据:

近 30 年来,上海市农业的总产值从每年不到 20 亿元人民币发展到现在每年已经超过了 260 亿元,增加了十几倍,但是在上海市的国民生产总值中占的比例却从原来的将近 5%下降到不到 1%(去年只占0.8%);而上海市郊区农村的户数、人口及从事农业的人数也在锐减,近 10 年间光是农村的户数就减少了 15%以上,从事农业的人口更是减少了 35%以上。反过来,农民家庭的人均可支配收入在 20 年间增长了 7 倍,从 1995 年的 1 665 元增加到 2009 年的 11 385 元。

这些数字说明了这么几个情况:

(1) 随着上海经济建设与社会发展的推进,郊区农业的地位在逐年下降。上海的郊区曾经要解决市区人口的口粮自给、蔬菜自给……现在都已突破了要求的底线;当然,农业用地的面积还是有底线的,那就是不能少于 20 万公顷(原来要求口粮自给时的农业用地的面积是不能低于 30 万公顷)。

(2) 上海市农业经济的发展是与上海市国民经济的发展同步的,当然,发展的速度不如整个上海市国民生产总值的增长速度。近 20 年来,上海市的国民生产总值从每年不到 800 亿元人民币发展到每年 15 000 亿元,将近是 20 倍的增长速率;郊区农业的发展也是快的,而且要克服的困难更多,从每年的 30 多亿元人民币增长到每年 110 多亿元,但是其增长速率不到 4 倍,这样,市郊农业的产值在上海市整个国民经济中的比率就大幅度下降了,市郊农业的作用与影响已经到了非常微小的地步。

（3）郊区农村的人口也越来越少。20 年前,郊区农村的人口大约还有 400 多万,现在只剩下 100 万左右了,减少了 75%;郊区农村人口占上海市户籍人口的比例已经从 20 年前的 35% 下降到 8%,占全市常住人口的比例则从 20 年前的 30% 下降到现在的 6%,其中的农业从业人员的比例更低,大约只占到全市常住人口的 3%,是上海市各类从业人员总数的 5%。

这些数字表明,在上海这样的特大型城市中,农业、农村、农民所占的份额是逐年递减的,而随着城乡二元体制问题的逐步解决,"三农"的数量还会更少,这就是说,为"三农服务"所涉及的服务对象的数量是相当少的,还会越来越少;另外,为农服务是上海市和区(县)两级政府都比较关注的内容,就好比是"弹钢琴",这个音符不是最强音,但却是不可缺少的;同时,合作经济所涉及的金融、商业、物流等行业都可以在一定政策的导向下去为上海郊区服务,也就是说,为农服务并不是合作经济组织的专利。我们有必要在这些数据分析所反映出来的内涵上来思考上海为农服务的合作经济组织之发展。

五、按照社会主义市场经济的规律来推进上海地区为农服务的合作经济改革、转型和发展

上海是我国经济比较发达的大型城市。当前,按照国家的要求,上海正在努力建设"四个中心",力争尽快建成现代化的国际大都市。

作为在上海的、主要为上海的地方经济建设和社会发展服务的合作经济组织,一定要适应上海的发展形势,尽快推进改革和转型。

有几个原则是必须要注意的:

（1）产权要明晰。所谓合作经济组织,原来都是劳动者、主要是农民,以自愿为基础,将资金、土地、生产资料等合在一起,通过互助、自助来推进生产和消费。这些经济组织的产权人应该是出资者,很多是个人。经过 60 年的变迁,原有的情况已经发生了很大的变化。绝大部分出资者已经拿回了资金或物资,合作经济也在相当长的一段时间被按照国有经济在管理。因此,现在来明确产权,一定要实事求是。除了新成立的农业上的专业生产合作社,对于已经存在有几十年的合作经济组织,不必勉强

在集体所有、社员个体权益等概念上"兜圈子",一切从有利于发展的角度出发。

（2）经济为基础。合作经济组织要适应经济发展的阶段,适应生产力发展的水平,适应市场的需求。现在,社会主义市场经济体制正在逐步完善之中,垄断经营、独家销售、计划供应的情况正在消失,注意公平、讲究效益的观念正日益深入人心。在经济发展的同时让职工的收入也得到同步增长,这一理念正在变为实践。合作经济组织的发展一定要与这些形势相吻合。

（3）政策是导向。这些年来,国家对农村的生产合作、信用合作、供销合作都制定了一系列的文件,目标都是为了促进发展,更好地为"三农"服务。要经常研究、分析这些政策与要求,思考合作经济改革与发展的方向。同时,中国之大千差万别,各地政府又在总的导向下会出台一些适应当地情况的政策,及时了解并掌握这些政策是非常重要的。没有区别就没有特色,在区别上研究对策就能把事情做得更好。

从上述原则出发,笔者认为,上海郊区的或者说上海市涉农的合作经济组织应该走出适合自身特点的不同的发展之路。

（1）关于上海农业生产合作社的改革与发展。现在的上海郊区功能已经发生了很大的变化,农民减少了,工业和服务业都有了相当大的发展。在农业生产领域,大部分农民还是以村为单位在进行劳作。但是,农村的劳动力在逐年减少,青壮年农民通过读书或者务工等渠道离开了农业生产第一线。目前在上海郊区农村从业人员共有 350 万,其中从事农业的人员只有 11.3%,即不到 40 万。因此,很多农活已经雇用了不少外地民工在干;除了使用大型机械,本地农民在田里干活的数量已是非常少了。从统计数据来分析,至少三分之一的农户已经将承包地租出或转出,其他在承包的农户则大量雇佣外来民工在干活。而从这些承包土地的农户来看,98.6% 的农户实际经营的耕地面积在 10 亩及以下,其他的,经营 10～20 亩的有 4 300 户,占 0.7%;20～30 亩的有 1 100 户,占 0.2%;30～50 亩的有 1 300 户,占 0.2%;50 亩以上的有 2 100 户,占 0.3%。可见在上海郊区能够规模经营的农户,其比例是非常低的。因此,根据生产发展的需要,郊区农村又重新自愿组织起了一些专业性的生产合作社,但

是其数量是很少的。在上海郊区 10 个区(县)的 108 个乡(镇)中,只有 55 个乡(镇)有农业生产合作社在运作,平均每个乡(镇)只有 5.8 个。参加合作社的农户数为 66 149 户,只占本地农户的 7%;一个乡(镇)中参加生产合作的农户平均为 1 203 户,可见数量是相当少的。上海郊区的农业,围绕着现代化的农业和社会主义新农村建设,应该积极支持和引导农业生产合作社的组织和发展,走规模化、集约化、现代化的发展道路。当然,这必须是在农户自愿的基础上互相合作的行为,区(县)政府应该在政策上积极予以导向和支持,落实《中华人民共和国农民专业合作社法》规定的扶持内容。可喜的是,有些农民企业家赚了钱以后反哺农业,合伙成立农业生产合作社;有些企业或组织主动与农民合伙组织农业生产合作社……在上海郊区已经出现了成百亩、上千亩规模经营的葡萄生产合作社、芋艿生产合作社以及规模较大的合作经营的养猪场、养鸡场等,只要政府支持、政策扶持,农业生产合作社会健康地发展起来。

(2) 关于上海农村信用合作社的发展。上海要建设国际金融中心,除了吸引国内外的大银行和金融机构来上海落户,对本地的金融机构也应该积极加以扶持、积极推进发展。上海的城市信用合作社早已经改成了商业银行——上海银行,而上海的农村信用合作社则因为网点分散,数量众多,再加上前些年经营管理不善,全系统累计形成了 100 多亿元人民币的不良资产,其改革与发展的步子相对滞后。2004 年以后,落实国务院(2003)15 号文件,在上海市政府的领导和支持下,在银监局的监管下,多方筹资化解了不良资产,将 234 个独立法人的农村信用合作社和市联社,改造成了一级法人的上海农村商业银行,这几年的发展势头相当不错。上海农村商业银行的产权已经非常明晰,国有资产为主要股本,同时吸纳了包括国外银行的资本在内的多元投资,完成了国有的股份制商业银行的改造。面对当前银行同质化、市场竞争日趋激烈的现状,上海农村商业银行不改为农服务的宗旨,积极参与村镇银行的建设,加大为农户和中小企业服务的力度;同时,在城区又推出便民、利民的"便民银行",改变银行晚上都"打烊"的状况,提出"你下班、我上班"的口号,继承农村信用合作社"微笑服务、满意服务"的优良传统,走出了又好又快发展的新路。由于上海农业、农村、农民的数量在整个大城市的范围内只占较小的比

重,而且还在呈下降的趋势,又由于上海正在致力于尽快解决城乡二元结构的矛盾,因此,上海农村商业银行已经逐渐把拓展服务的范围从上海的城乡朝周边的省份辐射,并且正在按照商业银行的要求苦练"内功",不断提升银行的品级,争取迈出更大的发展步伐。当然,对于这么一家已经发展到资产有数千亿、每年利润有数十亿的上海农村商业银行,上海市政府加强领导和管理也是非常必要的。

(3)关于上海供销合作社的发展。作为有着 60 年历史的上海市供销合作总社,其命运是同全国供销社系统的成员一样的。由于对农村商业的规律认识不清,60 年间被几次撤并,然后又重新恢复建制。20 世纪 80 年代,在社会主义市场经济发展的过程中,上海市供销合作总社曾经率先整体"下海",脱离了政府序列,按照市场化的机制来组建企业集团。应该说,那几年是上海市供销合作总社的辉煌时期。

但是,产权问题一直是供销社的一个头疼的问题。理论上讲,供销社是合作经济组织,是劳动者、主要是农民在自愿的基础上合作组织起来的。但是,世易时移,经过 60 年的变迁,出资人都已经找不到了,集体的合作经济已经无法确切说出这个"集体"的成员。由于中央政府有文件,国务院(2009)40 号文件明确指出,"供销合作社是为农服务的合作经济组织,是推动农村经济发展和社会进步的重要力量",没有一级地方政府敢于明确地将供销社的产权认定为全民所有或者说国有。在 20 世纪 90 年代,上海市供销合作总社直属的农业资料供应公司经过充分的准备、顺利通过了证监会的辅导、在准备上市的最后时刻,就是在产权这一关上"败下阵"来——因为公司的出资人不明确不能招募股份。这给了该公司职工非常沉重的打击。经过了近 20 年的改革与发展,这个问题应该是能够解决了。去年国务院 40 号文件中已经明确:"各级供销合作社联合社理事会是本级社集体财产和所属企事业单位财产的所有权代表",令人困惑的问题在这里迎刃而解了。因此,各级供销合作社联合社理事会可以来研究并推进社属企业的改革与发展。

由于为农服务主业的萎缩,再加上老企业冗员的增加,供销社的历史包袱沉重,下岗待岗的职工数已经超过了在岗人数,一度发展缓慢、步履维艰。国务院(2009)40 号文件又指出,要"推进社有企业健全现代企业

制度。采取经营者和职工持股、引进社会资本等多种形式,加快推进投资主体多元化,不断健全法人治理结构,完善企业经营机制,提高市场竞争能力"。应该说,这个文件是春风,吹散了供销社发展途上的云雾。现在是供销社改革与发展的关键时期,上海市供销合作总社一定要抓住机遇,调整优化社有资本布局,加快企业转型速度,促进优势资源向骨干企业集中,把社有企业做大做强。这样,就能增加企业的活力、提升企业的实力,也能够吸引更多的高层次优秀人才、更好地凝聚职工的人心,同心同德、团结奋斗,有效促进企业发展。

至于上海市供销合作总社本身的几十号人,因为他们还承担了供销合作系统的上传下达的行政职能,对上海市为农服务的"新网工程"承担了管理和建设的职能,按照政企分开的原则,可以参照公务员法来进行管理。这一点,国务院(2009)40号文件也明确了:"在严格核定人员的情况下,所需经费列入同级财政预算"。当然,这些内容都需要上海市政府及有关部门正式确定并制定管理的办法。

上海郊区原来的10个区(县)都有供销社,大多按照现代企业制度在区(县)政府的领导下推进了社有企业的改革和重组,健全了法人治理结构,在区(县)的商业中成为有影响的骨干企业。他们的经验值得借鉴。上海市供销合作总社完全可以放下架子,"不耻下问",学习一下区(县)成功的经验。不求名分,但求实效,这是企业发展中非常重要的理念。

过去的10年,上海市供销合作总社已经成功地进行了企业重组、人员分流、经济上已经扭亏为盈,现在只要进一步解放思想,突破陈旧观念和理念的束缚,主动争取上级政府的支持,积极稳妥地、大胆细致地推进改革,发扬民主管理的优良传统,尽快适应上海经济建设和社会发展的需要,以"壮士断腕"之决心,鼓士气、找合作、拓业务、创业绩,上海市供销合作总社可以重塑辉煌。

综上所述,上海为农服务的合作社应该结合上海经济发展的需要,结合各自的实际,走上更好的发展新路。农业生产合作社应该循着专业合作社的道路加快发展,区(县)政府应该积极帮助并给以政策扶持;信用合作社已改制为农村商业银行,应遵循商业银行的发展规律,对外拓展、对内做实,同时继续做好为农户和中小企业的服务;供销合作社则应在政府

的有力支持下,尽快推进社企分离,下力气把社属企业做大、做强,从而在反哺农村时形成更有效的经济支撑。

参考文献:

[1]《上海年鉴》。

[2]《农村信用社改革取得阶段性成果》,《上海金融时报》,2007年1月11日。

[3]《中国供销合作社六十年》,《中华合作时报》,2009年10月9日。

[4]《上海供销合作社党史大事记(1949—1987年)》。

*此文原载《科学发展》,2010年第11期。

附　录

建设国内外知名的特色大学

大学书记访谈

2002 - 10 - 20　来源：光明日报

本报记者　曹继军　通信员　宁波

　　叶骏,1949 年 10 月出生,1982 年 1 月毕业于上海师范学院中文系,历任上海市委教育卫生工委宣传处处长、办公室主任,上海市政府教育卫生办公室秘书处处长,上海教育学院党委副书记,华东师范大学党委副书记等职,2000 年 3 月起任上海水产大学党委书记。

　　上海水产大学是目前国内水产及其相关学科设置最齐全,拥有水产一级学科博士学位授予权的大学。在上海水产大学建校 90 周年前夕,记者走访了校党委书记叶骏。叶骏说：上海水产大学建校 90 年,正是中国历史最为动荡变化的 90 年。可是上海水产大学立足水产,坚持特色,严谨治

校,发展成为水产类学科特色鲜明、多学科协调发展的大学。

记者:上海水产大学成立90年来,为中国渔业发展作出了哪些重要贡献?

叶骏:新中国建立以来,我校参加了云南、四川、广西、上海、广东、福建等地淡水鱼类调查,东海、西沙群岛、南海诸岛鱼类区调查,先后主编或参与完成了《南海鱼类志》、《东海鱼类志》、《中国鱼类系统检索》等一系列鱼类志的编著工作,为中国渔业经济的发展奠定了基础。

新中国成立以来,尤其是1978年以来,我校专家、学者共获得数百项研究成果和数十项专利技术,其中100多项获国家和省部级科研成果奖,6个国家科技进步奖,产生了显著的经济效益和社会效益,大大推动了中国水产养殖业的发展。

近年来在我国多个双边、多边渔业谈判中,我校的专家们发挥了不可替代的作用。著名海洋渔业专家周应祺校长、著名渔业法规专家黄硕琳副校长等,多次以专家身份参加多边和双边政府间渔业谈判,捍卫了中国蓝色国土的渔业主权和我国在全球海洋资源中应享有的权益。

记者:为中国水产养殖业源源不断地输送人才,是上海水产大学的使命,请您介绍一下这方面的情况。

叶骏:可以用一句老话来概括:桃李满天下。全国水产系统到处都有上海水产大学的毕业生,很多人担负着一方重任;活跃在教学研究领域的专家学者更是难以胜数。可以毫不夸张地说,上海水产大学的毕业生已经成为中国渔业经济发展的中流砥柱。

学校形成了一大批水产特色的学科,取得水产一级学科的博士学位授予权,加速了学科的交叉融合和学科综合优势的拓展;学校率先在全国设立了水产品加工、制造、管理、综合利用方面的10几个特色专业,并率先推出了大量特色课程和教材。

记者:2000年4月,上海水产大学从农业部"落地"到上海,成为一所中央与地方共建,以地方管理为主的高校。这意味着学校的下一步发展,将面临怎样的前景和挑战?

叶骏:我们感到必须从原先的小循环转入大循环,即不仅要与农业院校、渔业系统交流与联系,还需要与其他兄弟院校加强交流;既能为全

国渔业系统服务,又能为上海地方经济建设和社会发展提供人才和智力支持,形成"立足上海,辐射全国,面向世界"的发展格局。

上海水产大学虽然特色鲜明并具一定优势,但现在全国已有 60 多家高校开办水产专业。学校审时度势,决定在规模适度发展的同时努力提升层次,在研究生教育上下功夫,形成从本科、硕士到博士,文、理、工、经、管等多学科协调发展的高等水产教育模式;实现 3 个"翻一番",即在校学生数翻一番,达到本科生 10 000 人,研究生 600 人;科研经费翻一番,达到 3 000 万元;教职工年人均收入翻一番,达到 40 000 元。

外延的发展必须与内涵的充实相吻合。学校通过整合资源,优化配置,加快了学科建设步伐。2001 年有 2 个学科被评为上海市重点学科,1 个学科被评为教育部重点学科。在科研领域,学校积极拓展地域合作,2001 年新立科研和科技服务项目 119 项,总经费 1 551 万元,研究与发展人均经费列上海高校第 3 位。

21 世纪是生命科学飞速发展的世纪,是海洋科学日新月异的世纪。上海水产大学将把握机遇,开拓进取,努力建成国内外知名、特色学科优势明显、多学科协调发展、教学科研并重的一流特色大学,为中国水产事业作出更大的贡献。

＊此文原载《光明日报》,2002 年 10 月 20 日。

浓情海大，一生"务农"

——访原校党委书记叶骏教授

> 只有不惧挫折，吸取教训，才能在以后的工作中做得更好，困难挫折在发展中是成功的预兆。
>
> ——叶骏

人物简介：叶骏，男，汉族，浙江台州人，1949年10月生，教授，中共党员。1982年1月毕业于上海师范学院中文系。历任上海师范大学团委书记、学生处处长、宣传部部长，上海市教育卫生工作党委宣传处处长、办公室主任，上海市政府教育卫生办公室秘书处处长，上海教育学院党委副书记，华东师范大学党委副书记。于2000年3月起任上海海洋大学党委书记。2010年3月调任中共上海市委第六巡视组组长。长期从事高等学校思想政治教育和管理工作，并结合工作开展调查研究。先后就高等学校的学生工作、师资队伍建设、党的建设、继续教育工作、"两课"教学等问题

展开过专题研究,发表数十篇文章;负责和参与主编《上海改革开放 20 年(教卫卷)》《当代社会主义论稿》《高等学校学生工作规范与指导》《朱元鼎传》《侯朝海传》《湛湛人生》《高等教育管理的研究与探索》等著作十余部。

在采访叶骏教授的过程中,他讲述自己长期从事农业方面的工作,在 20 到 30 岁的人生黄金岁月就在农村务农,当 50 到 60 岁时又在农业院校工作。与"农"有千丝万缕的联系,他深感我国"三农"问题的困难,愿意在有生之年继续为农业、农村、农民的利益而奔波。他认为中国"三农"问题解决之时一定是中国现代化实现之日。叶骏教授鼓励我们:作为新时代有理想、有抱负的年轻人,应该应用所学知识和本领为社会主义新农村建设添砖加瓦,也许现在条件艰苦,但更需要莘莘学子踊跃到农村实现自己的用武之地,磨炼自己的意志。

追忆老校长

叶教授为我们讲述了在海大百年发展历史中,四位已故校长为学校的发展做出的杰出贡献。首先是首任校长张镠。张镠于清末留学日本学习水产。学成后回到国内于 1912 年投身现上海海洋大学前身江苏省立水产学校。张镠校长作为"实业救国、教育救国"的先行者和创业者,从师资、学科建设、校舍建设等方面为学校的发展奠定良好基础,开设了渔捞科、制造科(水产品加工)等专业,开创了我国水产教育的先河,并提出"勤朴忠实"的校训,成为学校百年发展的精神脊梁。其二是校长侯朝海,为学校战后重建做出突出贡献,使我国的水产教育事业得以延续和发展。在政权更替之际,侯朝海巧妙避免学生被国民政府海军征用,为新中国的水产教育事业保留了一批人才。其三是老院长朱元鼎,倡导敬业爱国的科学精神,卓有学术建树,使学校在鱼类学尤其是软骨鱼类学领域树立独特地位。他是位优秀的科学家,是我国鱼类学科的主要奠基人,并且培养了一大批优秀弟子,孟庆闻、苏锦祥、伍汉霖等,都是朱元鼎的得意门生。还有就是老院长孟庆闻,她高风亮节、严于律己、尊师爱生,对事业执着,对朋友忠诚,对学生关心,堪为楷模。在担任院长后,她发现自己的长处在于科学研究和教授学生,而不是学校行政管理,于是坦然向农业部请求

辞去院长一职。中国科学院院士张弥曼等欲推荐她为院士,虽然她的学术造诣赢得同行任可和尊重,但她淡泊名利,均一一婉言谢绝了。为此,张弥曼院士与张江永合作,在 2006 年 6 月 22 日出版的英国《自然》上发表《中国白垩纪热河生物群的七鳃鳗化石》,特别将所发现化石新鱼种命名为孟氏中生鳗。她平时省吃俭用,多次给朱元鼎奖学金基金捐款,并一再要求不要宣传。最后,叶骏教授真心希望有机会为张镠和孟庆闻老校长立传,并希望我们当代大学生能够从老校长身上吸取到宝贵品格,传承他们的宝贵精神。

传扬勤朴学风

叶骏教授在谈到上海海洋大学近几年发展时,回想到学校实行属地化管理最初几年的困难。当时全体教职工合力支持学校在南汇科教园区建设学海路校区,用租赁经营的模式,抓住了高等教育规模发展的机遇,扩大了学校规模,增强了学校实力,为本科生培养,为学校学科建设,为师资力量的壮大打下了基础。他认为:在海大未来开创中,用发展的办法解决学校前进中问题的经验,依然值得借鉴。

叶骏教授谈到上海海洋大学的校训"勤朴忠实"时说道:"勤",讲的就是劝诫学生刻苦学习。"朴"讲的是要求生活朴实,现今大学生不仅是生产者还是消费者,应该有的气质是朴实无华。当前有不少年轻人以追求名牌包包等物质消费为荣,这种风气是不好的。作为发达国家的美国,奢侈消费也只有少数有癖好的人才会追求。只有人们的追求是多元化的,才是一个良好的社会。"忠"讲的就是忠诚爱国。"实"讲的就是实事求是、诚实守信。叶教授讲起他现在所做的市委巡视组工作,要求对领导干部加强监督,希望通过加强领导干部的素质树立榜样,为社会进步做贡献。当下社会上诈骗短信铺天盖地、做生意尔虞我诈,这些社会转型过程中的问题都需要努力解决。

作为当代大学生,叶教授希望我们能够更加深刻的领会校训"勤朴忠实"的内涵,在大学期间养成良好的生活学习习惯,为将来走上社会打下良好基础。

展望国家未来

叶教授诞生于1949年10月1日,与新中国同龄,见证了新中国的建立和发展。过去,由于国力有限,有将近2/3的高中学生无法进入大学继续学业。叶教授年轻时在农村务农,环境艰苦,每天只能休息4到6个小时,但他仍然抽时间坚持学习,想到将来也许能为国家发展做出些贡献,内心十分充实。最终在恢复高考时,顺利考上理想的高校,继续自己的学业研究。想想如果当时自暴自弃,哪里会有现今的成绩。现在国家形势好了,作为公民,也能更好地享受生活学习的乐趣。叶教授告诫我们:要珍惜现在的学习机会,对于自己的学业一定不要自暴自弃,不要害怕挫折和困难。

同时,叶教授讲他从美国、日本回来的众多同学朋友中了解到中国与发达国家的差距有两点比较突出:一是环境。以空气为例,100年前英国伦敦叫雾都,现在全中国大多数城市都成"雾都"了。像上海这样的大城市,空气污染比一般城市更严重;还有水资源,中国80%的饮用水不达标,现在上海在长江发现了优质水源,可以供应二类水,已经到达老浦东了,今年底就可以到达临港新城。我们不仅要看到问题,更需要明白通过努力是可以解决问题的。另一方面就是国民素质,西方人看似傻乎乎的,但是却极其看重自己的国民素质,然而不少有所追求的中国人看似个个聪明,却缺乏交往中最重要的诚信问题。目前中国的发展很快,人口流动很大,提高人的素质是当务之急。只有提高了国民素质,整个国家的综合实力才能得到明显提高。

思考人生经验

叶教授回忆过去,遭遇的曲折、挫折不计其数。有的人一帆风顺、平步青云,其实这样未必有帮助。只有经受挫折,吸取教训,才能在以后的工作中做得更好。艰苦环境可以更好地帮助我们茁壮成长。乔布斯在面对被赶出自己参加创立的苹果公司的困境时,如果自暴自弃,那就没有现在的苹果i系列的研发了。在人生道路上,还有一条重要的是把握机会的能力。叶教授谦虚而中肯地指出:周围一定有能力比自己强的,还有

工作非常努力的,其中就有机遇的原因。当然在等待机遇来临之前,需要耐得住寂寞踏踏实实去做,特别是有些成果诞生周期很长,要学会坚忍不拔,勇于面对生活的困境。叶教授感慨当年刚到学校时,是华师大过来的,面临着人少、校小、经费少的问题,但当时叶教授并没有心灰意懒,而是在当时艰苦的条件下,和师生共同努力改变,最终为创造现在上海海洋大学良好的学习环境作出了一定贡献。

谈到上海海洋大学的近期发展,2008 年经教育部批准,上海水产大学正式更名为上海海洋大学。学校曾在水产养殖、海洋资源开发与利用、水产品加工与贮藏等领域为国家作出重要贡献。更名后的上海海洋大学将适应我国海洋经济和高等教育发展的趋势,围绕"聚焦、错位、合作"的学科发展策略,争取早日把学校建成海洋、水产、食品等学科优势明显,农、理、工、经、文、管、法等多学科协调发展,科研教学并重,在国际上有重要影响的高水平特色大学。

他建议同学们在大学期间培养更多的兴趣。孔子讲过:"兴于诗,立于礼,成于乐。"诗可以感发人的意志,礼可以使人立足于社会人生,音乐等技艺可以成就人的品质、完善人的人格。叶骏教授希望同学们在学习专业的同时,能够发掘更多的兴趣爱好,来丰富自己的人生,提高自己的艺术文化修养。在学校图书馆里,为培养各种有益的兴趣提供了宝藏。叶教授引用"条条大路通罗马"的格言,鼓励我们:只有自己不努力,没有努力不成功。相信只要你努力过,你的人生一定会更加丰富多彩!

感悟人生幸福

叶骏教授谈到自己人生时说道:幸福其实很简单,在事业上有所追求,与身边的家人、同事和谐相处。在投身事业的时候,也要与家人相互沟通、相互理解、相互帮助。就年轻人现有的快餐婚姻现象,叶教授也表示其中一个重要原因是独生子女在成长过程中,自我中心意识过于强烈。年轻人要想进步,就先要处好人际关系,打破自我中心的观念非常重要,同时找到适合自己的喜好也非常重要。现在的年轻人有很小一部分人沉迷于游戏,不是说游戏不好,游戏对于智力开发,反应训练还是好的,但是,中国有句古话,叫"过犹不及",过度的游戏并不利于自己的人生发展。

同时,叶骏教授为我们分享了他平时的业余生活,例如打打网球,这是健身;钓钓鱼,这是健心,平时喜好读书,特别是读小说,小说是以作者的眼光独特的视角看这个社会,也喜欢看人物传记,现在就在看《乔布斯传》。就偶像而讲,在领导人中,叶骏教授最佩服的就是邓小平,他为我国的现代化建设做出不懈努力,是中国特色社会主义建设的开路人,叶教授把从伟人身上看到的这种不畏挫折的精神分享给我们,希望我们能够在今后生活里,面对人生能够保持积极向上的乐观精神,学习感悟人生的幸福真谛。

寄语百年海大

夕阳无限好,晚霞更艳丽。人人都会退休,但是学校不会停止发展。叶骏教授在访谈最后衷心祝愿:上海海洋大学能够百尺竿头更进一步,在新的百年中继续在教学科研、学生培养等方面取得优异的成绩,让更多的教师安居乐业、事业有成,让每一个学生各得其所、全面发展,早日建成国际知名、国内领先的高水平特色大学,也希望学校在将来能够向社会输送更多有用的人才。

(采访:吴明会、赖厚玮　编辑:孙艺)

＊此文原载上海海洋大学编《百名教授谈人生》,2012 年。

勤奋好学,勤朴忠实

——访我校 67 届高中校友叶骏老师

高一(1)班　尹沁怡　周佳辰

2014 年 1 月 23 日,伴着城市那一丝微微的寒意,与那暖和的、却不那么刺眼的阳光,我们一附中的两位小记者来到了位于天等路的经济管理干部学院(我校 67 届校友叶骏老师的临时办公室),开始了我们的采访活动。在办公室门口等待片刻,便见到了我们采访的主人公。叶老师很是热情地请我们来到宽敞而又整洁的办公室,为我们递上两杯水,随后将经历向我们娓娓道来。

学会学习,学会做人

叶骏老师的初高中皆就读于华东师大一附中,由于学习勤奋,成绩突出,刚升入中四(那时一附中作为中学教改的先行者,试行初高中五年制),他就与年级其他 3 位同学被选为跳级生进行培养,准备再提前一年参加高考。叶骏老师的跳级经历给他带来了与他人不一样的感受。每天上课时间,他与班中同学一起上四年级的课程;下课以后,则由学校组织优秀教师义务为他们几位跳

级生补习五年级的数理化课程。晚上在家再做两小时左右的作业。平时学习轻松的他,那时第一次知道课外有应试的习题。在附中老师的悉心培养下,通过自学中五的课程,使叶骏老师初步掌握了自学的方法,养成了良好的自学习惯。另外,学校为他们在阅读方面提供了更大的平台,听叶老师说,他们这些跳级的学生可以一次向图书馆借15本书。除了参考书,《钢铁是怎样炼成的》《军队的女儿》等好书对他产生了很大的影响和帮助。在附中良好的环境中,老师的言传身教、优秀文学作品的熏陶,使叶骏老师明白了许多道理,初步懂得了一个人只有在为社会作贡献的实践中才能真正实现人生的价值。当时附中培养学生全面发展的氛围让许多学生脱颖而出。叶老师笑着告诉我们:"那时的学校生活真是丰富多彩。从来没有学过跳舞的我,竟然被主角演了舞蹈《洗衣歌》,还参加了虹口区的汇演;我的视力良好也被发现,学校为我拍了3张10尺寸的相片,送到区少年宫展览"。在华东师大一附中的生活给叶老师留下了深刻的印象。"我在附中最大的收获就是有这么多优秀的老师给我们帮助和指导,使我能学会学习、学会做人,这是我终身都受益的。"这是叶骏老师发自内心的真切感受。

艰难困苦,玉汝于成

然而,1966年,"文化大革命"打破了他对于人生原先的规划,高考取消了,学校停课了。叶骏老师先是继续留在一附中参加了学校的文艺小分队活动。1968年年底,他决定报名去农村从基层干起。他到了市郊的星火农场,一干就是10年。说起这10年的经历,叶老师用了四个字来概括:脱胎换骨。叶老师说:"以前老师总是告诉我们,年轻人为社会做贡献,才能完善自己。到了社会上才知道要自立是多么不容易哦。"从一介书生到农场工人,所吃的苦、所遭的累,不计其数;他种过田,管过小工厂,做过基层连队负责人,夏战"三抢(抢收、抢种、抢管)"冬修水利,栉风沐雨一年四季,艰难困苦中叶老师体会到"增益其所不能"(孟子语)的真正内涵。他并未对自己不能高考,去了农场工作而感可惜,而是一直将老师的教诲铭记于心,在农场的工作中一丝不苟,做好每件事。后3年他在一连队中做指导员,粮食、棉花的亩产量也在他的带领下有了显著的提升,上

海市农场管理局还奖励他们一台电视机。1977 年底,高考恢复,在附中老校长徐正贞的鼓励下,叶骏老师也参加了这场 12 万人共同参与而只录取一万人的考试。他本来以为自己没有希望考上,毕竟多年没有碰过看过书了,而高考前能够让他静下心来复习的时间仅有 3 天。可最终的结果却令他吃惊,他说:"考数学时,我只用了 3 刻钟时间就把试卷做完。感谢附中给我打下的扎实基础。"就是这样,叶骏老师高分被上海师范大学中文系录取,开始了他人生的新一段旅程。10 年的艰苦磨炼,他的意志坚强了,敢于担当了,这些成为他今后发展的宝贵财富。

服务教育,勤朴忠实

问起叶骏老师大学毕业后的事业,他用"服务教育、勤朴忠实"来形容。他先是继续留在上海师范大学工作,历任校团委书记、学生处处长、党委宣传部部长,走上教育之路。后来又在上海市教育卫生工作党委工作,历任宣传处处长、办公室主任。随后又在华东师范大学担任过党委副书记。2000 年以后,到上海水产大学(现上海海洋大学)任党委书记。这几十年的经历,叶老师谈及最多的是在上海海洋大学的 10 年:"我在上海海洋大学时最多关心的是水产学科的发展、搭建让师生全面发展的平台。教师们要安居乐业,学生们想施展才华,他们对美好生活的向往就是我们工作的目标。"叶老师恢复了学校的老校训:勤朴忠实。要求老师以此为训,认真工作,敬业爱生;要求学生以此为训,认真学习,完善自我;他自己也率先垂范,认真做好为师生服务的每一项工作。他积极推进学校人事管理和住房分配的改革,努力调动教职工积极性;他鼓励学生学习之余培养自己的兴趣,使他们能够施展自己更多的才华,从而使有志向的年轻人梦想成真。为了提升学校的教育水平,他注意学习引进海外的优质教育资源,学校成功地与澳大利亚塔斯马尼亚大学合作办学。"为了与海外交流,我退休之前还学了几年英语口语。"这令我们颇为惊讶,叶老师竟是这样认真努力,以追求事业的完美。2012 年,在合作办学十周年之际,叶老师获得了对方学校授予的荣誉法学博士学位,这是澳大利亚塔斯马尼亚大学成立 120 年以来第一次向中国大学的领导人颁发荣誉学位。

弘扬传统,重振雄风

采访接近尾声,我们问起叶老师对现在的年轻人有何评价。叶老师欣然回答道:"现在的年轻人所拥有的优势,就是其接受力强、信息面广,拥有关爱之心,参与各项活动都积极踊跃。但仍有地方需要改进,那就是有些人做事功利心太强——无论做什么事都一定要有回报。"我想,叶老师所提出的我们的优点,是需要继续发扬的,而缺点,正是我们应当改进的。对于我们华东师大一附中的学生,叶老师也提出了他自己的希望:"现在师大一附中的师资队伍和学生素质都提升了,我们在如此生动活泼的教学之中,仍应当学会做人,学会学习。同时要有应对挫折的能力,并且清楚地认识自己,知道自己应该成为一个怎样的人,树立明确的目标。我真心希望一附中可以进一步弘扬过去的优秀传统,重振雄风,蒸蒸日上!"

两个多小时的采访就这样结束了。愉快的交谈总能让人感受到时光的短暂,但叶老师严谨的形象深深地印在了我们脑海中,其尤为励志的经历也给予我们启发。对于我们提出的合影要求,叶骏老师也是一口答应。一张照片,便将这短短的两个小时中发生的故事记录下来,值得我们永远珍藏。

*此文原载华东师大一附中编《校友风采》,2015 年。

Professor Ye Jun

Professor Ye Jun graduated Bachelor of Arts from Shanghai Normal University in 1982 with a major in Chinese language.

He has had a long and distinguished career in university teaching and educational administration and has written extensively in the areas of educational administration, continuing education, and curriculum development, and has co-compiled over ten books.

From 2000 until 2010, Professor Ye was General Secretary and Chairman of the Board of Shanghai Ocean University, moving to that position from that of Associate Professor and Vice General Secretary of East China Normal University. He remains a Professor of Shanghai Ocean University and still teaches at the University, at the same time acting as a mentor for undergraduates majoring in administration and management. He is also a Visiting Professor

at Kyushu Women's University in Japan.

As General Secretary and Chairman of the Board of Shanghai Ocean University, Professor Ye has guided the University with vision and ambition for his institution. With great foresight he understood that the world was truly becoming a global community and that it was necessary for his university to build international links, promote student exchanges, and to focus on teaching and research excellence if Shanghai Ocean University were to become one of the best universities in China with graduates who were well prepared to work effectively across international boundaries.

Under his guidance, Shanghai Ocean University has Built international links with universities in the United States, Japan, Russia, and Australia, including the joint program with the University of Tasmania. The University has encouraged student exchanges, participated in Sino-US cooperative projects, and has developed long-standing links with United Nations' and regional Asian organizations active in its areas of teaching and research.

The University has also registered significant achievements in its research record for which it has received a large number of state and provincial level and ministerial prizes, and resulting in the registration of over thirty patents. Professor Ye has driven the development of the University as national leader in a number of academic fields while maintaining the opportunity for its students to gain a comprehensive general education.

The University of Tasmania has now had a decade-long relationship with Shanghai Ocean University during which Professor Ye was at the helm of the University for nine years. His understanding of the value, not only for China, but for the world in general, of building trust and understanding between nations, institutions, and individuals, has seen him work actively and positively to develop the relationship between our

universities and between China and Australia.

　　＊此为塔斯马尼亚大学学位委员会主席 2012 年 7 月 6 日在荣誉学位颁发典礼上宣读的文件。

鸣　谢

　　在本书付梓之际，我最想感谢的是我的前妻徐根妹。我俩相濡以沫卅二载，她全身心地支持我的学习与工作。她身体不好，罹患肝病，但她几乎包揽了全部家务，精心培养女儿，在单位里还要积极工作，争取荣誉。我的成功一半是她的功劳。在她 2010 年去世的时候，我曾写了一首短诗纪念她："一生惟努力，享受怨无时，相夫又教女，国家两顾及。"

　　感谢上海海洋大学两任校长周应祺和潘迎捷，以及班子其他成员对我工作的支持和帮助，学校 10 年的飞速发展和改革的大力推进离不开大家的共同努力。

　　在书稿写作的过程中，上海海洋大学档案馆馆长宁波提供了不少资料，并帮助我把过去数万字的文稿电子化；党委宣传部的胡崇仪提供了我工作时的照片和校景照。上海交通大学出版社原总编辑张天蔚、社部项目部钱方针主任、张善涛副主任和责任编辑张扬都付出了辛勤的劳动，在此一并致谢。

最后,我还要感谢上海高教学会张伟江会长倡导并把本书列入这套《上海高等教育文库·领导篇》,感谢学会张红副秘书长的积极联络。